托马斯·克伦威尔

Thomas Cromwell

Robert Hutchinson

The Rise and Fall of Henry VIII's Most Notorious Minister

亨利八世佞臣沉浮录

[美] 罗伯特·哈钦森 著
徐秋兰 译

都铎王朝

The Tudors

新世界出版社

著作权合同登记号：京权图字 01-2020-5341
Thomas Cromwell by Robert Hutchinson

图书在版编目（CIP）数据

托马斯·克伦威尔 / (美) 罗伯特·哈钦森著；徐秋兰译. -- 北京：新世界出版社，2021.5
(都铎王朝)
书名原文：Thomas Cromwell
ISBN 978-7-5104-7260-2

Ⅰ. ①托… Ⅱ. ①罗… ②徐… Ⅲ. ①托马斯·克伦威尔（1485-1540）—传记 Ⅳ. ① K835.617=331

中国版本图书馆 CIP 数据核字 (2021) 第 057982 号

托马斯·克伦威尔

作　者：[美] 罗伯特·哈钦森
译　者：徐秋兰
策划编辑：熊文霞
责任编辑：熊文霞
责任校对：宣　慧
责任印制：王宝根　苏爱玲
出　版：新世界出版社
网　址：http://www.nwp.com.cn
社　址：北京西城区百万庄大街 24 号（100037）
发 行 部：(010) 6899 5968（电话）　(010) 6899 0635（电话）
总 编 室：(010) 6899 5424（电话）　(010) 6832 6679（传真）
版 权 部：+8610 6899 6306（电话）　nwpcd@sina.com（电邮）
印　刷：北京亚通印刷有限责任公司
经　销：新华书店
开　本：880mm×1230mm　1/32　尺寸：145mm×210mm
字　数：262 千字　印张：12.375
版　次：2021 年 5 月第 1 版　2021 年 5 月第 1 次印刷
书　号：ISBN 978-7-5104-7260-2
定　价：62.80 元

目录

序幕

他遭到贵族们的强烈嫉妒，因为他出身低下，但又升迁得如此之快，超越了大多数人，甚至超越了贵族。此外，他的每一步升迁，不仅给自己带来荣耀，同时也给敌人带来伤害，因为他使用了不恰当的手段，或者不公平的裁决，或者不止义的权力，甚至非法手段。

——托马斯·富勒（THOMAS FULLER），

《不列颠教会史》，1655 年[1]

1540 年 6 月 10 日，星期六的早上，在威斯敏斯特（Westminster）的议会大厦，第三代诺福克（Norfolk）公爵托马斯·霍华德（Thomas Howard）召见国王的卫队长安东尼·温菲尔德爵士（Sir Anthony Wingfield），命令他于宴会后（那天延迟了，宴会一直延续到中午）逮捕亨利八世的全能首席大臣克伦威尔。卫队长被这一指令惊呆了，但诺福克公爵直截了当地告诉他：你不必感到惊讶，这就是国王的命令。[2]

几个小时后，枢密院的大臣们聚集在威斯敏斯特宫进膳。当议员们走进泰晤士河旁边的这座迷宫似的建筑物时，突然一阵大风吹走了克伦威尔的帽子。在那个时代，如果有人丢了帽子，出于礼仪和习惯，其他所有绅士都要摘下他们自己的帽子。那天，议员们粗鲁无礼地忽视了克伦威尔的困境，而把帽子牢牢留在自己的头上。克伦威尔环顾四周，看着他们面带敌意的脸，说道："奇怪了，大风吹掉了我的帽子，却保留住了你们的帽子。"议员们表面上进行掩饰，装聋作哑，对克伦威尔的嘲讽未置可否。

克伦威尔肯定已经意识到他们的沉默是暴风雨即将到来的预兆。他的直觉是正确的。他们也都在餐桌上尽量避开他，即使不是完全排斥他，也让他看起来形单影只地吃晚餐。然后他们前往附近的会议室，克伦威尔坐在一个打开着的窗户前，他像往常一样聆听院子里等待着的人们传来的吵闹声。

一个小时后，大约下午三点钟，掌玺大臣重新开始工作，但其他大臣坐在枢密院桌旁一言不发。克伦威尔想必是发现了会议厅内的这种高度紧张的气氛。他装作他们已经讨论了那天下午需要讨论的问题，他一边向他的空椅子走去，一边调侃道："先生们，我知道你们很着急，但还是要坐下来嘛。"

他再一次被忽视了……

当他正要坐入桌子的首位时，诺福克跳了起来，用手指着他，大喊："克伦威尔！不要坐在那里！那不是你的位置！叛徒不能和绅士坐在一起。"[3]

在过去几个月中，他的对手密谋对他下手。但作为国务大臣，克伦威尔在心里必然也有预料，也许过不了多久，他的政敌就会在一些熟悉的地方出手。现在他立刻意识到，那可怕的时刻终于到来了。

作为亨利的最后一位也是最炙手可热的大臣，克伦威尔是一个野心勃勃并且极为腐败的政治家。他生活在动荡不安、风起云涌的都铎王朝时期，是一位效率高得惊人的管理者。但事实上，他并不只是一个普通的官僚，还是一个头号机会主义分子，一个急于求成的恶棍。作为一个白手起家的、拼命地向往高贵和文雅的人，狡猾而无情的他也充当着宫廷的工具。有些人说克伦威尔善于权谋，他把亨利王朝的权力牢牢地抓在手中，当然往往缺乏同情心。

克伦威尔具备非凡的低等动物特有的狡猾伎俩和与生俱来的欺骗能力，运用高超的政治技巧和过人的远见，从粗鄙、卑微的出身中崛起，成为英格兰最有权势的人，仅次于他那善变的、时而恶毒的君主。正所谓“一将功成万骨枯”，克伦威尔统治这个国家，并且积聚了丰厚的财富，但同时造成了惨烈的伤亡。克伦威尔毫不内疚地践踏着他曾经剥削或粉碎的残破尸身，灵巧、迅速地爬到都铎王朝的权力顶峰。

不知为何，他的字典里从未有过“顾忌”这个词。

在16世纪的英格兰，除了那些拥有王室血统的英国人，很少有其他人对人们的日常生活产生这么大的影响[4]。克伦威尔的一些政府措施直到今天还影响着我们。他担当律师的角色，精心草拟各种法律，使亨利统治下的国家变成了高度集权国家。许多人死于他制定的残暴政策之下，他指挥着刽子手的斧头，像熟练的外科医生，阻断癌细胞的增长。在克伦威尔简单、功利的死亡哲学中，他的目的对他而言始终是正当的。

对许多人而言，尤其是那位他试图暗杀甚至操纵并屠杀其家人的枢机主教雷金纳德·波尔（Reginald Pole），他就像使国王和古老的天主教步入歧途的“撒旦的使者”[5]。尽管不断受到警告，这位忠实的大臣总是能提供亨利八世想要的一切：财富、权力和至高无上的地位——尽管有时他的政策会威胁到英格兰王权。

克伦威尔解散修道院——他这项大胆的合法掠夺仍然是英国施政史上最大规模的私有化运动——穷人和病人突然失去了修道院对他们的照料，数以千计的朝圣者失去接受教育和精神慰藉的机会。解散修道院的另一个社会衍生品是通过重新分配修道院的财富来塑造一个新的富人阶层。

他公然藐视法律。他仅仅通过发布公告就绝对控制了王国，大大减少了议会的审查程序。国王授予他全部权力，给予他强有力的支持，他组建的议会对他阿谀奉承。[6]他乐于把法律凌驾于正义之上，使之扭曲以成为用以对抗敌人的有力武器。现在仅需议会法案，不再经由陪审团的审判，就可以判处一个人死刑。克伦威尔手下的立法者们根据他的意志对那些被控叛国罪的敌人进行制裁。

经过克伦威尔的扶植，亨利成为英格兰“土地上”所有教堂的最高领袖。因此，根据法律，教皇仅仅是罗马的主教。克伦威尔确保国王的神圣权力战胜了圣彼得后裔的神圣权力。

他在英格兰和威尔士进行宗教变革，包括（以根除偶像崇拜为幌子）在全国范围内打破旧习，摧毁宗教画像和圣地。英国引进《圣经》加速了英格兰的宗教改革进程，把许多“爱的祈祷书”

内容融入民间宗教活动之中。

克伦威尔还彻底革新了国家和地方政府的机制，组建新职业官僚队伍，第一次雇用王室家族之外的人，奠定了我们今天了解的公务员队伍的基础。

他建立了广泛的告密者网络，所有人即使在自己的家中也不会感到安全，也不能确信是否能公开表达自己的观点而免于受到官方的报复。国家的触角深入触及社会的各个角落，以至于政府知道亨利的臣民是什么时候、在哪里出生，以及和谁结婚、什么时候去世[7]。

最后，他通过戏剧场景或印刷品进行阴险的宣传，力求以前所未有的规模塑造和控制人民的头脑和意志。

作为一个放债人、律师、征税政客和宗教改革者，克伦威尔几乎毫不令人惊讶地招致公众的深刻憎恨，从另一个极端角度来说，他就是亨利王国最卑贱的人渣。

他几乎成了整个王国中最可恨之人。

米尔的约翰·塔顿（John Tutton）在萨默塞特（Somerset）的伯里堡附近，谈到了1537年的这场关于亨利国务大臣的“大诽谤”，称他是“一个赤裸裸的异端”，不断欺骗国王的“邪恶的男人”，因此理应有一个坏的结局。[8] 1538年2月，白金汉郡博尔斯托（Boarstall）的一名正派人士（或操作工人）约翰·汉普森（John Hampson）愤怒地告诉当地治安官理查德·霍尔·克伦威尔：“那个叛徒毁掉了许多人，如果我能像靠近你那样靠近他，我会把我的匕首刺入他的心脏。”[9]在1539年，托马斯·莫尔顿（Thomas Molton）轻蔑地评论克伦威尔：“有一个国王的委员会成员……出身低微，只要他继续活着，世界就永无平静安宁。”[10]在国务大臣倒台后的第二年，市民们仍然上街点燃篝火，欢庆他被捕。

十多年来，克伦威尔孜孜不倦地铺平了通向财富和权力的道路，尽管他周围的人尽最大努力要把他推倒，但不管都铎王朝的王室主人是发怒还是出于报复对他不理不睬，他都逢凶化吉。但是推翻克伦威尔的时刻终有一天会来临。

第一章

英格兰最可恨之人

鉴于克伦威尔的机警和勤奋、他的能力和毅力，不管这些是出于邪恶的还是善良的目的，约克枢机主教把他拉入阵营，并利用他解散了五六座著名的修道院。

——西班牙大使尤斯塔斯·查普（Eustace Chapuys），
《克伦威尔的政治生涯》（*Writing of Cromwell's Career*）
1535年11月21日[1]

人们对于克伦威尔的早年生活知之甚少：即使他的出生日期都不能确定。他出生于1485年，或者更早一点。他的父亲叫沃尔特·克伦威尔（Walter Cromwell），别名史密斯，是都铎王朝时期伦敦西南部萨里郡普特尼区（Putney）的一个失败的小企业主。他的母亲名叫格洛索普（Glossop），是一个自耕农的女儿，她在1474年嫁给沃尔特时[2]，可能住在当地的律师约翰·维尔贝克（John Welbeck）家做仆人。多年之后，克伦威尔声称他的母亲是五十二岁时才生下他[3]。

他的叔叔是坎特伯雷大主教威廉·瓦哈姆（William Warham）家的厨师。1461年，他的祖父从诺丁汉郡（Nottinghamshire）的诺韦尔（Norwell）搬到萨里郡的温布尔登（Wimbledon），可能是一名毛皮处理工——在大量人类的尿液中预梳羊毛。沃尔特接了父亲的班，尽管他可能早早在威廉·史密斯那里当学徒，生产一种铠甲外套，当地人称这种服装为“杰克”（jacks）。

可能是因为在1487年，玫瑰战争[4]结束后对铠甲的需求下降，克伦威尔的父亲转而从事一般的手工锻造行业，后来同时经营一间名叫“锚”的旅馆和一家啤酒厂，一共占据了几英亩的农田，都位于斯塔林巷（Starling Lane，现在的牛津大学路）以西，也就是如今的普特尼铁路和东普特尼区线地铁站之间。他们家的房屋和啤酒厂位于啤酒厂街（Brewhouse Street）的入口的对面。啤酒厂街一直是从普特尼桥路到泰晤士河的捷径。在克伦威尔生活的时代[5]，泰晤士河有一家渔场。沃尔特的位于旺兹沃思巷（Wandsworth Lane）的铁匠铺和一座早期的房子在1533年被拆除。

沃尔特·克伦威尔是一个酒徒，还是个喜欢与人争吵的无赖，总是热衷于挑战当地政府的权威，不择手段地欺骗邻居。在1475—1501年间，他由于违反在出售啤酒之前测试所有酿造啤酒的质量的官方条令，48次被罚款6便士，也就相当于2006年的10英镑。他可能往酒里注了水。他的牛在普特尼康芒（Putney Common）的公共牧场过度放牧，他还从那里砍了太多的豌豆和灌木做柴火，因而被多次指控。1477年，他因为攻击威廉·米歇尔（William Michell）[6]致其流血受伤而被罚20便士。如果在今天，他就是典型的犯有反社会行为罪。尽管如此行为失当，沃尔特却在1495年出人意料地成为普特尼的治安官，并多次担任陪审员。

然而，随着年龄的增长，他的脾气变得越来越暴躁。1512年10月，他被指控未经许可出租属于他的酿酒厂的1威尔格（相当于30现代英亩或12.2公顷）的土地。一年后，他再次出现在庄园法庭之前时，由于被控故意消除当地地主的证据和地标（一种财产标记方法），以"骚扰和剥夺地主及其租户的继承权"，他失去了温布尔登教区毗邻区域财产的所有权。教区执事奉命"夺取（沃尔特的）所有不动产和公寓……他（必须）对地主的此类问题负责"。[7]沃尔特·克伦威尔显然是个恶魔般的邻居。

克伦威尔有两个姐妹：年长的名叫凯瑟琳，大约出生于1477年，年纪小一些的名叫伊丽莎白。凯瑟琳嫁给了一个叫摩根·威廉斯（Morgan Williams）[8]的威尔士人，他来自一个定居在普特尼的富裕家庭。威廉斯的兄弟约翰是当地地主斯凯尔斯勋爵（Lord Scales）的律师、会计和管家。凯瑟琳和威廉斯的儿子理查德通过合法手段把自己的姓氏改为克伦威尔，并为克伦威尔工作，主要是在16世纪30年代镇压修道院，以及在英格兰的北部追逐叛军的士兵。伊丽莎白嫁给了一名名为威廉·威利德（William Wellifed）的牧羊农户，后来威利德把他的产业和岳父家的合而为一。他们的儿子叫克里斯托弗，后来得到他著名舅舅的资助并和舅舅的儿子格雷戈里一块儿学习。

克伦威尔与父亲关系不好，他后来向坎特伯雷大主教托马斯·克兰默（Thomas Cranmer）承认，他在人生的早期表现得"像一个流氓"。[9]真是有其父必有其子。1535年，西班牙大使尤斯塔斯·查普声称，年轻的克伦威尔“行为不端，在一次解除监禁后被迫拖着病躯离开了他的祖国”[10]。不知是因为背负监狱里的魔咒还是不堪忍受与恶毒的父亲的争吵，总之托马斯·克伦威尔大约在1502年离开了英格兰海岸，可以肯定的是他在早期旅行中游览了佛兰德斯（Flanders）、罗马和意大利其他地区。

在欧洲流传着几个关于克伦威尔的故事，一些可能是杜撰的。当代意大利作家马提欧·班德罗（Matteo Bandello）[11]在他的中篇小说集中这样描述克伦威尔：大约18岁的时候，他“与父亲分道扬镳”，加入第八代波旁公爵查理（Charles，8th Due de Bourbon）的法国军队，作为雇佣步兵与西班牙人作战。

遗憾的是他选错了阵营。

法国军队推进到意大利中部卡西诺（Cassino）附近的加利格里阿诺（Garigliano）时停了下来。在1503年12月28日，精良的西班牙军队由贡萨洛·费尔南德斯·科尔多瓦（Gonzalo Fernandez Cordoba）指挥，渡河后逆流而上，向驻扎在西岸沼泽地的敌人发起突袭。在接下来的战斗中，法国军队溃败，丢掉了他们的火炮，幸存者们（包括克伦威尔）半裸着身体，饿着肚子，撤回罗马。[12] 经过这次大胆的攻击，西班牙控制了意大利南部地区。

克伦威尔最后想方设法来到佛罗伦萨，精明地寻求到亲英派商人银行家弗朗西斯科·弗雷斯科巴尔迪（Francisco Frescobaldi）的帮助，弗雷斯科巴尔迪好心地给他提供住所和新衣服。克伦威尔为银行家做了6个月办事员后，银行家慷慨地付给他16个金币，大约相当于2006年的1.1万英镑；还有一匹强壮的马，这样一来克伦威尔便可踏上新的冒险之旅。关于他早期生活的另一个版本是他给一个威尼斯银行家短暂地做过会计师。[13] 他也因此学会了一口流利的意大利语和法语，精通拉丁语，还对希腊语略知一二。

他于 1512 年之前的某个时候辞去了一份秘书或文员的工作，雇主是一名在佛兰德斯根特（Ghent）和布鲁日（Bruges）的市场做生意的英国商人。或许正是从这些具有宗教传统的商人身上，他获得了以后对教会进行改革的想法与实践依据。他暗地里还经营布匹生意：1536 年 6 月，加来的一位布料商乔治·艾略特（George Eliot）回忆说，他在与克伦威尔的交往中感受到了“爱和诚意”，也就是友谊。他们曾于 1512 年都去了位于中心城镇阿姆斯特丹港口西南 113 英里（约 182 千米）的赛恩格逊（Syngsson）集市，自此开始交往 [14]。据说同年，克伦威尔多次救了后来成为贝德福德伯爵（Earl of Bedford）和王室管家的约翰·罗素爵士（Sir John Russell）的命——把他从被法国军队围攻的博洛尼亚（Bologna）拯救出来。1514 年年初，克伦威尔回到罗马去追求自己的商业利益，根据英国医院的档案记录，他在那里度过了 6 个月时光。

随后克伦威尔回到伦敦，于 1516 年前与普特尼的一名羊毛修剪工或布工亨利·威克斯（Henry Wykes）的女儿伊丽莎白结了婚 [15]。亨利·威克斯的哥哥曾是亨利七世的宫廷礼仪官。伊丽莎白是一名富裕的年轻寡妇，亡夫是王室护卫队的骑兵托马斯·威廉斯（Thomas Williams）。婚后克伦威尔夫妇住在伦敦城东部芬彻奇街（Fenchurch Street）的一所房子里，克伦威尔成为为商人服务的代理人，或曰调停人，还经营布料生意，手下雇用着不少仆人。

此时他着手打造一个人脉网，其中的一个成员是约翰·鲁滨逊（John Robinson）——林肯郡（Lincolnshire）波士顿（Boston）的一名高级市政官。1517 年 8 月，鲁滨逊委托克伦威尔前往罗马请求教皇利奥十世（Pope Leo X）[16]放松圣母马利亚教会（Guild of Our Lady）对四旬节仪式的要求——圣母马利亚教会当时附属于圣博尔托夫教会（St Botolph's Church），后者直至今日仍然是城里一个高耸的地标。[17]克伦威尔与杰弗里·钱伯斯（Geoffrey Chambers）一起再次前往意大利。讽刺的是，钱伯斯后来成为毁坏宗教圣像任务的执行者之一。他们劳心费力地做准备工作，为了免去漫长的等待，尽快见到罗马教宗。

克伦威尔是行动力很强的人。由于不愿意与梵蒂冈的官僚争来斗去，他在罗马郊外的一次狩猎中跟踪罗马教皇。新教辩论家约翰·福克斯（John Foxe）这样形容这次遭遇：

> 终于，得知神圣教皇非常喜欢新鲜、新奇、美味的佳肴美馔，克伦威尔依据英国人的习惯准备了一些罗马人闻所未闻的精致、造型美观的果冻。
>
> 安排妥当后，克伦威尔随时留心着教皇的时间。当教皇刚打完猎归来跨入大帐篷时，他和他的同伴赶紧迎上去，献上他们的礼物：以英格兰口音演唱的、当下在英格兰颇为流行的三人歌曲（姑且这么命名）。[18]
>
> 教皇突然听见这首奇特的歌曲，感到很惊奇……便把他们唤入帐篷。克伦威尔表现得毕恭毕敬，向教皇展示了他哄

人开心的各路把戏。他说英国的国王和王子们都把这些东西作为消遣。[19]

显然，要赢得教皇的心最好是通过他的胃。这位“平易近人”的（想必是乐于牺牲的）枢机主教品尝了这几个陌生人奉上的甜品后，觉得不仅安全，还非常可口。随后，教皇把这些美味佳肴一扫而光，并被这些美味迷住了，批准克伦威尔无须经过其他手续仅使用教皇私人印章便可觐见。据说，在返回英格兰的乏味的长途旅行中，旗开得胜的克伦威尔熟读了荷兰人文主义者德西德里乌斯·伊拉斯谟（Desiderius Erasmus）翻译的、于 1516 年第一次印刷的希腊文 - 拉丁文版本的《圣经·新约》[20]。

回到伦敦后，克伦威尔将他的生意范围扩大至合法高利贷领域，很快就建立了以富人和名人为主的客户基础，成为慷慨的债权人，同时还是精明而敏锐的代言人。

1520 年，赫特福德郡（Hertford）切森特教区（Cheshunt）的神父尼古拉斯·考珀（Nicholas Cowper）控告邻近的本笃会女修道院的院长玛格丽特·乔瑞（Margaret Chawry），起因是 12 年前考珀将一个农场租给了女修道院，现在双方就该农场的什一税产生了分歧。在伦敦主教理查德·菲茨詹姆斯（Richard FitzJames）的宗教法庭进行听证后，考珀上诉到罗马法庭[21]，因而把强大的枢机主教、罗马教皇的使节和英国大法官托马斯·沃尔西（Thomas Wolsey）牵扯其中。沃尔西要求克伦威尔协助他处理这起复杂的争端，裁定前期的判罚是否正确，并处理那些他已经做了确切注解的文件。这是他们第一次来往，开启了普特尼铁匠的儿子和羊毛修剪工的儿子之间互惠互利的关系。

1521年5月17日，克伦威尔为查尔斯·尼维特（Charles Knyvett）工作，尼维特曾因运气不佳辞去第三代白金汉公爵爱德华·斯塔福德（Edward Stafford）的鉴定员一职，后者于同一年因叛国罪被亨利八世处决。公爵死后，尼维特请求恢复官职，要求豁免他为前任主人办事产生的3100英镑债务。克伦威尔精心起草了尼维特的请愿书并送到国王和沃尔西的案头[22]。不幸的是，尼维特的请求被拒绝了，但克伦威尔的名字和他的工作能力已经在当时的政府人员中广为人知了[23]。

白金汉公爵的死亡也被克伦威尔利用创造了其他机会。他明目张胆地抢购公爵被剥夺的财产，甚至在11年后的1532年，加来的罗贝尔·阿颇雷诺兹（Robert ap Reynolds）"满口脏话"地声称这些东西是克伦威尔从他这里买的，但克伦威尔仍然欠他47安吉尔（angel，相当于17英镑13先令）。雷诺兹认为克伦威尔作为当时世界上有名望的律师现在已经有充足的资金来支付那些未偿还的利息。他神秘地暗示，如果克伦威尔拒绝还钱，他便会将一些肮脏的真相透露给国王和诺福克公爵[24]。克伦威尔很清楚这是勒索，因为他自己也精于此道，但对雷诺兹的威胁所带来的后果，历史上并没有记录。他可能发现，克伦威尔不是一个好对付的人，与其为敌会让自己得不偿失。

1522年9月，克伦威尔已经有足够的实力了，他把家搬到更大的地方，"大门正对着"布罗德街（Broad Street）的奥斯丁（Austin）修道院[25]。他很快被选为当地的议员，负责向当地政府长官汇报。

不能确定克伦威尔具体是如何以及何时与枢机主教沃尔西相识的。也许是枢机主教的前家庭成员亨利·珀西勋爵（Lord Henry Percy）从克伦威尔那里借了很多钱，因此安排了这样一个会面[26]。或者是经由第二代多塞特（Dorset）侯爵托马斯·格雷（Thomas Grey）介绍——他似乎利用了克伦威尔的法律专业知识持续投身于布料贸易[27]，或者是由于格雷雇用了克伦威尔的外甥理查德·威廉斯当仆人[28]。第三种可能是经来自卢卡（Lucca）的意大利商人安东尼奥·博韦丝（Antonio Bonvisi）介绍，他的富人客户群中就包括沃尔西。最后一种可能是通过克伦威尔的堂兄弟罗伯特·克伦威尔（Robert Cromwell），他是巴特西（Battersea）教区的牧师，当时是枢机主教的建筑工程的监工[29]，因而托马斯·克伦威尔利用这层家庭关系是完全顺理成章的。

在1522年年末的某个时间他们会面了。毫无疑问，通过沃尔西的影响力，克伦威尔在第二年就进入了议会，虽然在议会中的地位暂时不高[30]。克伦威尔起草的一份文件——不确定是否真的是他起草的——对入侵法国的建议进行了抨击，因为他认为后勤得不到保障。虽然他的告诫非常谨慎，但克伦威尔热切希望为国王收回被法国侵占的土地。诚然，他也对亨利统治国外土地而带来的安全问题心存忧虑：

> 只有一件事……带给我不小的痛苦。我好像听到我的枢机主教大人慈悲地说，我们最仁慈的君主，对他的每个臣民都充满关怀……要以他的魅力去征服海外（法国）……我祈求上帝保佑我能活着看到这一切。我万分谦恭地恳求他出于无限的

温柔和怜悯而赦免我，他是一个如此谦逊高尚之人，使我在这种情况下忘记行礼……但是我不能在这件事上为了取悦他而表示顺从，因为其中暗藏危险，他的宏伟王国（上帝护佑）必须避免最大的灾难和痛苦[31]。

真是卑微谄媚啊，克伦威尔！以现代的眼光看，他于字里行间充满了谄媚和奉承。但难道他不应该这样说吗？他知道他的信会被亨利国王读到，而国王是个很容易被激怒的人，他的家庭可能因他阴晴不定的性格而受苦。因此，克伦威尔巧言令色，极力表现自己对君主可能会生病或死于战争中的“千难万险”百般担心。他另辟蹊径，提出不如征服法国坚定的盟友苏格兰，从而将其纳入英格兰的版图，而不是在海外发动战争，从而不可避免地导致横跨英吉利海峡的漫长供应线变得异常脆弱。他以敏锐的商人头脑清楚地看到其中的风险，以及如何去获取更多的利益。

克伦威尔反对入侵法国，担心战争的代价高昂，这可能会显得非常奇怪，一个雄心勃勃的人怎么不想着爬上财富的梯子呢？但他可能是一个野心更大的玩家，有更狡猾的计划，比如干脆停止用于支付战争费用的新税的审批，或者在议会冲突中火上浇油，支持沃尔西个人反对亨利的外交政策。

议会并不能吸引克伦威尔，但是让他习得了后来操纵两院的各种技巧和手段。他于1523年8月27日以愤世嫉俗、嘲讽的语气给一个老朋友——当时住在西班牙北部毕尔巴鄂（Bilbao）给他传递下议院消息的定制服装裁缝约翰·克瑞柯（John Creke）写了一封信。他以轻蔑的眼光看待这场毫无结果的诉讼：

> 你应该明白，我忍受了议会……长达17个星期，并且还将继续。我们在那里谈论战争、和平、冲突、竞争、辩论、怨言、怨恨、财富、贫困、贫穷、真理、正义、公平、谎言、欺骗、压迫、宽容、活动、节制、叛国、谋杀、重罪和调解。
>
> 还包括如何建立一个联邦或者是独立国家。
>
> 然而，总之，我们已经做了我们的前辈们已经习惯做的事情，也就是说，我们可能会有新的开始。

克伦威尔懊丧地补充道，议会授予国王“一笔巨大的补贴（税款），这是从来没有过的”。它可能相当于80万英镑的国库收入（相当于今天的3.19亿英镑），以资入侵法国。

1524年，克伦威尔被任命为米德尔塞克斯（Middlesex）的奥苏尔顿百区（Hundred of Ossulton）地区的税务专员，负责为征税而评估土地和商品的价值，并在同年利用他所掌握的法律知识当选为法学院的一员。2月，他作为代理人，处理了伦敦市议员和绸缎商人约翰·艾伦（John Allen）把位于约克东部5英里（约8千米）的凯克斯比（Kexby）庄园转让给沃尔西的案子。在那个夏末，凭借其在财产转让方面的律师经验，他得以正式开始为枢机主教服务。一年之内，他已经成为不可或缺的人物，被称为“教皇的参赞”和“正直可敬的克伦威尔先生”。他终于挤进了权力宝座后的圈子里。

这两个男人之间颇有相似之处，虽然在年龄上他们有10岁的差距。两人都有着低微的出身：沃尔西是伊普斯威奇（Ipswich）一个相当富裕的屠夫的儿子。两人都野心勃勃而又贪婪。然而，沃尔西曾在牛津的马格达伦（Magdalen）学院接受过教育，15岁时被授予艺术学士学位，并被冠以“男孩学士”的昵称。正如我们所知，克伦威尔在人生中没有接受过正规的学习课程，但他接受了最严厉的教育：经验告诉他，要如何避免错误，以及以后要如何应用这些教训。

从亨利的角度来说，他一直担心自己的宏伟蓝图和勃勃雄心会被无聊的日常国家管理所消耗，因此故意任命普通人担任最高的行政职务。沃尔西和克伦威尔并没有忠于任何贵族权力集团，所以没有对英格兰贵族家庭之间的微妙政治平衡造成破坏。都铎国王自己狡猾地保持低调，至少在表面上，日复一日为他们提供令人羡慕的权力，让他们为自己效忠。但是，不可避免地，他们的影响力和财富使得贵族们的愤恨不断加剧。贵族们认为沃尔西和克伦威尔之流拥有的是一种粗暴的、低等的权力，认为权力应该属于自己。这种敌意和仇恨最终导致了这两名权臣的垮台。

克伦威尔继续在法律界一往无前，其中大部分业务来自法国西北海岸加来市的受英国托管的城镇[35]。许多杰出的英格兰客户也认可克伦威尔，其中包括一个越来越有影响力的族长罗奇福德子爵（Viscount Rochford）托马斯·博林（Thomas Boleyn）。他的姐姐，罗伯特·克莱雷爵士（Sir Robert Clere）的妻子，于1527年雇用克伦威尔为其解决与前王座法庭首席法官的遗孀弗内夫人（Lady Feneux）就一笔400英镑的未偿还债务发生的纠纷。克伦威尔告诉博林，在普通法律条文中找不到补救办法。

> 除非阁下能获得我的主人（沃尔西）的帮助，让他对弗内夫人下达禁令，让其不再追究（未偿还债务），并且不允许高等法院大法官法庭签发任何具有解除强制效力的令状[36]，直到整个案件审理完毕[37]。阁下这样做，就是垂怜于我，以圣三一怀有的理智和善良来行事，我衷心地祈求圣三一保佑阁下得享长寿、健康与荣耀。

罗奇福德正是安妮·博林（Anne Boleyn）的父亲。几年后，克伦威尔对他说的最后一句话就像一句空洞的承诺。[38]

克伦威尔同时还发展了自己的放债业务：专门向绅士、商人或与法庭有关的人提供贷款。譬如，1527 年 7 月 10 日，他给予了约翰·赫西爵士（Sir John Hussey）100 英镑的抵押贷款，用“一堆盘子”作为抵押品[39]。同年 9 月，约翰·史密斯（John Smith）向克伦威尔请求宽限，容他“缓一缓”再偿还贷款。他承认自己对克伦威尔比对其他任何朋友都更“无礼”，自作自受，而且话里话外表示自己正深陷财务危机。他“为牛栏里的肥牛感谢上帝”，但承认如果他在年初卖掉了作物，那么他可以有更多的收成[40]。后来，很久以后的 1535 年，克伦威尔写信给他在埃塞克斯（Essex）雷利（Rayleigh）的朋友托马斯·艾伦（Thomas Allen）要求归还借给他的 100 英镑。

> 我期待能得到您的消息，相信会收到您去年仲夏向我借的 100 英镑，那是因为您是绅士我才借给您的，而且还有合同和担保。您的兄弟都柏林大主教（Archbishop of Dublin）也

需要偿还他欠国王殿下的700马克（470英镑）。因为缺乏资金和违约，你们已经总共欠国王高达1000马克（670英镑）的债务，我认为您应该大体上明白，根本没有人能欺骗或糊弄国王。

我贴心地为您考虑，您欠我的钱，我就不追究了。出于理智和诚信，我请您再次看到我做出的退让。祈祷您可以告知（或通知）我您的想法以及承诺……最后衷心地祝福您。

托马斯·克伦威尔[41]

友谊不过是交易，归根结底还是交易。

尽管克伦威尔仍然活跃于律师和放债行业，但他为枢机主教充当法律顾问和议会议员的工作引领他进入一个崭新的、做梦也想不到的财富世界。沃尔西的奢华生活方式、财富和对奢华的热衷必定使克伦威尔大吃一惊。

枢机主教的家庭成员有将近500人，其中包括“世界上个子最高、容貌最出众的仆人”。沃尔西的礼仪官乔治·卡文迪什（George Cavendish）讲述说，主教在他的大厅里每天有3个餐桌，由3位主要官员主持，分别是管家（总管或牧师）、司库（骑士）和财务主管，都佩戴白色五道杠作为职位徽章。他的厨房工作人员众多，包括2名办事员、1名配菜检查员、1名香料办事员、1名洗涤室仆人、3名地下室仆人和2名马夫。此外，还有40个斟酒人、切肉人和服务员。试毒人负责替沃尔西尝试食物中有没有毒。他的两个大厨穿着缎子或天鹅绒衣服，脖子上挂着金色的链子，显然厨房里那些脏活儿累活儿是别人在做。在密室有专门负责的官员，他的私人教堂里有 54 个人，包括 40 名穿着宽大法衣或圣餐礼服的牧师，以及沃尔西自己的唱诗班，里面包括 12 个男孩和 12 个成年男子。枢机主教公然抄袭亨利的王室保镖制服，他的警卫人员穿着背部和胸前绣有金色字母“TC”［“枢机主教托马斯”（Thomas Cardinalis）的首字母缩写］的红色天鹅绒长袍[42]。

卡文迪什描述了沃尔西从约克坊的官邸去威斯敏斯特大厅大法官法庭处理法律案件的日常行程：

> 处理完事情之后，他会回到他的私人房间……他会提出要求，按照枢机主教的习惯，全身上下着以红衣盛装，要用他用钱能买到的最好的猩红色或深红色缎子、塔夫绸或卡法[43]。他的头上戴着一顶圆形的小帽[44]。他还在脖子上系了上等的貂皮（披风），手里托着一个新鲜的橙子，每当他对诉讼者烦不胜烦时，他总会嗅一下橙子，在污浊的空气中捕捉它酸中带甜的气味，以此舒缓压力。

他的侍从队伍是这样组成的：一个举着英格兰国玺的侍者和另一个托着枢机主教头冠的侍者走在最前面；紧随其后的是身材高大的祭司，举着两个银质的大十字架，象征着沃尔西约克大主教的身份；其他人举着洛林双十字架——这是他作为教皇使节的象征，以及两根重银柱。再后面是他的私人传令官或曰私人纹章官，手执“镀银大锤”。沃尔西本人不起眼地坐在一头装备着镀金马镫的骡子上，但是被猩红色的天鹅绒和镀金的斧头团团簇拥着，[45] 他的侍从们不断地喊道："我的大人和主人啊，我们在前面——为我们尊敬的大人开路。为约克主教使节、王国的首席法官阁下开路。"对于那些想通过他们的主子平步青云的贩夫走卒来说，这样的句子可真是拗口啊！

他确实是教会的君主，"世上最值得骄傲的神职人员"，除英格兰国王之外最富有的人。沃尔西掠夺了他所辖教区的财物，甚至设法从他谈判的条约中提取经济利润。作为大法官，他对他每一次施予的恩惠抽取佣金。对于他手下的行政人员公证的遗嘱，他按照金额对每一英镑收取一先令[46]。据估计，他在1529年失势之前的年收入达到令人瞠目的5万英镑，以2006年的货币价值计算高达1750万英镑。

他就是克伦威尔在贪婪、唯利是图等方面的当仁不让的行为"榜样"和"良师益友"。

此时的克伦威尔正忙于一项沃尔西自信满满、饶有兴致制订的计划：建立并资助两所新的教会大学，一所在牛津，另一所在他的出生地伊普斯威奇，都被称为枢机主教大学。为了给这些项目提供资金，沃尔西四处寻找财源，以避免自掏腰包。他瞄上了一些位置偏远的小型修道院[47]，并迅速获得教皇克雷芒七世（Pope Clement VII）的豁免将这些修道院解散。手边就有这样的解散先例：15世纪下半叶，温彻斯特主教韦恩弗利特（Bishop Waynflete of Winchester）就解散了两个修道院用于支持莫德林学院、牛津大学；最近的先例是在1524年，罗切斯特主教费希尔（Bishop Fisher of Rochester）为剑桥大学圣约翰学院而缴获了两所修道院的财富。现在沃尔西声称这些小修道院到了该解散的时候了，因为在它们摇摇欲坠的围墙内“（这些小修道院）既没有神可侍奉，也没有宗教信仰活动可坚持”。

1525年1月4日，克伦威尔和威廉·加斯科爵士（Sir William Gascoigne）奉命调查5座修道院及其财富以评估其价值[48]。他们声称这些小型修道院的房屋已年久失修，它们分别位于蒂克福德（Tickford）[49]、莱文斯顿和白金汉郡北部的梅德纳姆（Medmenham）、伯克郡（Berkshire）的波格利（Poughley）和牛津郡（Oxfordshire）的沃林福德（Wallingford）。同一天，克伦威尔和约翰·斯迈思（John Smythe）被任命为埃塞克斯郡的索比（Thoby）、斯坦斯盖特（Stanesgate）和蒂普特里（Tiptree）的辩护律师，埃塞克斯郡已被授予牛津枢机主教学院的新院长约翰·希格登（John Higden）管辖。

最终，沃尔西下令拆除了29座修道院，共有80名修道士、司铎和修女被粗暴地驱逐。解散这些修道院产生的净收入约为2000英镑，大约相当于现在近70万英镑，这笔钱完全被用来资助牛津枢机主教学院。[50]

这次掠夺的主要实施者就是克伦威尔，他充分展现了自己在财产转移方面和处理细节的技巧。他必须对每所修道院的财产进行调查和评估，列出其财产并将其出售，然后安排土地的处置或租赁。他通常会亲自处理每所修道院房屋的交出事宜。此外，他还负责追踪这两所枢机主教大学的建设进度。

当然，克伦威尔和沃尔西的另一名代理人约翰·艾伦博士（Dr John Allen）[51]总是有机会从中捞钱。一些修道院会不惜花大笔钱行贿，以免在拆除过程中遭遇侮辱和不便。地产也可以比正式商定的价格更高的价格出租，并且差价很大。其中上好的东西和动产可能被挪用并出售，从而带来私人利润。难怪克伦威尔在这个时候放弃了他的布匹贸易业务，因为有了更容易到手的不义之财和更有利可图的敛财方法。

在都铎时代，这样的幕后交易并不罕见，但是这样大规模的腐败行为也引起民众的不安，甚至厌恶。国王秘书威廉·奈特爵士（Sir William Knight）于1527年8月从西埃塞克斯的比利（Beaulieu）写信给沃尔西，警告他说国王亨利对这种行径感到不安："我曾听到国王和贵族们都在谈论发生在艾伦先生和克伦威尔先生身上的不可思议的事情——阁下知道，其中的很大一部分属于权宜之计。如果您驾临，将不仅仅是听到我这样说，还会从其他忠心耿耿、细心周到的仆人那里听到。"[52] 持续的诱惑一定是不可抗拒的，但是沃尔西似乎没有做任何事来阻止自己走向灭亡，他可能深信这些对他仆人的攻击只不过是诋毁他行动的武器。无论如何，他对两所枢机主教学院的进展感到满意。

克伦威尔不断被那些想要摆脱缺钱困境的人围堵。例如，托马斯·卡纳（Thomas Canner）于1528年1月14日给他写信，为汉普郡（Hampshire）的贝辛斯托克（Basingstoke）人求取沃林福德（Wallingford）修道院的大钟，因为他就是在沃林福德长大的。作为对克伦威尔尽力帮忙的回报，他附上了一套"牛津手套"。[53]

腐败的另一面，当然就是使克伦威尔变得不受欢迎。在东苏塞克斯郡和肯特郡（Kent）接壤处的贝哈姆（Bayham），当地绅士乔装后聚在一起，冒着风险暂时恢复了10名普雷蒙特雷修会（Premonstratensian）司铎的职位。在附近的汤布里奇镇

（Tonbridge），镇民为奥古斯丁（Augustinian）修道院的关闭发起请愿，拒绝接受以牛津大学的奖学金作为安抚。修道院地产的新主人对利润更感兴趣，将租户置于更严苛的强权管理之下。1527年8月，据报有一名“避难人”[54]意图等待时机谋杀克伦威尔，而枢机主教波尔后来坚持认为，人们认为克伦威尔先生正被关在狱中，并将因为其担任沃尔西的代理人而受到惩罚[55]。为了防范奥斯丁修道院的修道士，克伦威尔在他家的正门装了一条坚固的锁链，这样一来“不熟悉的人就无法入内了”。

他继续不顾一切地履行职责——全天候马不停蹄地拉清单、验证或评估。1528年4月2日，他从牛津大学就他对沃林福德的访问写信给沃尔西，报告说所有的货物和家用器具都被运走了。克伦威尔更加乐观地介绍了大学城建设枢机主教学院的进展：

> 您的大学的建筑正迅速地拔地而起，气势恢宏，每个人都会觉得，这样宏大、壮丽、豪华的建筑超乎想象，见所未见……在同类建筑中是最坚固的。
>
> 您的礼拜堂是最为竭心尽力地建造的，里面的神职人员不仅勤于服务上帝，而且勤于完成每日的工作，在我的眼里，他们的虔诚、庄重、和谐是无与伦比的[56]。

克伦威尔定期提交用于设立新学院的官方开支。有人声称，在1528年4月，因为借在伊普斯威奇的工作之便，花费了56先令购买羊皮纸“为国王的专利证书，以及为主教大人的契约和令状绘制和装饰字母；花费6先令购买2打羊皮纸，花费了3先令购买1令纸”。于是他的个人经费总计达1119英镑，包括“我在汉普顿法院（Hampton Court）的费用以及在夏季的不同时间里我的马的开销。”[57]6月，克伦威尔致信沃尔西枢密院的一名贵族托马斯·阿伦德尔（Thomas Arundell），询问伊普斯威奇学院的建造计划，并警告在法院裁定法律事务清理完毕之前，它不能正式成立：“我希望，在我的主人（国务大臣、大法官）的帮助下——我总是能从他那里得到忠告——我将以令他（沃尔西的）仁慈的心感到喜悦，令他心满意足的方式执行、履行和完成一切事务。”[58]

最后，威廉·卡彭（William Capon）被任命为伊普斯威奇的枢机主教学院的第一任院长，并于1528年9月26日向沃尔西报告教会法衣和牌匾已经运达。克伦威尔花了很大的心力“看护着这些东西安全送达，包括准备安放在大厅里的吊架、长椅等——现在大厅已经装饰好了”。虽然建设工作继续进行，但克伦威尔在此期间虔诚地参加了学院礼拜堂的晚祷。由于第二天“雨下个不停”，所以不得不取消计划中的盛大游行活动。[59]

1529年1月18日，克伦威尔致信沃尔西的秘书斯蒂芬·加德纳（Stephen Gardiner）——此人后来成了克伦威尔的敌人，他解释了自己之所以没有到大主教家里去，而是去了里士满（Richmond），是因为他正忙着在肯特的布莱斯利（Bexley）出售列森斯（Lesnes）修道院，

> 在那里，我看到了最虔诚和悲伤的景点之一。泰晤士河流入列森斯（Lesnes）的沼泽地全部被淹没。在最后的一个拐弯处，河水没过高位，形成了一个新的支流，给当地居民造成

了巨大的损失，这将要花费300英镑来复建。在这样的情况下，如果我不在那里鼓励工人和劳工，我向你保证，以前所投入的一切劳动和财富，都会付诸东流，而且工人们会乘机逃跑，给当地造成不可估量的损失。

克伦威尔立即担负重任，“以一个聪明人的智慧”指导维修海防。“我相信一切都会好的，那里的工作会以最快的速度结束，如上帝所愿。”[60]

除了设立大学的工作之外，现在担任沃尔西的秘书的克伦威尔代表教会和官方任命枢机主教。这里面大有油水可捞。1528年4月25日，在达勒姆（Durham）管理沃尔西的造币厂的理查德·贝利斯斯（Richard Bellyssis）写信给克伦威尔，希望他帮助任命一个空缺的职位：“他在父亲的有生之年负责制造钱币，在提炼、实验和压制方面非常专业。国内没有人比他更适合这个职位。”如果任命成功，克伦威尔将获得“应许的好处”[61]。

克伦威尔也渴望自己周围有忠诚的、可以绝对信任的人。于是，他招募了拉尔夫·萨德勒（Ralph Sadler）[62]，以帮助他建立枢机主教学院。他现在写信给沃尔西推荐萨德勒，希望他被任命为主教家的某个重要职位：“我向您保证，大人，您是相当重用绅士的，现在我向您推荐的这个人，因为他在每个方面都具有良好的口碑……他和其他人一同为您办了不少好事。因此，在我看来，您理应回报他。我以信誉保证，他是值得任用的。”[63]萨德勒成为克伦威尔的办事员，就此开展他在政府服务部门的宏伟事业。

但是现在，家庭悲剧侵入了克伦威尔的繁忙生活。为沃尔西工作虽然给他带来荣耀和财富，但在另一方面，却又给他带来不幸。

在1529年之前的某个时间，他的妻子伊丽莎白去世，可能是因为一种叫“汗热病”的致命传染病，这种病曾经在1528年扫荡了整个英国。她给他留下了两个女儿，安妮和“小格雷丝”，她们后来都夭折了，可能因为感染了她们母亲所感染的同一种流行病。他还有一个儿子叫格雷戈里。另外他也可能有一个私生女[65]。

格雷戈里在剑桥彭布罗克霍尔（Pembroke Hall）的教育问题一直不断困扰着克伦威尔，因为他一心想要为儿子提供正规的教育，以弥补自己的缺憾。他也可能有雄心勃勃的培养计划，期望他的儿子攀上一个高贵的家庭，并将其视为升迁的另一条途径。格雷戈里的导师约翰·考克（John Checking）经常向克伦威尔写信，要求寄钱。1528年5月，他要求克伦威尔偿付他的辛勤付出。此前他一直没有这样打算，直到这一年6月中旬[66]和6月28日，他开始哭诉自己陷入债务危机，“急需用钱”。他坚持说：“账户里没有一分钱，但是所有的钱都没有花在你儿子的老师们身上。”

一个月后，他又写了一封信汇报格雷戈里在国内的生活情况和进展：“他边学习边玩，所以进展相当缓慢，不过倒是很勤奋。”他以前的导师帕尔格雷夫（Palgrave）教得很差，以至于格雷戈里“几乎学不会三个（拉丁文）动词的变位……虽然他死记硬背不断重复”。考克不得不“让他先忘记以前学过的知识，他现在正在学习如何表达，剩下的时间都在写信”。[67]

10月，导师恳求克伦威尔给格雷戈里送去“5码大理石装饰带”[68]，“让他能暖和地度过今年冬天，并为和他一起学习的表弟克里斯托弗·威利德（Christopher Wellifed）送9码过来，另外还需要一张床和一副床板”。考克在剑桥大学散布各种关于克伦威尔的谣言——其中就包括克伦威尔被监禁的消息，不过幸好这些都是假的。他最后又一次要求寄钱：“这里的瘟疫几乎消耗了我们带来的所有钱。”[69]11月天气较冷，学生们为了取暖，“还要生火维持温暖和舒适，小格雷戈里的书信写得很棒，克里斯托弗不需要太多的帮助”。[70]不过，发生了一件有惊无险的事情：克里斯托弗·威利德在一张盘子上点了一根蜡烛，看着书睡着了，蜡烛掉到了床上，烧掉了床、枕头和3个叠层或毯子，如果不是房顶都涂上了石灰，“我们可能就完蛋了”。考克报告完此事后，要求克伦威尔赔偿40先令。

在1529年7月，克伦威尔明显抱怨道，他的儿子在功课上没有进展，并嘲笑考克水平低下。导师被激怒了，反驳道：“我花在他一个人身上的精力顶得上7个学生。”[71]长篇大论之后，考克还不忘请求克伦威尔以其职务之便把他的一位亲戚推荐给“枢机主教阁下”，并承诺“如果事成，必有重酬”。[72]

克伦威尔的妻子和女儿的去世可能促使他对自己的命运产生清醒的认识，因为在1529年7月12日，他签署了最后的心愿和遗嘱，[73]自诩为“伦敦的托马斯·克伦威尔先生”。他给儿子留下660镑13先令4便士——在第一份草案中的400英镑基础上有所增加——以及格雷戈里在伦敦住着的房子。物业的租金收入用于他的教育，直到他年满22岁，“在此期间，我衷心希望并要求我的遗嘱执行者善待我的儿子，敦促他不要浪费时间，教导他品行正直，不辜负我的信任”。

克伦威尔可能担心自己儿子已经挥霍了一大笔钱，并据此做出规定。克伦威尔对财产的进一步分配仍然是留给他的儿子：另外 200 英镑的“英国法定的财产”将在他 24 岁时归属他。在赠予格雷戈里的家居物品遗产中，银盘和其他有价值的物品要“安全保存”，直到他年满 22 岁。如果他没能活到这个年龄，那么物品和实产将被出售，收益分给“我可怜的亲属们；也就是说我的姐姐伊丽莎白和凯瑟琳，以及我已故妻子的妹妹琼，也就是约翰·威廉森（John Williamson）的妻子”。

克伦威尔并没有遗忘忠诚的仆人。拉尔夫·萨德勒获得了 200 马克，连同“我的第二（珍贵的）礼服、紧身上衣和我所有的书”。“有时充当仆人”的斯蒂芬·沃恩（Stephen Vaughan）获赠了 100 马克，以及一件礼服、外套和上衣。克伦威尔对其他仆人也做了遗赠：威廉布·拉巴松（William Brabazon）、约翰·艾弗里（John Avery）、“厨师”瑟斯顿、威廉·博迪（William Body）、彼得·莫特斯（Peter Mewtes）、理查德·斯威夫特（Richard Swift）、乔治·威尔金森（George Wilkinson）和“养马人”约翰·亨德（John Hind）。

他虔诚地吩咐遗嘱执行人，“在我去世后 8 年的时间里，聘请一位克制而善良的祭司，为我的灵魂唱歌，并支付他 46 镑 13 先令 4 便士，也就是说每年付他 6 镑 13 先令 4 便士，作为薪金”。他为伦敦市的每一个修士都付了 1 英镑，以求为他的灵魂祷告。慷慨的克伦威尔还遗赠了 40 英镑给一名贫穷的少女作为嫁妆，20 英镑被分配给其家庭，让他们也可以为自己的灵魂祷告。最后，他向河流对岸萨瑟克区（Southwark）的纽盖特监狱（Newgate）、卢德盖特监狱（Ludgate）、王座监狱（King's Bench Jail）和马歇尔希监狱（Marshalsea）的囚犯们捐赠了10英镑。[74]

在为亨利八世忠诚服务期间，他曾将一些受害者送进那些监狱。

第二章

成功还是毁灭

当麻烦降临时，形势往往会比想象的还要恶劣得多。

——《沃尔西垮台，克伦威尔上位》（*THOMAS CROMWELL TO CARDINAL WOLSEY FOLLOWING HIS DOWNFALL*），1530 年[1]

这一打击可能在一些人的预料之中，但是当它真正发生时，整个英格兰都感到震惊和敬畏。“教堂王子”、欧洲政治家、亨利八世的大法官、大主教托马斯·沃尔西，已经从权力巅峰跌落。

他的克星是安妮·博林（Anne Boleyn），他私下将她形容为国王的“夜乌鸦”。[2] 她一身橄榄色的皮肤，黑色的头发，是托马斯·博林爵士的女儿，曾经还是亨利的王后阿拉贡的凯瑟琳（Catherine of Aragon）的侍女。不过，王后现在不大可能生下国王梦寐以求的可以作为合法继承人的儿子。在 1526 的春天，安妮的姐姐玛丽将安妮作为性贿赂送到国王身边，而国王疯狂地爱上了任性且刚毅的安妮。

在这名雄心勃勃的情妇的怂恿下，亨利很快就被欲望冲昏了头脑，他希望将安妮册封为王后。他突然惊恐地意识到，自己之所以没有健康的儿子，是上帝对自己现有的不伦婚姻的可怕惩罚。1502年，凯瑟琳曾与可能死于肺结核的亨利的哥哥、15岁的亚瑟王子有过一段短暂的婚姻。对于亨利来说，《圣经》的圣洁教义一目了然："人若娶弟兄之妻，这本是污秽的事，羞辱了他的弟兄，二人必无子女。"这17年来，国王和已故兄长的妻子一起生活在罪恶中。凯瑟琳竭力否认她的第一次婚姻是有婚姻之实的，并且坚称，她嫁给亨利时还是"一个处女和完美无瑕的女人"。

传闻在1527年，沃尔西是第一个将缺陷婚姻理论灌输给亨利的人。当时的编年史家波利多尔·弗吉尔（Polydore Vergil）这样写道：

> 在一个方便的时机，他（沃尔西）走近国王，装作充满爱心和正义感的样子，提醒他重新考虑这段婚姻的合法性……由于凯瑟琳曾嫁与他的哥哥，如今这段婚姻是没有效力和生命力的，他急切地恳求国王不要再生活在这样的危险之中，因为这直接关系到他的灵魂的救赎、王室的合法性和生活的体面性。[3]

这位信奉天主教的国王，特别考虑到其在1521年还接受了教皇利奥十世授予的守护者——信仰守护者——称号，怎能抵制教皇使节如此有理有据的劝导呢？但是，在提供这种狡猾的神学论点的同时，枢机主教也不知不觉间播种了自我毁灭的毒种子。

他的这种想法可能是有争议的，但是建议国王从教皇克雷芒七世那里获得废除令则更荒谬，尽管教皇也曾以更荒唐的理由将废除令授予欧洲王室。在与梵蒂冈斡旋好几个回合之后，沃尔西和饱受痛风折磨的枢机主教洛伦佐·坎佩齐奥（Lorenzo Campeggio）主持了一次教会法庭审理，对这起"国王的重大事件"做出裁判：国王亨利与凯瑟琳的婚姻是否符合教会法。自1529年5月开始，一系列戏剧性的听证会在伦敦黑衣修士院（Blackfriars）的多明我会修道院大厅里轮番举行，枢机主教们听取了国王和王后以及一众博学而虔诚的证人的发言。亨利的律师提供了大量关于王后淫乱的证据。有人告诉法庭，如果威尔斯亲王亚瑟与凯瑟琳进行了"肉体对话"，根据上帝的律法，她与国王的婚姻不可能是有效的："我有这两位信誉非常高的绅士可以发誓证明，一天早晨，亲王刚从他的房间里出来就说：'先生们，今天早上我分外高兴，因为昨天夜晚我的心好像飞到了6英里之外的西班牙。'"[4]显然，亚瑟是一个爱吹牛的年轻人，颇具都铎风范，尽管他的话不太可能真实地反映了他的男人气概。不过，这无关紧要，因为凯瑟琳以其西班牙式的滔滔口才，虔诚要求此案受到更高规格的审理。于是，这起悬而未决的案件被转交给罗马。7月23日，在审理的最后一天，坎佩齐奥宣布，这个微妙的问题只有在与罗马的元老院充分磋商后才能解决。然而，梵蒂冈官僚机构是出了名地拖沓，此时他们早已离开办公室，避开炎热的罗马夏日，享受着悠闲的假期。

亨利在法庭上方的旁听席观看了整个诉讼过程，黑着脸离开了，对沃尔西未能取得预期的判决非常愤怒。国王的老朋友，也是沃尔西的竞争对手，第一代萨福克公爵（1st Duke of Suffolk）查尔斯·布兰登（Charles Brandon）也被激怒了，他把拳头捶在桌子上，喊道："通过这件事，我终于理解这句老话的真谛：只要枢机主教存在一天，英国人永远不会快乐。"

早秋，沃尔西愁云满面，因为安妮·博林无情地嘲讽亨利与她结婚希望渺茫。沃尔西的敌人正好利用了国王对他的强烈不满、不耐烦和失望，从中挑拨离间。

1529 年 10 月 9 日，对沃尔西的报复终于爆发。检察总长克里斯托弗·黑尔斯爵士（Sir Christopher Hales）在威斯敏斯特大厅的王座法庭中，赞成针对沃尔西的《蔑视王权罪法令》（Statute of Praemunire）提案[5]。8 天后，诺福克公爵和萨福克公爵欣然抵达沃尔西在伦敦的新官邸约克大宅，要求他交出英国的国玺，并辞去首席国务大臣的职务。沃尔西被命令迁居到他在萨里[6]的建于 15 世纪的红砖宫殿，而他的命运也就此成了定局。他从约克的大宅乘坐驳船出发，仍然感觉到"国王的不满的剑已经穿透了他的心"。现在他的土地、办公室和财产都充公给了王室。10 月 26 日，托马斯·莫尔爵士（Sir Thomas More）被任命为首席国务大臣，虽然他有点儿不情愿，但可以理解他是担心自己在不断升级的国王离婚案上发挥不了任何作用。

随着沃尔西被强权驱逐，克伦威尔细心构筑的世界瞬间毁于一旦。一切实现他的野心的机会就像被唤醒时的梦幻一样消失了。

当大人物垮台时，他们的支持者通常也面临被摧毁的命运。现在，沃尔西的庇护突然消失，宗教场所纷纷解散，人们对克伦威尔的厌恶变得更加强烈了。他在安特卫普的忠实朋友斯蒂芬·沃恩在10月30日写道："人们对他的憎恨，更多的是因为他的主人，而不是他自己之前作的恶"。万幸的是，他相信克伦威尔能够通过自己的智慧逃脱困局。[7]另一位枢机主教的仆人托马斯·拉什爵士（Sir Thomas Rush）谈到了伊普斯威奇的人对克伦威尔的讨伐："你简直难以想象这里的流言蜚语有多荒谬。"[8]

沃尔西的仆人之一，乔治·卡文迪什[9]，在1529年11月1日的圣徒日在伊舍（Esher）的宽大的房间里发现了克伦威尔。克伦威尔独自在一个屋子里，阳光透过高大的窗户洒落在他身上，他勉强地倚在门槛上，手里拿着一本拉丁语入门的书。他虔诚地呼唤"圣母马利亚"，他以前从未做过这样的事情。眼泪顺着他胖乎乎的脸颊流下来，他严肃地嘟囔着，轻声说着，然后唱了3组赞美诗，3个章节，最后以一首《赞美颂》[10]结束。看到此情此景，卡文迪什很惊讶地问道："为什么？克伦威尔大人，这是什么意思？你为何如此悲伤？阁下是否处于危险之中？还是因为蒙受了损失？"

克伦威尔看起来完全崩溃了，"不，不，这是一场不幸的冒险。我为了我的主人兢兢业业做事，耗尽了一生的心血，而我现在可能会失去所有的一切。"[11]向圣母马利亚求助并不能为他提供多少安慰，他拒绝了卡文迪什的宽慰，说道："我明白了，因为我所跟随的人的缘故，我被大多数人所鄙视，当然恶名一旦形成就很难消除，但是我从来没有从主人那里获得过任何提拔，也未曾享受过生活的福气。"

还有最后一个骇人的谣言：他似乎下定决心采取下一步行动。他突然不再将希望寄托于上帝，而是决心与命运抗争，并亲自对抗他的众敌。最终，他坚决不再自顾自怜，而是立下雄心壮志："我想说的就那么多。如果情况允许的话，我打算，只要上帝愿意，今天下午阁下吃完晚饭之后，我就出发赶往伦敦，到宫廷去，背水一战，我将重返战场。我想亲眼[12]看看有谁能够指责我造假和行为不当。"[13]

卡文迪什只能祝他马到成功。

与此同时，沃尔西在自己凌乱的官邸中听了三曲弥撒，并向神父马歇尔博士（Dr Marshall）忏悔，然后回到私人房间进晚餐。在这种压抑和紧张的晚餐气氛中，克伦威尔惴惴不安地坐在桌子旁边，一直积极给枢机主教提供实在的建议：现在开始用"善良和感恩的言语"来对待您的绅士和仆人们，让他们有勇气"承担您的悲伤和痛苦"。您的简单感激就是他们唯一的回报：库房是空的，所以他们将无法获得任何酬劳。沃尔西沮丧地同意了，并吩咐克伦威尔将他的家人召集到大堂，绅士站在右边，仆人站在左边。克伦威尔立刻安排去做了。

沃尔西走进鸦雀无声的大堂，他身穿紫色的主教袍，外面套着淡素的白色法衣（有着长长的花边）。他心烦意乱，一时间说不上话来，很快眼眶里就溢满了痛苦的眼泪，心情压抑到了极点。这位伟大的主教只好面对着墙壁，面对在场的不安和尴尬的支持者们，他感到十分愧疚。最后，他用手帕擦了擦眼睛，深吸了一口气，告诉他们：

> 现在已经到了这一地步了。国王剥夺了我的一切以取悦自己，但我却一无所有了，除了我身上这套朴素的衣服，而这

与你们以前在我身上看到的相比也寒酸多了。

我会坚持（毫不犹豫地）把这些东西分给你们。即使是我背部的皮肤，如果它们对你们有任何补偿价值的话，我也愿意给予你们。[14]

沃尔西勇敢地向前走了一步，变得乐观了一些，仿佛他最终会重新获得亨利的恩宠：

考虑到我的死敌对我的影响很小，我确信国王很快就会恢复我的权力，这样我就能够把每年的盈余让出一部分给你们。无论如何，请你们放心……只要情况允许，我的收入盈余（无论账目上如何）一定会分配给你们的。

从今以后，我将视这个无常世界中的财富为粪土。在上帝应许的后半生中，我只需要能够维持生计和尊严的财富就足矣。

这种虔诚和全新的超脱精神彻底地震撼到了信仰物质主义的克伦威尔。他站在这位已然失宠的主人旁边，静静思考着。他突然打破了沉默，对枢机主教说：

阁下，那些来自五湖四海的追随者很想见到您，但他们没有钱。

而这些都是……您的专职教士，他们已经收到您的双手带给他们的俸禄和崇高尊严。

因此，让他们回报您，因为这是他们做人的本分。

我认为他们都是诚实和善良的人，不至于那么薄情和忘恩负义，他们不会愿意看到您失去一切，甚至还可能会帮助您东山再起。

他的话毫无疑问吓到了簇拥在房间里的教士们。克伦威尔加快语速：虽然他“没有收到阁下一分钱的礼物，以此补贴每年的生活开支”，但是他现在很乐意捐出自己的钱来帮助枢机主教家庭中的那些境况比自己更糟糕的人。于是，他打开了自己的钱包，翻出 5 英镑金币，交给了沃尔西。“现在让我们看看您的教士们会做什么。我认为他们会比我做得更多，我不过是略尽绵薄之力，他们必定会涌泉相报。”

“来吧，绅士们！”他呼吁这些无奈而窘迫的教士拿出行动，然后他们不情愿地向沃尔西捐了钱，这些钱足够沃尔西支付仆人们 3 个月的工资，并为他们提供相当于一个月的食宿费。这是克伦威尔首次公开展示他对神职人员的敌意。难道这只是一个小小的恶作剧——这样他就可以看到他们在他们落败的主人面前羞愧难当？或者说这是他在未来的岁月里攻击教会及其教义的先兆？

经过与沃尔西一段漫长的秘密讨论后，他上了马，并与忠实的办事员拉尔夫·萨德勒一起离开伦敦。他对卡文迪什说：“如果我速度足够快，你很快就会听到我的消息，我将在两天内回到这里。”

这次任务似乎没有带来任何希望，沃尔西恢复损失的希望非常渺茫。不过，如果卡文迪什和家中的仆人们相信这个消息的话，说明他们不了解或不理解托马斯·克伦威尔。

当他到达伦敦时，他的所作所为及其动机对旁人来说仍然是一个谜。他比他沮丧的主人更务实，他清醒地认识到沃尔西现在已不可能挽回局面。对他自己而言，如果他意识到自己存有在都铎王朝政坛攫取财富和地位的顽固野心，那么这就是他与堕落的枢机主教分道扬镳的时候了。

如今宫廷中王后失宠，王室法院中都是沃尔西的敌人，他们觊觎着他垮台后留下的大量财富，所以克伦威尔的选择非常有限。那些已经拥有高官厚禄的人，显然会把克伦威尔看作前任枢机主教的心腹。克伦威尔巧妙地克服了这些看似无懈可击的阻碍，并在新的下议院宣誓就职前两天设法在议会中谋得一个席位，当时的空缺少之又少。像任何一个处于困境中的精明政治家那样，他呼吁众人支持他，充分利用他的人脉。抵达首都后，他立刻修复与萨德勒的关系，并拜访了他的朋友苏塞克斯议员、副宫务大臣约翰·盖奇爵士（Sir John Gage）[15]，最重要的是，和沃尔西的死敌第三代诺福克公爵托马斯·霍华德成为盟友。萨德勒当晚告诉克伦威尔：

> 按照你的要求，我与盖奇先生谈过了，恳求他代表你向我的主人诺福克勋爵就议会议员的席位进行了交涉。他二话不说就行动了，就像忠实的朋友一样……诺福克（告诉）盖奇先生，他已经与国王交谈过了，陛下对你很满意，你应该能成为一名议员，这样你就可以发号施令了……按照诺福克公爵从国王那里获得的指示来操作执行……[16]

萨德勒尽职尽责地汇报：诺福克应该会很乐意在第二天与克伦威尔交谈关于选举的事宜。

这位办事员在法庭上兢兢业业地代表他的主人发言。他曾与他的朋友托马斯·拉什爵士（Sir Thomas Rush）谈过话，拉什爵士的继子托马斯·阿尔瓦德（Thomas Alvard）是萨默塞特汤顿（Taunton）的议员，随时可以站起来支持克伦威尔。[17]两人一拍即合。在王室监护法院主事官（Master of the Court of Wards）威廉·波利特爵士（Sir William Paulet）的帮助下，席位迅速被腾出来。最讽刺的是，这个空缺刚好就是温彻斯特主教，管辖着沃尔西以前控制的区域。[18]

因此，克伦威尔出人意料地重返议会，主要是通过诺福克的影响力，当然克伦威尔必须永远忠于他，以换取操纵下议院诉讼程序的权力。

不过，这些承诺后来全都化为泡影。在接下的动荡岁月里，雄心勃勃的公爵肯定会后悔，在克伦威尔这个未来的权臣的政治生涯处于危险的低谷，其生活极其困顿时，对其施以援手。

不久之后，克伦威尔又"得意扬扬"地回到了伊舍，并向卡文迪什吹嘘说，他曾经"冒险入虎穴，很快就重获信任，甚至成功进入议会"。[19]与沃尔西进行了更密切的讨论后，当晚晚些时候克伦威尔再次返回伦敦，因为他绝不能错过第二天早上的议会会议。

从11月3日会议开幕以来，诺福克正忙着准备一项反对沃尔西的《褫夺公权法案》(Bill of Attainder)，这是议会的首要议程。由于篇幅过长，该草案被戏称为"条款之书"，并于12月1日在上议院通过，被送交下议院批准。但是，对于其中不必要的恶毒措辞和野蛮声明[20]，国王在12月17日的议会上下令删除了其中的36条。然而，它实现了主要的政治目标：枢机主教的名誉和声誉已经彻底被摧毁。

沃尔西感到被孤立、沮丧和焦虑，不断地写信给克伦威尔，恳求他的忠告和帮助。今天来看他的这些信，很难不对曾经傲慢自大、现在沦为平民的枢机主教感到同情。他的来信字里行间流露出痛苦，他再也不是那个傲慢自大的首席大臣，再也无法过宁静的日子。那些富丽堂皇的宫殿和那些谄媚的、装扮华丽的随从，如今都成了过往云烟，沉沉地笼罩着绝望的主教。与所有突然被罢免的高官一样，他也必须忍受个人权力和权威突然消失所带来的酸涩挫折感。

随着地位和财富的消失，沃尔西迅速蜕变成一个虚弱、病态、孤独的老人，不知如何面对未来。颐指气使的时光已经结束了。现在，沃尔西不得不弯曲他的膝盖，乞求前手下的帮助：

我内心深爱着的克伦威尔：

看在你尊敬我并且永远愿意为我做事的分上，我恳求你，议会一结束，就把手头的事情先放下。我有话……想对你说，为了获得安慰和救济，我将聆听你给予的或好，或悲伤，或谨慎的建议和忠告，但同样，我也希望你尽快办到你所承诺的某些事情。

你诚挚的朋友满怀悲伤地用粗糙的手

在星期六早上写于伊舍

由于熟知克伦威尔的为人，沃尔西补充说：“我也有一些关于你的事情，相信你会很高兴听到。但是今天晚上不在这里说了。如果你需要听的话，你可以亲自再过来一次。”[21]但是，这种情绪化的勒索和哄骗并没有诱使他的前律师克伦威尔从伦敦过来。克伦威尔可能急于表明他已经与沃尔西一刀两断，因此无视枢机主教越来越疯狂的恳求。不过，沃尔西仍然没有意识到从前的主仆关系已经结束，他不耐烦地写道：

> 自从我遇到麻烦之后，我感到最悲伤的是，你在这个关键时刻没有在我身边，因为现在正是你善待和取悦我，帮助完成我的诉求的时候。
>
> 因此，出于对神的敬仰，请你明天晚上一定要过来，不要迟到，与我做一个小时的谈话，你可以晚上离开，或者第二天清早离开，不会耽误第二天的工作。
>
> 出于博爱的心，现在请不要离开我，因为我是如此需要慰藉。[22]

与此同时，亨利也强迫沃尔西将其在伦敦的住所约克大宅及其在赫特福德郡的国家财产交给王室。国王甚至拆除他在伊舍的新画廊，并一点一点地将画作运送到威斯敏斯特的新王宫，以此来“折磨”沃尔西。这还不够，只要枢机主教醒着，他都能听到种种传闻：王室授予的位于北安普敦郡（Northamptonshire）达文特里（Daventry）的圣奥古斯丁修会克吕尼（Cluniac）修道院将被宣布作废。该修道院是所有被拆除的修道院中最大、最富有的修道院之一，其收入对他新建的牛津大学的繁荣发展至关重要[23]。难道这方面的收入和他为英格兰教育体系留下的珍贵遗产现在也要化为灰烬了吗？

克伦威尔继续坚定地无视他越来越迫切的会面谈话要求。

沃尔西的信件呈现出一个被子女无情抛弃的悲哀而忐忑的老人形象：

> 你一直推迟与我见面，使我更加感到悲伤和焦虑。在今晚等你的3个小时里，我不停哀叹，呼吸明显比以往更虚弱，也许我离死不远了。
>
> 如果你还怜惜我的生命，请今天晚上就离开伦敦，到我这里来。我会对你敞开心扉……这是我情不自禁地写下来的……
>
> 恳求你现在就帮我减轻痛苦，救我于极端绝望之中，上帝会奖励你的。现在是表明你是否爱我的时候了。[24]

沃尔西很清楚是谁导致了他的垮台，并且担心恶毒的安妮·博林仍然在折磨他。由于约翰·罗素爵士最近在国王面前为枢机主教说情，近一个月安妮一直拒绝跟他说话。[25]沃尔西让克伦威尔去咨询国王的近侍亨利·诺里斯爵士（Sir Henry Norris），“希望我对上帝的祈祷同样可以疏解安妮夫人的不满”，并不惜使用“一切可能的手段”来“获得她的青睐”[26]。

与此同时，安妮正在通过自身的性魅力加紧对亨利的控制。为了哗众取宠，她在她仆人的蓝紫色制服上绣了新的宣言：Ainsi

sera，groigne qui groigne，明目张胆地宣称："这才是事情应有的样子，即便很多人都抱怨。"[27] 她吹嘘称，宁愿看到阿拉贡的凯瑟琳"被绞死，也不承认她是王后和国王的情妇"。[28] 她那黑色的眼睛牢牢地盯着王后的宝座，没有人能够让这个执拗的女人退让一步。

克伦威尔写信安慰苦恼的沃尔西，并暗示他应该贿赂宫廷中博林派系的成员。身败名裂之时，贿赂可以巧妙地扼杀隐藏的怒火。安妮现在在亨利的宫廷里风光无两，而她的家族也分享着她的荣光。1529 年 12 月 8 日，她的父亲被封为威尔特郡（Wiltshire）和奥蒙德（Ormonde）伯爵，她的弟弟乔治（现在是罗奇福德子爵）也成为国王身边的红人。他作为温彻斯特主教每年有 200 英镑的收入，还能每年从赫特福德郡的圣奥尔本修道院中捞取 134 英镑的收入，这以前是沃尔西的地盘[29]。博林是否相信这些贿赂金是克伦威尔纯粹为了自己的晋升而献上的，这一点仍然是个谜。见风使舵地站到博林派系中当然是明智的：1530 年 1 月 24 日，威尔特郡伯爵被任命为掌玺大臣，并进入国王的枢密院。

克伦威尔这么做是为了帮助他的前任主人，还是利用可怕的双重身份，在背叛枢机主教的同时，又准备利用他的金钱促进自己的事业发展？事实上，克伦威尔在表面上保持忠诚，在公开场合捍卫沃尔西，并以"狡猾的论据和深层次的理由"曲意逢迎，以打入新兴的影响力圈子。[30] 他善于在两边斡旋。克伦威尔大概感知到，亨利对他曾经的首席国务大臣仍然有着深厚的感情，因此他一定程度上改善了沃尔西的生活条件。

枢机主教的命运似乎有了一线转机。1530 年 1 月，沃尔西十分高兴，因为他感受到了国王对他的持续关心——亨利最钟爱、最信赖的医生威廉·巴茨爵士（Sir William Butts）[31] 率领的由 4 个人组成的医生团队对他的身体浮肿做了紧急治疗。[32] 枢机主教评论道，医生和医药都无法治愈他，只有国王才能治好他的病。接下来的一个月，他被允许离开伊舍主教宫殿，住进萨里郡里士满的一个被称为“小屋”（The Lodge）的住所。

最重要的是，2 月 12 日，大约在克伦威尔担任议会成员和法律事务顾问，并直接服务于国王几天后，国王以一份加盖国玺的令状赦免了沃尔西。卡文迪什听说，亨利认为他“是一个非常聪明的人，而且还是个得力助手”。克伦威尔的新角色对他的前任主人有另一个好处：两天后，枢机主教复职为约克大主教。然后，在 3 月初，沃尔西被允许住进位于希恩（Sheen）的加尔都西会修道院旁边的一个更大、更舒适的住所。

随着越来越接近宫廷，沃尔西心中燃起越来越多的希望，针对他的屈辱审判已经接近尾声。但是，当他平静地坐下来和修道士虔诚对话时，或者单独在宁静的卡尔特会修道院“神圣地沉思”[33] 时，他能够意识到自己的命运已经被强大的敌人堵死。敌人们仍然遍布伦敦内外，乃至泰晤士河下游，在亨利左右密谋。

他们的首领诺福克公爵深刻地意识到，如果枢机主教重新上位，自己可能是第一个落马的人，因为他在沃尔西的败落中起了主要作用。因此，公爵成功地与宫廷上的盟友勾结起来，以确保沃尔西应该“回到老巢”，永远过着虔诚的教会生活，尽可能远离宫廷，不要抱任何东山再起的希望。当克伦威尔告诉沃尔西时，他真诚地回答说：“那么，托马斯，我们就回到温彻斯特吧。”但这里还是离伦敦太近了，枢机主教当时应该立即意识到这个判决背后就是他踏上政治流亡之路，如此简单明了。现实主义者克伦威尔也非常了解这一点，并寻求诺福克公爵的指示。公爵坚定地认为，沃尔西在他生命剩余的日子里应该远离仍然对他有感情的亨利，认为约克是沃尔西的最终归宿。他完全不留情面，直言不讳地对克伦威尔说："我认为你的主人枢机主教不要急着向北走。告诉他，如果他不尽快离开而是要加以逗留的话，我会给他点儿颜色看看。我建议他尽快做好准备，否则他会被直接撵过去。"[34]

克伦威尔辩称沃尔西没有钱做旅费，枢密院也勉强同意依据他从温彻斯特主教职位退休的标准提前给他 1000 马克（670 英镑）的退休金。国王慷慨地从他的私用金中为沃尔西添了 1000 英镑（按现代消费能力计算为 35 万英镑）。国王把这笔现金交给克伦威尔，让他再转交给沃尔西，并放心地认为，枢机主教应该会过得不错。至此，沃尔西还未意识到自己的处境，竟然重拾了一些过往的傲慢和自得，并且要求自己应该以约克大主教的排场搬迁过去。因此，克伦威尔不得不敦促那些官员和不情愿的捐助者，寻求贷款来补充沃尔西的资金。[35]

4 月 5 日，枢机主教离开里士满前往约克，后面紧跟着 160 名骑兵，同时用一艘船从海路运送其他的财物。这可能是克伦威尔和他最后一次面对面的会面。4 月 28 日，沃尔西来到诺丁汉郡南威尔士，这是他自 1514 年 8 月管辖这个大主教区以来第一次进入这里的教堂。[36]他不是一个容易满足的人，于是写信给亨利索要更多的钱："我进了我的教区，可是仍然一贫如洗，我的心情极度沉重，我和我的仆人们需要娱乐，我既没有公牛，也没有牲畜，也没有任何东西给家人。”而且，他的房子被“洗劫……一片废墟，朽烂不堪……被分配给我住一年的很大一部分房子都需要进行大修，才能住人。他抱怨说“自己沉浸在痛苦中，不知道如何才能减轻或缓解，除非您能够施以最仁慈的恩惠”。[37]

亨利没有答复。都铎国王通常少有慈悲和同情。宫廷里充满关于沃尔西重归奢侈生活的谣言，还有一些很明显的恶意攻击。4月13日，约翰·盖奇爵士告诉克伦威尔，“他以这样大的排场出行，有些人认为他像过去一样有勇气，一往无前，但缺乏权威”。克伦威尔写了一封信给沃尔西，告诉他“行事低调”，耐心等待。

> 阁下，有一些人声称，您房子已经超乎您的家庭（家族）的需求，而且您还要继续盖房子。
>
> 出于对上帝的爱……正如我经常做的一样，（我）真诚地恳求您尊重一切，并考虑现在的形势，暂时克制自己，不要继续建造（超出自己需求的）房屋。我认为阁下应该停止建造房屋，以平息那些谣言。

克伦威尔现在对自己的未来更加自信。在他告诫沃尔西认清自己流亡的现实的信中，竟然充满了放肆无礼的口气。他强调，沃尔西应该放弃对财富的执念，享受简朴而虔诚的宗教生活，集中精力实现宗教赋予的远大目标。对沃尔西这样一个曾经渴望戴上圣彼得三重冕的人来说，克伦威尔的话语想必是非常刺耳的：

我确实认为阁下目前是快乐的，因为你现在可以自由地服侍上帝，并学会如何去舍弃这个无常世界的虚荣欲望。毫无疑问，这些欲望除了引诱世人以外毫无用处……

在学习和探求中，除了日常生活中遭受的巨大痛苦和苦难之外，大多数人都会不由自主地陷入极度悔恨的情绪中，渴望寻找快乐和幸福，最后却只能陷入烦恼、悲伤、焦虑和逆境中。

因此，在我看来，阁下您目前的状态……比过去更胜百倍。

在一番强势劝导之后，克伦威尔感谢枢机主教送给他“阉马”，并为自己未能去南威尔拜访他而道歉，因为他正在处理一些“麻烦事”：“我保证，在我的生命中，阁下在我心里应该是第一位的……我将竭尽自己微薄之力敬仰您，为您祈祷和服务。[38] 我向耶稣基督祈祷您身体健康，长命百岁，心想事成。”这些不过是得到国王恩宠的克伦威尔的恭维话。沃尔西很难责怪克伦威尔的无礼，因为他现在是自己唯一的朋友，而这个所谓的朋友不过是个利用自己的灾祸捞钱的机会主义者。

克伦威尔积极协助国王将解散修道院获取的收入转移到了其在宫廷中的亲戚手里，而这些钱原本应授予沃尔西的两所大学。他根据国王的喜好，重新安排了温彻斯特教区和圣奥尔本修道院的收入分配。沃尔西写信给曾为他工作过的斯蒂芬·加德纳（现在是国王的新任秘书），抱怨说，“他不甘心失去温彻斯特和圣奥尔本的收入，他并没有得罪过国王”。[39]

但是无济于事。乔治·卡文迪什汇报称：

> 贵族和其他拥有特权的人……都诚挚地恳求克伦威尔大人征求阁下（沃尔西）的意见，并获得他的批准。
>
> 对于沃尔西持续的痛苦，他们承诺在自己各自掌权的时候，不仅会回报他，还要向他表示自己心甘情愿这么做……
>
> 克伦威尔认为这是天赐良机，可以使自己羽翼更为丰满……他现在有机会代替国王处理各种各样的土地，他有权发号施令和治理这些土地，并通过精明的手段不断成长为国王的左膀右臂。[40]

沃尔西只能向克伦威尔诉苦："我非常希望从你这里了解到时政要事，不仅关乎我的大学，还有我自己微薄的财产。我完完全全地相信你在任何地方和任何时候都会表明……你是我最可靠的朋友，也是我仅有的安慰。"[41]

克伦威尔的交易技巧推陈出新。通过慷慨施惠和阿谀奉承，他的办事能力让所有宫廷上的新朋友受益和满意，除了沃尔西——这个曾经为国王服务，现在被流放到天高地远的北方的、饱受病痛折磨的老臣。

亨利后来解散了沃尔西在伊普斯威奇建造的大学，也驱逐了学生和工作人员，占用了财产和租金。牛津大学的枢机主教学院继续办学，被打上了王室的烙印：国王命令将其名称改为"国王亨利八世学院"。沃尔西的纹章从彩色玻璃窗和门口上方被移除掉。1546 年，房基被重新处理，成为牛津大学的基督教堂。沃尔西感到很悲伤，1530 年 7 月，他告诉克伦威尔，听到“我的大学被解散的消息，我日不甘食夜不能寐，简直痛彻心扉”。[42]

他一定听人说过，他的前律师克伦威尔并没有诚心诚意地为他办事。1530 年 10 月 18 日，克伦威尔写给前主人沃尔西一封信件（现存的最后一封），充分体现了他的厚颜无耻，也正因如此，沃尔西敢于公开指责克伦威尔是个两面派。克伦威尔威胁道：

> 我听说阁下对我有些不信任，好像我已经和您分道扬镳，或者做出任何违背您利益和荣誉的事情一样。我苦思冥想，认为您应该背地里反复考虑过这个想法，毕竟我已经遭受了如此多的痛苦。
>
> 我恳求您直言不讳，如果您有这样的想法，我希望您坦白地写信告诉我，而不是私下里误会我。
>
> 但我将继续接受您的恩典。让上帝来审判我们吧。
>
> 真的，您在某些事情上已经言不由衷了。您应该好好想想自己说的话是否合时宜。[43]

克伦威尔对沃尔西不切实际的言论和不明智的行为的警告也许是及时的。沃尔西终于准备在 11 月 7 日就任约克大主教。他已经召集了“所有的主教，修道院院长、副院长，骑士侍从，以及他的主教区的绅士们，于 11 月 6 日在他教区的卡伍德庄园[44]，以各种各样的奢华而庄严的仪式带他前往约克”。[45]很明显，他仍然渴望失去的财富和过去的荣耀，并写信给亨利，索要“他以前习惯用于做日经课时的主教发冠和幕布”。当国王读到这封信时，对于沃尔西的“赤裸裸的无礼”感到非常震惊，说道：“这个明显已经落败的人为何还有如此嚣张气焰？”[46]

然而，沃尔西还面临着更严厉的指责。他的敌人声称他与教皇进行秘密交易，并且参与“邪恶勾当，试图让罗马教廷恢复他以前的财产和地位”，[47]国王在给法国大使弗朗西斯·布赖恩爵士（Sir Francis Bryan）的信中如是说道。此外，身在博洛尼亚（Bologna）的教皇给亨利发了一封敕令，禁止他与安妮·博林结婚，如执迷不悟则将其逐出教会，并命令他将安妮逐出英国宫廷。这个敕令恰好就在沃尔西就任约克主教的就任仪式期间发布。对于亨利而言，这些证据已经足够了。现在，沃尔西必须面对叛国罪的起诉。

11月4日，星期五，沃尔西在距离约克12英里（约19千米）的卡伍德（Cawood）城堡正坐下来吃晚饭时被捕，并被转移到了谢菲尔德（Sheffield）公园的舒兹伯利伯爵家（Earl of Shrewsbury）。11月22日，伦敦塔卫兵和警卫队长威廉·金斯顿爵士（Sir William Kingston）以及24名男子抵达，将他拘留并送押至首都，把他关进监狱，甚至还要弄死他。出于一直莫名其妙的迷信心理，沃尔西一直很忌讳金斯顿这个名字，因为就在几年前，一个算命先生告诉过他，他会在那里走到人生的尽头。在为王室服务时，他总是避免进入泰晤士河畔的萨里镇，尽管那是他（去宫廷）最近的路。现在，他看见了那位卫兵队长和他的姓氏，脸色顿时变得苍白。“金斯顿大人。”他喊了这个名字一两遍，用手拍了拍大腿，长叹了口气。[48]

如此逆境让沃尔西大开怒口。他警告克伦威尔，如果他成为亨利枢密院的成员，“我警告你，希望你心里牢记这个道理：无论你向他提什么建议，他都无动于衷……我经常在枢密院里面一跪就是一两个小时，劝说他不要肆意妄为，但是我……从来没能劝阻住他”。[49]

阴郁的羁押团队带着这名肥胖而郁郁寡欢的囚犯缓步向南走，终于在 11 月 26 日星期六到达莱斯特修道院（Leicester Abbey），不过，沃尔西病了。当他躺在最后的病床上时，国王派来的信使赶到，奉命调查在卡伍德（Cawood）城堡财产库存中丢失的 1500 英镑的去向。尽管他的病情日益恶化，但枢机主教仍然愤怒不已。他怒称：“如果我曾骗取国王一个便士，我宁愿把它熔化，放进我的嘴里。”金斯顿追问现金的去向，“我不会隐藏国王的钱”，沃尔西说：“我对天发誓，如果有半点儿假话，我宁愿去死。我请求您对我有儿点耐心。”[50]

卫兵在 1530 年 11 月 29 日下午 6 点钟送回了他的答复。不过，沃尔西已经奄奄一息了。他怀着苦涩的恨意告诉金斯顿：

> 我看到您越来越厌恶我。我不知道这是怎么回事。
>
> 如果我曾像对国王一样对待上帝，他应该不会在我垂老之际背弃我。
>
> 这想必就是我的报应，因为我曾鞠躬尽瘁地服务国王，最终只是满足了他虚无的快感，而忽略了我对神的职责。[51]

两个小时后，沃尔西断气了，始终对失踪的 1500 英镑的下落保持沉默。他可能是死于痢疾，尽管有些人“认为他是通过服用泻药自杀的”。[52] 他终年 60 岁左右。他的尸体很快被放在一具木质的棺木里，身穿优雅的衣服，头顶礼冠，权杖斜挎在他的身体上。棺盖还未被盖上，人们传唤莱斯特市长来验证尸体，“避免有人谣传他没有死亡”。其他贵族也纷纷来确认沃尔西没有装死。在第二天早上约四点钟，在雷暴雨中，他的尸体被埋在圣玛丽修道院（St Mary’s Abbey）的圣母堂内。

同月，克伦威尔在伦敦与约翰·沃洛普爵士（Sir John Wallop）发生争吵，可能是因为爵士不满克伦威尔对待沃尔西的方式而对他进行辱骂和威胁，因此克伦威尔寻求亨利的保护。后来，西班牙大使尤斯塔斯·查普回顾了克伦威尔先生如何“请求并获得了国王的接见，并以非常讨巧和雄辩的语言，承诺让他成为世界上最富有的国王”。[53]

由于有国王的帮助和保护，他在星室法院轻松地摆脱了一桩针对他贪污 20 英镑的诉讼。诉讼发起人是约克郡斯潘尼索恩（Spennethorne）和霍克斯韦尔（Hawkswell）的教区神父克里斯托弗·伯格（Christopher Burgh），伯格同时也是其兄弟、前约克圣伦纳德（St Leonard）医院院长的遗嘱执行人。

经过对亨利几个月的谏言，克伦威尔深谙，打动这位君主的心必须通过他的钱包。1531 年 1 月，他成为国王枢密院的初级成员，虽然这个任命已经严格保密了 4 个月之久。[54]

第三章

每日公事，共同任务

> 克伦威尔的权力不断提升，以至于他现在对君主的影响力已经远远超过枢机大主教。如今，一切都在他的掌握之中。
>
> ——西班牙大使尤斯塔斯·查普于1535年在伦敦写给查理五世[1]

托马斯·克伦威尔自然成为亨利富丽堂皇的宫廷中的股肱大臣。他清楚地意识到，对于与罗马之间关于亨利与阿拉贡的凯瑟琳离婚的无休止谈判，他的新主人感到沮丧和愤慨。更糟糕的是，国王急需用钱。在亨利漫长的统治期间，有两个问题——心中的欲望得不到满足和国库空虚——总是会让这个听不得反对意见的暴君陷入疯狂的愤怒或暴躁中。在下议院，议员们对曾经保护和扶持他们的神职人员和基督教会越来越反感，不仅真实反映了他们对君主的不满，还体现了他们对教会权力、财富和影响力与日俱增的担忧。这些因素最终都被克伦威尔所利用，为他自己创造优势和利益——但他知道自己是在玩火，因为他的君主虽然虔诚但喜怒无常。

沃尔西死后，诺福克和萨福克都渴望占有和彻底改造大量教会地产。不过，改变教会的基础设施和管理方式只是挑战的一方面：其他有影响力的人士试图彻底改变信仰和教义。得宠的安妮·博林给了亨利一本[2]流亡路德宗改革家威廉·廷代尔（William Tyndale）[3]所写的注释版《基督徒的顺从》（*Obedience of a Christian Man*），这是1528年在德意志出版的一本有争议的书，基于书中第四条诫命——“尊敬你的父亲和母亲”，坚定地宣称君主拥有特权、义务及不可剥夺的权力，应该受到臣民绝对的遵从，因为在路德教义中，父权是社会中所有权力的典范。[4]对于那些反对国王的人，廷代尔严肃地写道：“他们就是在抗拒神，而他们又享受着神的庇佑，那么这些抗拒的人将受到诅咒。”他告诉读者，即使一个君主是“世界上最可恶的暴君，那也是上帝给你们的恩惠，为此你应该更加感谢上帝”。此外，一个国王“可能出于自己的欲望或多或少做错事，但他只需对上帝负责”[5]。这样的信条会让每一位都铎君主心生喜悦。亨利如饥似渴地看完这本书，意犹未尽地合上封面，极其满意地评价道：“这是一本写给我和所有的国王的书。”[6]没有哪个作者能够获得如此褒奖或大力支持了。

安妮还可能给他提供了富有争议性的小册子《乞丐的哀求》（*A Supplication for the Beggars*），这是格雷律师协会（Gray's Inn）的律师西蒙·菲什（Simon Fish）在1528年写的。他对神职人员的抨击实际暗含着无礼的要求，即神职人员更应该花钱去满足穷人的需要，而不是从大方而虔诚的信徒手里攫取收入。他还说，更重要的是，神职人员已经在亨利的王国内建立起独立的特权，现在已经侵犯到王室的权威。菲什怂恿国王夺取“这些数量可观的伪善的冒牌圣人的财富……这些人无非是游手好闲的乞丐和流浪汉……在撒旦的邪恶指使之下，在您的眼皮底下，他们的数量变得越来越多，简直要充斥整个王国”。[7] 显然，他不是一个善用修辞的律师。

克伦威尔已经读过这两篇文章，[8] 并且已经预料到教会和神职人员要大难临头了。在他职业生涯的这个阶段，他多大程度上倾向于改革派新教徒的信仰仍然是一个尚无定论的问题。不管怎样，他一定知道安妮·博林的宗教立场，并且完全有理由对这位宫廷新星亦步亦趋。

讽刺的是，因华而不实、一本正经的做派而被撤职的廷代尔坚持反对亨利离婚，彼时如此深得亨利喜爱的人竟然反对亨利。在 1531 年，针对御前人臣托马斯·莫尔反对挑战教会权威具有说服力的论辩，他撰写了洋洋洒洒的驳文，并通过克伦威尔在安特卫普的朋友斯蒂芬·沃恩向亨利发送了一份副本，请他批准。但国王显然不满意。他认为廷代尔的《答托马斯·莫尔爵士》(*Answer Unto Sir Thomas More*) 充满了煽动性的诽谤和谎言，以及不切实际的想法，并认为作者的唯一目的“只是挑唆、欺骗全国民众，令其心生忧虑”。廷代尔后来在低地国家被指控为异端，亨利未能成功将其引渡回国。

克伦威尔担心，他和沃恩可能被认为支持廷代尔，当时莫尔和一些主教正大肆迫害英国的异教徒。他通往财富和功名的道路会因这个疯狂的路德宗教徒而突然断裂吗？他提醒亨利说，沃恩是“一个真正忠诚和听话的人，绝对未对廷代尔表达过赞赏或喜爱，甚至也不欣赏他的作品，而是完全谴责和憎恶廷代尔”，否则他会“被上帝所憎恶，也会让至高无上的您感到不满”。

早在 1529 年 11 月，在沃尔西垮台之后，下议院向亨利递交了一份请愿书，要求主教宣布：根据“上帝与神圣教会的法律”，神职人员是否能够担任世俗职务，通过贸易赚取利润，租赁土地或拥有多个采邑。[9] 保守的罗切斯特主教约翰·费希尔（John Fisher）痛苦地抱怨道，下议院充斥着议员们“打倒教会”的呐喊，还气势汹汹地说这些议员“缺乏信仰”。[10] 不知道克伦威尔是否参加了这场反教权主义的行动，但是请愿书却促成了 3 项议会法案的出台，其中一项法令规定，禁止神父兼任多个职位，也就是同一名神父不能兼管多个教区。克伦威尔可能是担任了立法起草委员会的成员。[11] 英格兰对梵蒂冈当局的第一次打击已经落在了教会的身上。当时下议院议员们在激烈辩论中所表达的控诉和思想被克伦威尔狡猾地记录下来，以便将来在教会和王权的对抗中用作弹药。

反对教会的政治对抗日益激烈。1530 年 9 月 29 日，即米迦勒节（Michaelmas），国王枢密院根据《蔑视王权罪法令》起诉了 15 名神职人员（包括 8 名主教和 3 名修道院院长），声称他们对当地罗马教皇使节的权威表示支持。[12] 这从某种程度而言是国家层面公然的勒索，亨利恶意且贪婪地利用了议员们强烈的反教权主义情绪。一定会有人暗地里怀疑，国王是否会无情地坚持这些指控：这些指控直到第二年 1 月才正式呈交，而克伦威尔于 10 月 21 日向沃尔西保证：高级神职人员不会被指控侵害王权罪。还有另一种说法 [13] ——有一份声明有力地证明他在这件事情上火上浇油。

然而，枢密院的起诉书让主教和修道院院长们纷纷自保，正当他们即将在威斯敏斯特[14]王座法庭出庭时，一场于1531年1月24日在坎特伯雷及时召开的教士会议决定向亨利提供10万英镑（按2006年货币价值计算为3400万英镑）的巨额款项，恳求亨利“高抬贵手”，赦免他们所有的罪名。[15]作为回报，亨利要求神职人员以一种新面貌来维护他的尊严并遵从时代的趋势。现在，他“不仅是英格兰国王和信仰守护者”，也是“英格兰教会的保护者和至高无上的唯一领袖。”[16]

神职人员谦卑而顺从地称呼国王是“英格兰教会的最高领袖”，但是含糊其辞地补充道“如果上帝允许的话”。[17]虽然他们试图反抗国王的要求，但最终却给了他这样的称谓，许多教会成员在后来对此悔恨不已。这一点毫不奇怪，因为利害关系就摆在眼前，他们很快就获得了王室的赦免。现在国王的国库里有了他急需的资金，距离与罗马决裂的时刻更近了。此外，亨利政府也从这些事件中吸取了一些宝贵的经验教训。他们意识到，首先，教会拥有可观的资金，其次，神职人员很容易屈服于政治压力。很多人都注意到这些事实，包括克伦威尔和国王本人。

到目前为止，克伦威尔这个新议员已经渗透到都铎政府的各个主要部门，主要涉及亨利复杂的财务和法律事务，与此同时，他谨慎地保留了自己的法律和商业业务。他的魄力迅速得到认可，人们相信他能办事，可以为那些暂时陷入财政困境的人提供资金。1532年10月20日，沃尔西的私生子托马斯·温特（Thomas Winter）写信乞求克伦威尔的帮忙：“您现在已处于……我和您所有的朋友梦寐以求的高位，您的权威可以随时为他们服务。如果您关心我，请让送信人给我带来一大笔钱，我将对您感激不尽。请立即给我 100 英镑。”[18]

一些宫廷中的权贵，如检察总长克里斯托弗·黑尔斯爵士、御马官尼古拉斯·卡洛爵士（Sir Nicholas Carew）和克伦威尔的老朋友副宫廷大臣约翰·盖奇爵士，都十分信任克伦威尔并委托他帮忙。在众多王室事务中，克伦威尔负责审理法律诉讼，并裁定被送到他手里的囚犯的命运：生或者死、监禁或者自由。

他还监督了威斯敏斯特新宫殿这项王室建筑工程，以及伦敦塔的修缮，还有加来和爱尔兰的防御工事，[19]甚至为在温莎建造的亨利未来的坟墓支付了“劳务费和其他开支”[20]。1532 年，因其对沃尔西早期打下的地基十分熟悉，又被任命为“牛津大学国王亨利八世学院”[21]的土地验收总干事。这是这名才华横溢、兢兢业业的王室官僚的日常任务。

显然，克伦威尔看到了他担任的各种职务带来的便利。1532 年 11 月，他写信给位于萨福克贝里圣埃德蒙兹（Bury St Edmund's）的富裕的本笃会修道院的院长，希望为自己租赁一处靠近国王在赫特福德郡汉斯顿（Hunsdon）的宫殿的物业：“我非常希望在埃塞克斯有一些物业，鉴于您在哈洛伯里（Harlowbury）的教区住宅很快将到期并出租，我恳求您把哈洛伯里农场租给我，为期 60 年，我愿意支付给您与过去相当的租金。”为促成这次租赁，他厚着脸皮话中有话地补充道：“这样一来你我将是利益共同体……而我也会通过自己的微薄力量资助您的修道院。如果您对此感兴趣，希望您写信让这位送信人也就是我的仆人带给我。”[22]

然而，克伦威尔暗示的贿赂未被接受，即使他已经和哈洛伯里当前的租户，即“马列里（Malery）和他的妻子”达成一致。原因可能是他之前写过一封威胁信，抗议院长拘留萨福克公爵的石匠和木匠，因为国王的建筑工程——威斯敏斯特大厅和伦敦塔——需要这些劳动力，这可能冒犯了院长的尊严。[23]

亨利精明地意识到，克伦威尔对王室最大且最直接的价值在于他可以操纵议会事务。他擅长起草新法律和逼迫顽固的立法者，这对解决日益冗长的下议院辩论议程至关重要，而且他有能力选择合适的候选人来填补空缺。[24] 直到1531年6月，人们普遍认为，“克伦威尔在议会大厦里提出的议案没有人能否决”。这一说法在当年10月完全得到证实，当时国王指示“真正可靠的议员托马斯·克伦威尔将加入博学的法律顾问班子，这条关于圣米迦勒教堂的（议会）条款必须（立即）执行”。[25]

克伦威尔面临各种领域的问题，从无聊的行政事务——在南安普敦进口弓箭材料和“不厌其烦”地摆平国王的债主，到颁布全新的法令。其中，有两项条例法案获得通过：第一条涉及经由荷兰进口葡萄酒的关税，第二条旨在管控排水管理委员会的工作。[26] 但是，有两项提案的立法没有通过：鼓励忠实的告密者揭发叛徒的《扩大叛国罪法案》，另一项则关于管理主教收入的分配。

一年后的1532年，克伦威尔已经掌握了大部分王室事务和人事任命，其中绝大多数事务在他未来8年多的掌权期间还一直被牢牢抓住，尽管他在其他王室事务领域也有所发展。新年期间，他向亨利呈递了一枚“红宝石戒指”和一个“带有法国国王弗朗索瓦一世的孩子们画像的盒子”，[27] 亨利回赠他一个小礼物——一个高脚杯，与宫廷中其他绅士的礼物区别不大。

现在国王似乎更加感激和欣赏克伦威尔。4月14日，克伦威尔获得第一个职位——国王珠宝管理员，每年的薪水为50英镑，其前任是已故的伦敦金匠罗伯特·阿马达斯（Robert Amadas）[28]。7月16日，他又被任命为衡平法院法官（Hanaper of Chancery），这个听起来有点儿奇怪的名字来自古英文单词“hanap”，[29]这是一种用来收集令状和其他法律文件的柳条篮（和野餐篮具有相同的词源）。起诉人支付费用给书记员，确保他们的授予状、章程和执照都加盖了“国玺”以证明其合法性，这些额外的收入大约在每年30~60英镑之间。显然，克伦威尔没有扣除每天6便士的特殊开销，可能是因为这项工作是由底层雇员完成的。[30]一些交易是特批可以不缴费的：1532年9月，国王命令克伦威尔，批准安妮·博林获得彭布罗克女侯爵这个爵位时，可以“不给我们缴纳盖章费用”。[31]

这些职位都是克伦威尔通过娴熟地利用和管控议会对神职人员的反感情绪赢取的。下议院在1532年提出的《反对教会管辖陈情书》（Supplication Against the Ordinaries），[32]可能是克林威尔在提出辩论之前的一段时间内编撰的，其主要是反对主教。1529年对神职人员的指控现在重演，因为议员们再次对越来越多的异教审判感到不安。[33]同一时期的编年史家爱德华·霍尔（Edward Hall）写道：“因为教会要传唤人，并给他们扣上异教徒的罪状，他们对人提出控告，但是却不作为控告人出庭，下议院认为这非常可怕和悲哀，因为被告只能为了莫须有的罪名，要么公开声明放弃信仰，要么被烧死。”[34]

克伦威尔代表他的主人引导了一次对教会权威的最新攻击，

但是根据西蒙·菲什的思想，他其实也是在替自己追求对英国“一体政治”（one body politic）的宏伟目标。[35]1532年5月15日，教会议会终于一致同意，如果没有王室的令状，不会集会；如果没有国王的同意，也不会颁布新的教会法律（或教规）。最后，所有现有的教会法律将在国王的主持下由32个强大的委员组成的委员会审查，其中一半是外行人。第二天，托马斯·莫尔爵士以健康状况不佳为由辞去了大法官的职务，并将放在一个白色袋子里的英格兰国玺交出。实际上，如很多人怀疑的那样，他的离开是出于良知。

在1533年，克伦威尔确定了作为英国改革基石的一项重要的立法，即《禁止上诉规约》（The Statute in Restraint of Appeals），它禁止任何人以任何形式向教皇上诉，[36]违者将被判犯有蔑视王权罪，并使亨利成为英格兰和威尔士宗教事务的最终法定裁定者。克伦威尔的法令总章程强势地宣布：“英国就是一个帝国……由一位最高首领和国王统治，他的王冠即象征着至高无上的尊严和财富。在这样一个国家中，各行各业、高低贵贱的人将按照信仰和世俗区分，他们应该对国王保持谦卑和服从，国王的地位仅次于上帝。”“帝国”“王冠”——这些令人振奋的华丽词藻也印证了这名独裁者自己的政治和宗教宣言。该法案还赐予了亨利梦寐以求的一切：崇高的威严、超越英格兰王位的高贵地位，以及他觊觎已久的合法的欧洲政治地位。最重要的是，该法案规定，将教皇凌驾于王权之上是一种罪行。

除了纷杂的宗教和政治领域的问题之外，克伦威尔还精通与国王统治相关的任何问题。亨利的首席大臣斯蒂芬·加德纳于

1531年被任命为温彻斯特主教，也就是继任沃尔西的职务，并在未来几年成为克伦威尔最强大、最狡猾的敌人之一。1532年6月，他向克伦威尔抱怨，他在新教区为国王付出太多：

> 说实话，我不想再付出任何代价了……现在一切都在你的掌握之中。我的结局如何只取决于你。总而言之，我祈祷你能记得，如果福克斯主教（Bishop Fox）的财产目录无误的话，那么我作为温彻斯特主教的年收入比他要少1300英镑，身价也只有他死时的一半。
>
> 我祈求您，克伦威尔大人，最终能决定我的收入的只有您，因为这需要讨得国王欢心才行，尽管从这个方面而言，我不应该对自己的付出有所抱怨或者拖延！
>
> 您亲密而真诚的朋友
>
> 斯蒂芬·温顿（写于温彻斯特）

不到两个月，加德纳再次寻求克伦威尔的帮助，他在最后一次提出请求时暗示克伦威尔现在律师的职责已经涉及外交事务："我寄给您……与法国签署的条约以及已签署并正准备盖章的文书。为了完成任务，请您务必帮助我，否则我恐怕会被撤职。我也请求您把文书送达给奥利弗博士（Dr Oliver）或在星期天国王作为公证人出席奥利弗博士的宣誓仪式时提交给他。"[38] 此外，克伦威尔曾于1532年10月在布洛涅（Boulogne）参与了亨利与法王弗朗索瓦一世的共15次短暂而奢华的会面，并获得了两位君主的高度赞赏。[39] 这是克伦威尔为王室服务后少数几次离开英格兰海岸的经历：他更倾向于永远处于权力的核心。

与此同时，解决亨利的“大事情”的剩余时间也不多了。

1533 年 1 月中旬，在国王几个月的陪寝下，安妮·博林终于发现自己怀孕了，她曾在两千多名随从的陪同下随国王前往法国。毫无疑问，再一次沉浸在即将为人父的兴奋中的亨利不能再容忍离婚事宜因外交原因造成的拖延，或者对实现他个人愿望的任何阻碍。1 月 25 日，他在威斯敏斯特新宫殿的霍尔拜恩门（Holbein Gate）的高级房间内与安妮秘密结婚，婚礼仪式可能是由他的一位牧师罗兰·李（Rowland Lee）主持的。

国王不可逆转地与教皇及英格兰之外的基督教世界决裂了，现在就看克伦威尔能否通过法律手段让他脱离罗马教皇的约束，使他的离婚事宜完全取决于英国教会。

一位新的拥护者出现了，他可以为亨利辩护：当时还是副主教[40]的托马斯·克兰默在去年 8 月被任命管理坎特伯雷教区，接任已故的威廉·瓦哈姆。某种程度上，他能上任可能是克伦威尔的功劳：他深知克兰默长期以来都支持在英格兰境内裁决离婚案。[41]当亨利在考虑任命新大主教时，克伦威尔可能将这些信息传递给了国王。罗马的克雷芒七世无知地，也许是天真地，批准了这一任命，并在 1533 年 2 月 21 日至 22 日发布了 9 道必要的教皇诏书，允许克兰默作为英格兰大主教主持的献祭仪式于 3 月 30 日在威斯敏斯特圣斯蒂芬教堂举行。

这位新任大主教立即提出离婚的议题，并于 4 月 11 日在伦敦坎特伯雷大主教官邸（与威斯敏斯特隔泰晤士河相望）给亨利写信：“恳求英明的陛下，让我履行职责，对陛下操心已久的大事进行审查，并做出最后的裁决和判断。”[42]亨利自然同意了克兰默的请求。

> 不要有所犹豫，请你根据上帝的旨意和正义，公正地裁决这件大事，不要有任何尘世的或世俗的情感夹杂其中。毫无疑问，我们希望自己的所作所为都可以最大限度地取悦万能的上帝，也就是造物主，为我们以及我们的后代创造财富、荣誉和繁荣。[43]

国王还抓住这个机会强调了英国教会的新形势。他对克兰默说，毫无疑问，坎特伯雷大主教的工作及其权力只取决于“我们和我们祖先的意见”，且“在上帝和我们（主要是我）的召唤下，你将在我之下担任英格兰领土内教区的最高管理者”。[44]

与此同时，克伦威尔正忙于起草两项立场强硬的新议会法案：第一项是成立教会特别会议，就国王与阿拉贡的凯瑟琳24年的婚姻做出裁决，不能有上诉。对于其审议或者决策的预断并没有任何争议。国王的婚姻现在被认为是“绝对且明确无效的”。第二个法案规定了亨利可以自由地再婚。

凭借其作为律师惯有的冷静和沉着，克伦威尔仔细考虑了每一个细节和后果：凯瑟琳王后现在被称为“公主”，而英格兰王位的继承将从此完全来自亨利和安妮·博林的后代。亨利与凯瑟琳婚姻中唯一活下来的后代玛丽公主，被宣告为私生女。最后一刻，两项法案都被废弃，由《上诉法案》（Act of Appeals）取而代之，[45]这有效地阻止了凯瑟琳将案件移交罗马。虽然如此，4月5日，在伦敦圣保罗大教堂召开的坎特伯雷会议克服万难后决定，亨利的初婚不符合神圣法律，教皇的任何决定都无法改变这一事实。包括约翰·费希尔主教在内的25个勇敢的神职人员投票反对这种说法，他们因此被迅速逮捕。[46]

5月10日，教会法庭在贝德福德郡的邓斯特布尔（Dunstable）成立，而这个地方就在凯瑟琳的流放地附近，她在那里可以远离伦敦支持者发起的任何暴力抗议活动。当然，她拒绝出席这个由克兰默主持的庭审，很快就被定罪为“蔑视法庭”——故意反抗法庭的权力和管辖。1533年5月23日，国王的管事约翰·特雷贡韦尔（John Tregonwell）迅速地向克伦威尔发出了一个急件，宣布势在必行的离婚判决已正式达成。

> 我在此通知您，坎特伯雷大主教在今天中午十点钟之前对国王的大事进行了判决，他宣布国王的婚姻违背了上帝的律法，因此国王殿下将与凯瑟琳王后离婚。
>
> 坎特伯雷大主教非常荣幸地在这件事上发挥了自己的重要作用。说实话，（国王殿下委任的）每一个人都竭尽全力地在促成这件事。
>
> 我们相信，在五旬节盛宴之前，国王的第二次婚姻很快就会得到批准。[47]

克兰默本人当天写信通知亨利，“我已经对殿下您的重大事务做出判决”，并询问应该如何操办国王与安妮的婚事，“因为加冕仪式迫在眉睫，这件事情必须仔细安排”。[48] 法庭裁定，亨利和阿拉贡的凯瑟琳之间的婚姻由始至终都是非法的；因此，他们不应该再以夫妻的名义共同生活，现在两人都可以自由地结婚了。当然，其中一人——国王，已经有了结婚对象。

5天之后，克兰默在兰贝斯确认了亨利与安妮·博林的婚事：安排在1533年6月1日礼拜日圣灵降临节的加冕仪式可以正常举行。她怀孕6个月了，尽管她穿着蓬松的流苏长袍，但也难以掩盖她的孕相。她于10点离开了伦敦塔的议会厅。

> 她坐在在一顶（马拉的）敞篷轿子中，这样所有人都可能看到她……（前方）由一队骑兵开道，所有人井然有序，盛装打扮。紧随其后的是绅士队伍，再后面是骑在马背上的男士们和坐在马车里的女士们。
>
> 王后穿着一件装饰有宝石的深色锦缎长袍，她的脖子上戴着一串比豌豆还大的珍珠穿成的项链以及价值连城的钻石，她的头上戴着一个冠冕状的巨大花环，手里拿着一些花。

穿过伦敦街道前往威斯敏斯特宫时，“她不断地朝马路的两边看，但是一个不服安妮的目击者说道：我认为，应该不到10人会对她说‘愿上帝保佑您’——人们曾这样祝福加冕的（凯瑟琳）王后”。[49] 当她的队伍到达威斯敏斯特大厅时，等待已久的亨利把她抱入怀中，问她是否喜欢今天伦敦的气氛。她回答说：“我很喜欢这座城市，但是我看到很多人还把帽子戴在头上，而且不怎么说话。”

安妮并没有因为伦敦普通民众明显的反对情绪而感到沮丧，

她在 13 个修道院院长的伴随之下走进威斯敏斯特大教堂举行加冕仪式。托马斯·莫尔爵士缺席了仪式，引起一片哗然。

尤斯塔斯·查普得意扬扬地汇报说，“悲伤和忧郁”的伦敦人将 5 天的庆祝活动变得像一场葬礼。[50]

凯瑟琳现在成了一个委屈且充满忿恨的“废后”（Princess Dowager），她过得怎么样呢？她被打发去了贝德福德郡的安特希尔（Ampthill），随行的仆人只有寥寥几个。7 月 3 日，亨利的枢密院派人来说服她接受新身份。他们提前准备了强而有力的论据，以劝说她放弃王后的称号。[51] 代表团发现她躺在她的私人房间的床上，“因为她用针扎破了自己的脚，所以可能站不起来，并且咳嗽不停”。当他们开始宣读她与亨利离婚的判决时，她愤怒地打断了，并坚称自己仍是王后，也是国王真正的妻子。她的反抗情绪越来越激烈。

> 代表团向她宣告，这个国家不能拥有两个王后，因为这既不符合上帝的律法，又会破坏国王的名声。而且事实上，国王确实只有一个合法的妻子，就是现在已经和他结婚并加冕的安妮……
>
> 凯瑟琳不愿接受国王的法令，甚至还导致他的臣民反对他的婚事，国王对此并不惊讶。
>
> 她说，她宁愿违背他，也不违背上帝和她的良心，或者是她自己的灵魂。[52]

当克伦威尔被告知这件麻烦事的时候，他也只能哑然失笑。

他干巴巴地评论道，凯瑟琳不是男儿身，真是造化弄人。就凭她的勇气，她可以超越历史上所有的英雄。他很少表现出这样无奈的情绪。

亨利并不那么同情她：他愤恨地命令凯瑟琳必须再次搬家，去往剑桥郡环境恶劣的巴克登塔（Buckden Towers），而且还要进一步减少仆人的数量。

与此同时，犹豫不决的罗马教皇终于被迫对国王做出象征性的谴责。7月11日，星期五，克雷芒七世终于谴责亨利与凯瑟琳的离婚及其与安妮的重婚。在一次秘密的法庭听证会上，他要求英格兰国王必须在9月前将被逐出的合法妻子迎回王宫，否则就将他逐出教会。在法国里昂繁忙地处理外交事务的诺福克听到这个消息时，吓得差点儿晕过去。

更为强硬的亨利轻蔑地拒绝了教皇的诫命。一想到自己很快就不必担心没有合法的男性继承人，而且都铎王朝的延续得以保障，他就信心满满。

但医生和占星家对英格兰王位的男性继承人所有言之凿凿的预测最终都化为泡影。

1533年9月7日下午3点左右，安妮王后在格林尼治宫的房间里安全地诞下了一个女婴，这个房间的墙上挂着绣有圣乌尔苏拉（St Ursula）神话故事和1.1万个处女的挂毯。孩子的性别让每个人都感到震惊和遗憾，特别是国王夫妇，但亨利强颜欢笑。更令人尴尬的是，王后向科巴姆勋爵（Lord Cobham），也就是她的管家，发出了一封预先拟好的通知信函，宣布一位王子降生。她不得不加上字母“s”，以正确地报告孩子的性别。[55] 3天大的公主在格林尼治的男修道士教堂（Church of the Friars Observant）接受洗礼时，被取名为伊丽莎白。

既然新任王后生的是女儿，那么民众就更不可能喜欢她了，许多人认为这是上帝对亨利的严厉惩罚。与世隔绝的凯瑟琳倒是对此构不成多大的威胁，但神职人员对国王政策的反对才是真正的麻烦。

其中最重要的人物是伊丽莎白·巴顿（Elizabeth Barton），她被称为“肯特圣女”（Holy Maid of Kent）。她出生于1506年，曾在该郡阿尔丁顿（Aldington）的托马斯·科布（Thomas Cobb）家庭担任女仆。[56] 约1525年，她生病了，可能患有癫痫症。她开始精神恍惚，其怪异的行为让村民震惊不已——她无助地在地上的污秽和动物粪便上蠕动，并痛哭呐喊着“用最崇高的圣洁来谴责罪恶”。人们说这些虔诚的话是从天使口中说出来的。有了这样的说法，教会自然就被卷入了，坎特伯雷基督城修道院的一位学识渊博的修道士爱德华·博金（Edward Bocking）调查了她的事件。他深信她经历了真正的宗教上的狂喜，并安排她进入坎特伯雷的圣墓教区（St Sepulchre）内的本笃会女修道院，她在那里过着非常清贫的生活。[57]

到1526年年底，她获得了大主教瓦哈姆、费希尔主教和托马斯·莫尔爵士的高度赞扬。1528年，沃尔西枢机主教也接见了她，她当时警告沃尔西即将会垮台。

在迷信的16世纪的英格兰，这些事件是家喻户晓的：几乎在同一时间，伊普斯威奇也有了自己的圣女，而在赫里福德郡（Herefordshire）的莱姆斯特（Leominster）还有另一个圣女，不过被揭露为冒名顶替者。

后来，伊丽莎白·巴顿不知不觉地成了一枚被利用的棋子，反对者利用她来反对亨利的离婚案，谴责他凌驾于教会之上的做法以及对福音派改革家日益增长的影响力的扼制。在教会支持者的怂恿下，她声称，一位天使出现了，并命令她告诉亨利——这位"英国的异教君主"——现在应该改邪归正。他不应该"夺取教皇的权力或遗产，而应该摧毁所有这些新的想法和异端邪"。此外，"如果他和安妮结婚，上帝就会折磨和报复他"，他死后将会"下地狱"。[58] 她甚至声称，抹大拉的马利亚（Mary Magdalene）在天堂用金色字母写的一封信件将有力地证明她预言的真实性。

所有这一切都被报告给了克伦威尔，他先对她和她的同伙[59]进行监视，然后将其逮捕并关进伦敦塔进行讯问。克里斯托夫·霍尔爵士（Sir Christopher Hole）在克伦威尔的指示下在坎特伯雷拘留了4名男子，他对克伦威尔如此侮辱教会人士感到震惊。他乞求克伦威尔，如果没有找到可靠的证据，"必须尽快释放这些教会人士"。[60] 克伦威尔有着更烦恼的事情，因为于他而言，伊丽莎白的预言暗含了危险的政治寓意。他不禁问自己："如果对每个声称能获得上帝启示的下流坯都予以信任，那么这个世界上的一切共同财富和良好秩序岂不是会在弹指一挥间被颠覆？"[61] 他的调查研究也表明，伊丽莎白曾与被遗弃的凯瑟琳的追随者保持联系，试图煽动大众。他缴获了700份刚刚印刷出版的《修女书》（*The Nun's Book*），并将其烧毁，还烧毁了他能找到的所有关于伊丽莎白的著作。[62]

根据他的命令，伊丽莎白和5名牧师及修道士在1533年

11月被处以严重叛国罪。费希尔和莫尔也被指控“包庇”叛国罪——未能向当局透露伊丽莎白圣女的叛国罪。对于亨利来说，她现在不仅仅是个口出狂言的宗教狂热分子，她还跟性格暴躁的埃克塞特侯爵夫人格特鲁德、爱德华四世的外孙亨利·考特尼（Henry Courtenay）的第二任妻子有交集，考特尼虽然目前没有威胁，但是随时可能争夺王位。事情正在变得越来越阴险。

11月23日，伊丽莎白·巴顿和其他一些追随者被推到圣保罗大教堂（St Paul’s Cathedral）外的保罗十字架（Paul's Cross）上的绞刑台上，被汉普郡温彻斯特北门外的海德本笃会修道院院长约翰·萨尔科特（John Salcot）大声训斥。[63] 他谴责她是一个被她的告解神父博金（Bocking）误导的愚蠢妓女，居然煽动民众对国王进行大肆的嘲笑和贬低。[64] 针对伊丽莎白的有计划的公开侮辱颇有托马斯·克伦威尔的雄辩风范。萨尔科特还散播了关于伊丽莎白和她的告解神父之间存在淫乱关系的谣言。

克伦威尔同时从基督城修道院院长托马斯·戈德韦尔（Thomas Goldwell）以及修道士们那里收集证据，他们恨不得远离这个“圣女”和博金。修道士们给国王写了一封信，如是评论博金：

> 他对待国王陛下的手段是如此可憎、阴险和低劣，以至于我们不敢开口为他祈祷或恳求您的恩典，但如果陛下可以出于仁慈和善良给予他无尽的宽恕，他将会万般赞颂、敬仰、顺从、爱戴您，并为您虔诚祷告。
>
> 他将自己鲁莽、疯狂、邪恶、盲目的热情用于反对、阻

止和污蔑国王陛下的合法婚姻，破坏您现在根据上帝的意愿享受的幸福生活。[65]

克伦威尔委任的一个特别委员会对她进行了审查，她在残酷的拷问下崩溃了，承认“她所说的一切只是自己的想象，只是为了满足那些求助于她的人们以及获得世俗的赞美”。克兰默认为这些都是“恶毒的……想象”，涉嫌“扰乱治安和叛国罪”。[66]

简而言之，克伦威尔一直很纠结该如何处置她。根据他的“追忆”或记录的笔记：他很想知道国王将如何处置这名修女和她的同伙。“最尴尬的问题在于，她只是说了背叛的话，而没有做出叛国的行为。这使得依法对其成功起诉的机会很渺茫”。克伦威尔转而投向议会，以确保将这些不幸的囚犯判处死刑。1534 年 2 月 21 日，一项法案提交上议院，伊丽莎白·巴顿和其他 5 人[67]随即被判处严重的叛国罪，并被剥夺公民权和财产。一个月后，[68]该法案获得了王室的批复，他们于 4 月 25 日在泰伯恩（Tyburn）刑场被执行绞刑。在绞刑台上，“圣女”顺从地承认：

我不仅让自己丢了性命——虽然对我而言这是罪有应得，还害死了所有那些与我一起受苦的人。唉！我是一个没文化的穷人，但神父们对我的赞美冲昏了我的头脑，我以为自己可以无拘无束地畅所欲言。我因为他们的赞美而自我膨胀，陷入了一种骄傲和愚蠢的幻想之中……现在我呼唤上帝，恳求国王的赦免。[69]

她的遗言可能是别人为她写的。她被允许执行绞刑，但其他人则要被砍头。他们分别在伦敦大桥和城市的4个大门被处刑。他们就此成为英国宗教改革的首批真正的受害者。

2月27日，克伦威尔试图说服费希尔请求国王赦免他的包庇罪——这位主教曾经“出言不逊，用可怕的威胁性言语”抱怨国王。[70]克伦威尔告诉他：

> 如果你当时能够……看清楚她的真面目以及她所谓的上帝的启示，你也许不会这么做。你不会听信人们关于她的奇思妙想的无稽之谈，而会表现得更像一位明智、谨慎且考虑周全的高级教士，你会审视那些出现在她幻想中的悲伤而可靠的人……
>
> 当然，如果阁下要接受审判，那么你自己的坦白……加上你的反对者的证词，就足以给你判刑。
>
> 如果你恳求国王的恩典，请求他宽恕你，并对你过去的疏忽和冒犯既往不咎，我敢担保陛下应该会好心接纳你，过去的事情都可以被遗忘和原谅。[71]

年老病衰的费希尔始终不屈服，但是缴纳了300英镑的罚款。托马斯·莫尔爵士承认伊丽莎白是个“下流而邪恶的女人”以及“愚蠢的修女”后，对他的指控也被撤销了。他写信给克伦威尔说道：“我的心被刺痛了，因为陛下竟然认为我有罪。我承认我确实相信伊丽莎白是受到上帝的启示，但是我从未有过叛国的想法。”[72]

在那个季节中，各种不祥的和政治不正确的预言似乎占据了克伦威尔的头脑。沃里克郡（Warwickshire）牧师拉尔夫·温顿（Ralph Wendon）预言道："有个王后将会在史密斯菲尔德（Smithfield）被烧死。"强烈希望她就是"行为放荡的安妮王后"。[73] 亨利前任珠玉管理员的遗孀阿马达斯（Amadas）夫人预言说，这位国王将遭到上帝的诅咒，并将被放逐到他的领土之外，而且在1534年盛夏之前，英国将被苏格兰军队征服。[74] 她声称有一个生活在岛上的神秘修道士，他将召集上议院和下议院坐在伦敦塔内召开"和平议会"。这个疯狂的寡妇甚至还指称，国王用各种礼物骚扰她，试图将她"变成一个妓女"，并有人试图将她引诱到威廉·康普顿爵士（Sir William Compton）的房子里，而亨利将在那里勾引她。[75] 可怜的阿马达斯夫人，她显然是彻底疯了。

克伦威尔继续引入一系列新的立法，一些直接关系到至高无上的王权，其余的则稍稍不那么紧迫。不那么紧迫的法案中包括1533年的《鸡奸法》[76]，这是首项针对英格兰和威尔士的同性恋者的刑法。现有的针对异性性犯罪的法律涵盖强奸和通奸。新法案规定，任何人与人类或野兽发生令人憎恶的鸡奸行为，都将被绞死。[77]

克伦威尔特别制定这一法案的原因尚不清楚，只可能是针对神职人员的另一种武器，特别是旨在缩减教会法庭的管辖范围。除此之外，克伦威尔多次表达难以容忍不道德行为的态度——虽然他本人可能也豢养情妇——而这一法规的引入可能反映了他的思想中存在宗教极端主义。例如，在1536年，他的一个侍从访问了考文垂、斯塔福德和德比的副主教辖区，恐惧地发现，"大多数的骑士和绅士生活如此无节制，让情妇和私生子公开住在家里，反而驱逐自己的正妻，这严重冒犯了国家的尊严，还带了坏头”。于是，这些恶棍被勒令接回自己的妻子，驱逐情妇，否则将会被带到伦敦的克伦威尔面前，说明“不服从命令”的理由。[78]

最重要的是《至尊法案》（Act of Supremacy），[79] 其宣称亨利及“他的继承人和继任人，乃至这个国家的所有国王，都是英国教会（英国国教）唯一的最高领袖，并享有这一地位带来的所有荣誉、尊严、豁免权、利益和财富”。现在所有教堂中的祷告书中提及的教皇都指“罗马主教”，而且应该被抹去。

国内的民众对国王的做法有诸多抱怨，很大程度是由神职人员煽动的。1533 年 7 月，当兰开夏郡城市利（Leigh）的神父詹姆斯·哈里森（James Harrison）听到安妮加冕为王后的消息后勃然大怒：“我只承认凯瑟琳王后！到底是哪个恶魔让博林这个妓女当上王后的？”[80] 威尔士神父威廉·利（William ap Lly）在同月怒称，“想把国王带到北威尔士的一座叫作‘威瓦’（Withvay）或者叫斯诺登（Snowdon）的山上，他会扇国王耳光，直到国王头脑清醒”。[81] 科尔切斯特修道士丹·约翰·弗朗西斯（Dan John Frances）在 1534 年 1 月声称：“国王和他的枢密院都是异教徒，而他们之前是分裂教会者。”[82] 他补充说，当亨利去布洛涅会见弗朗索瓦一世时，“王后殿下跟在他的屁股后面，就像狗跟在主人的屁股后面一样”。[83]

于是，1534 年 3 月迅速颁布的《继承法》（Act of Succession），要求国内 14 岁以上的每个人都要宣誓脱离罗马教廷。序言概括了国内新的统治制度：

伟大和不可侵犯的上帝赋予君主、国王和王子以及他们的继承人享有管辖自己土地的权力，而在过去，罗马主教指定能取悦他的人在别人的王国中和领土上享有继承权，对此，我们作为上帝最谦卑的臣民无论在宗教还是世俗层面都不能接受。

经过深刻的思考，我们认为过去的制度以及其带来的苦难不应该再延续下去，否则会给这个国家造成莫大的危险，而且会破坏国家的统一、和平与安宁，因为旧制度让整个国家蒙羞。[84]

现在所有人都要宣誓，承认亨利和安妮的婚姻是合法的。同时，他们也必须宣誓承认伊丽莎白公主（以及他们婚姻中所有的其他孩子）是王位的正当和合法继承人。现在，亨利统治下的英格兰没有中立的空间：你要么赞成国王，要么反对他。

誓言是由奥德利大法官、诺福克公爵及萨福克公爵共同拟定的，内容很简单直接：

你们发誓要信仰、信任和顺从国王本人、他挚爱的合法妻子安妮王后和他们现在以及未来生下的继承人，乃至符合法令规定且确保国家王室血脉延续的所有国王继承人，同时拒绝服从这个国家内的任何其他权威，更不能服从外国的权威或法令……

你们应该极尽所有的智慧和能力来严格遵守和维护上述《继承法》，抵制一切诡计、欺诈或不正当的手段。这条法令适用于任何人，不论高低贵贱。即使在被逼迫或者诱惑的情况下，任何人都不得通过任何手段试图阻碍、破坏和诋毁，甚至伪装顺从上述法令，无论是私下还是在公开场合。

愿上帝保佑所有圣徒和圣洁的福音传道者。[85]

任何人不得通过书面或者行动的方式违背《继承法》，否则处以叛国罪，也不得用言论反抗《继承法》，否则处以亵渎罪。

克伦威尔现在扩大了叛国罪的法律定义。同年，他的《叛国法案》(Treasons Act)[86]通过，将广泛范围内的一系列活动划入反对国王和国家的范畴，其中以下情况属于严重叛国：

“通过言语、文字或者丑化的形象表达恶意的愿望、意图和欲望，伪装、实际或企图对国王、王后或其继承人造成人身伤害”。

损害他们的尊严、头衔、名誉或者王室的财产。

通过出版和宣传相关文字或言论恶意诽谤我们领土上的国王是异端和分裂分子、暴君、叛徒或者篡位者。

为了更好地实施《叛国法案》，他推出了一种新罪行——扣留或耽搁国王的任何船只、弹药或炮火以图谋反。[87]

几经坎坷之后，1534年3月23日，历经长达7年的痛苦审议、谈判、争吵、指责和外交僵局之后，罗马教皇克雷芒七世终于对凯瑟琳的案件做出判决，裁定她与亨利的婚姻根据上帝的律法是完全合法有效的。不幸的是，他没有发现英格兰这艘大船已经在没有他指示的情况下出发远航了。

伦敦的事态发展非常迅速。4 月 13 日，包含费希尔主教在内的的高级神职人员被传唤到兰贝斯宣誓服从《继承法》。托马斯·莫尔爵士也从泰晤士河对岸切尔西的家中赶过来。他愿意发誓接受《继承法誓约》(Oath of succession)，但不愿签署任何包含该法令序文的文件，因为其中包含《至尊法案》。克伦威尔告诉克兰默："如果（费希尔和莫尔）只承认《继承法》，而不认可序文，就可以认为他们不仅是肯定罗马主教的权威，还反对国王的第二次婚姻。这样做只会让民众纷纷效尤。" 因此，国王要求任何人都要宣誓完全承认两者，"国王殿下特别相信你决不会试图说服他改弦易辙。如果这种宣誓的方式需要做出任何妥协，那就是对殿下婚姻的破坏，也是对法律的亵渎"。[88]

一切都无法避免了。4 天后，莫尔因被指控包庇叛国罪而在伦敦塔的河边被逮捕，然后被关进钟楼里，旁边就是伦敦塔中尉的房间。护送他的理查德·索思韦尔爵士（Sir Richard Southwell）建议他将戴在脖子上的黄金链送回家中。莫尔拒绝了，他说："不，我不会这么做，即使我在野外被敌人逮捕，我还是一名骑士，我希望他们能够或多或少尊重我。" [89]

同样拒绝宣誓的费希尔也被关进了伦敦塔的高墙内。根据国王的意思，两人都要被拘留。克伦威尔还逮捕了 4 名天主教加尔都西会教士，包括世俗神父约翰·黑尔（John Haile）和理查德·雷诺兹（Richard Reynolds），后者是一名来自米德尔塞克斯郡西恩（Syon）地区布里吉特修会（Bridgettine）的修道士，他们都拒绝接受《继承法誓约》。

截至 1534 年 7 月，英格兰和威尔士的其他地方共有 7342 人完成宣誓。[90]

忠实的仆人总会得到公正的回报。心怀感激的君主继续赋予克伦威尔更多的职位（权力）和土地。1533 年 4 月 12 日，他被任命为财政大臣，负责处理王室财政。那年晚些时候，他被赋予了两个闲职——布里斯托尔（Bristol）刑事法院法官和威斯敏斯特修道院管家。

他最辉煌的时刻到了：亨利的首席大臣加德纳主教，由于反对《至尊法案》被撤职，并被逐出宫廷。在 1534 年 4 月 15 日左右，克伦威尔正式接替他，并迅速升至国王的首席大臣和国家安全部门首脑。

如今，他那双短粗的手已经紧紧抓住了英格兰政府的所有权力。

第四章

血雨腥风

> 对大多数人来说，伴君如伴虎。因此，我希望你稍微迎合国王的意思。借着上帝的名义，我请求莫尔阁下意识到，愤怒会导致灭亡——国王的愤怒意味着死亡。
>
> ——诺福克公爵托马斯·霍华德
>
> 于 1534 年写给托马斯·莫尔爵士[1]

亨利从来无法容忍反对意见。费希尔主教和托马斯·莫尔爵士现在都被监禁于伦敦塔，他们对《继承法誓约》和最高权力法令的抵制得到有效的遏制。但这对国王来说是不够的。克伦威尔新制定的《叛国法案》规定，任何对国王名誉的“恶意否认”都是无法逃脱的重罪。对于亨利来说，这个问题是很简单明了：如果你拥有了新的权力，为什么不用其一劳永逸地摧毁你的敌人？

他复仇的导火索是教皇保罗三世一项不合时宜的决定，这位 66 岁的教皇刚于 1534 年 10 月 12 日被选举出来继任克雷芒七世。1535 年 5 月 20 日，他任命费希尔为圣维塔利斯（St Vitalis）的枢机主教，大概希望借此提高自己在英格兰的待遇。[2]

教皇和他的顾问不了解亨利。这样做无疑是在公然挑衅国王。

国王勃然大怒，禁止被授予费希尔的枢机主教冠冕送到英格兰。他咬牙切齿地说，他会把费希尔的头送到罗马去戴这顶帽子。[3]

5 月 29 日，亨利八世在梵蒂冈的代理人格雷戈里 · 卡萨利爵士（Sir Gregory Casalis）向克伦威尔报告他如何用实际行动反对教皇的决定：

> 我去拜会了所有友善的枢机主教，并和他们一起反对教皇对国王和英格兰的侵犯，因为罗切斯特主教费希尔固执地反对国王，从而导致自己被关进监狱。
>
> 我表达了强烈的愤慨，让整座城市闹得沸沸扬扬，因为教皇不得不接见我。我更加强硬地告诉教皇，他犯下了史上最严重的错误。他勉强回答说自己这样做是出于好意。

卡萨利强烈建议教皇征求英格兰方面的意见之后再送去红帽子。保罗三世恳求他竭尽全力帮忙向亨利解释他这样做的理由，并请求亨利的原谅。[4]

这场外交风波搅动了整个欧洲。6 月初，法恩扎（Faenza）主教里多尔福 · 皮奥（Ridolfo Pio）和法国教廷大使呼吁法国国王帮忙把费希尔从监狱中释放出来。弗朗索瓦一世表示机会非常渺茫：

> 他怀疑能否成功，因为他担心这顶帽子会导致（费希尔）受到更大的伤害……因为英格兰国王是世界上最强硬的朋友；

> 不仅情绪不稳定，还顽固而自大，所以几乎没有办法对付他。
>
> 弗朗索瓦说，有时候亨利几乎把我当成随从，他是世界上性格最古怪的人，我害怕自己惹怒他，而我必须忍耐他，因为我现在不能失去这个朋友。[5]

因此，老弱病衰的费希尔只能接受自己被遗弃的命运。

同时，克伦威尔正忙着搜集证据，打着法律的幌子为费希尔定罪，从而彻底摧毁他。有人声称，克伦威尔的一个手下诱骗费希尔主教说出彻底否定《至尊法案》的话语，并承诺不会在审讯期间用这些话语来对付他。[6]然而，克伦威尔所谓的“无偏见”证词却包含了这段审讯前的对话。克伦威尔肯定曾经带领枢密院的一个代表团来看望伦敦塔里的费希尔，并质问他对于《至尊法案》的态度。费希尔再次拒绝接受宣誓，于是克伦威尔宣读了《叛国法案》的相关规定，因此费希尔只能承受相关后果了。克伦威尔的法律陷阱如同铁爪般紧紧抓住衰老的费希尔主教。

那年的初夏，伦敦的刽子手日程繁忙且双手沾满血腥。

1535 年 4 月 29 日，3 名天主教加尔都西会教士和 2 名神父因为否认《至尊法案》而被传唤至威斯敏斯特的王座法庭。[7]克伦威尔在案卷主事官办公室对他们进行了审讯。伦敦卡尔特会修道院的副主教约翰·霍顿（John Houghton），诺丁汉郡博瓦尔（Beauvale）修道院的副主教罗伯特·劳伦斯（Robert Lawrence）和林肯郡艾克斯霍姆尔岛（Isle of Axholme）的副主教奥古斯丁·韦伯斯特（Robertine Webster）出席了这场审讯，同时出席的还有泰晤士河岸米德尔塞克斯郡锡拉地区的布里吉特修会的修道士理查德·雷诺兹博士（Dr Richard Reynolds）、艾尔沃斯（Isleworth）附近的牧师约翰·黑尔（John Hale），以及特丁顿（Teddington）的罗伯特·费龙（Robert Feron）或罗伯特·弗恩（Robert Fern）。

锡拉地区当时是叛国流言的温床。一个“布里斯托尔的家伙”曾经多次与人谈论国王的婚姻以及他的淫乱行为。雷诺兹还想起自己与一个守门人的谈话，看门人声称“我们的国王和老温彻斯特主教在一起时，在萨里郡的法纳姆城堡（Farnham）房间里藏着一群少女”。牧师托马斯·穆迪（Thomas Moody）与费龙都听过这样的谣言：“国王陛下与王后（安妮）的母亲存在不伦关系。”一个平信徒预言，教皇将会在仲夏之前来英格兰。[9] 此外，黑尔还以图片的方式向费龙描述国王的生活：

> 比一头母猪还要恶臭，他在脏兮兮的地方沉沦放纵。无论他是多么伟大，他现在完全沉溺于肉欲的恶趣味。……看看现在有多少妇女被审判或者背叛婚姻，而这几乎都是他的不检点造成的，因为他经常忽视对妻子的责任，冒犯了神圣的婚姻。
>
> 而现在，他又娶这个曾犯有通奸罪的女人安妮为妻，这不仅是他个人的耻辱，更是整个国家的耻辱。[10]

他们的罪行已经一目了然了。所有涉案人员都触犯叛国罪，将被判处绞刑，并且五马分尸。但是，费龙后来被赦免了，官方宣称是因为他太年轻，但更可能的原因是他推翻了国王的证据。

5月4日，处刑在泰伯恩刑场，也就是今天的马布尔拱门（Marble Arch）进行。所有的犯人都没有从他们所在的修会除名，还穿着修道士或者神父的长袍就被干脆利落地处刑。绞刑台就像一块巨大的血淋淋的屠案。法国的罗马教皇使节皮奥感到恐惧："整个城市弥漫着恐怖气氛，因为这些人都曾经是神职人员的模范。"

更多以司法为名的屠杀即将来临。伦敦卡尔特会修道院的另外3名修道士——汉弗莱·米德尔莫尔（Humphrey Middlemore）、威廉·埃克塞默（William Exemere）和塞巴斯蒂安·纽迪盖特（Sebastian Newdigate）——被指控于1535年5月25日在斯特普尼（Stepney）拒绝承认《至尊法案》。

克伦威尔作为设于威斯敏斯特的米德尔塞克斯特别委员会的法官之一[12]，于6月11日和17日审判了3名卡尔特修道士和费希尔。修道士们被迅速认定有罪，并被判处死刑。[13]他们在纽盖特监狱里一共被关押了13天，脖子和手臂被链子铐住，还要被这样粗暴对待的同时保持站立。[14]他们于6月19日在泰伯恩刑场被处决。费希尔被侮辱性地称为"教士，原罗切斯特主教"。据说他在5月7日公开宣称："我们的国王不是英格兰教会的最高领袖。"[15]他也因触犯叛国罪被判处死刑，但处决被简化为仅仅斩首。

3天后，也就是6月22日，费希尔从伦敦塔中一个只有一把椅子的房间里被带出来，经过几个月的监禁，他的身体已经十分虚弱了。4名警员把他架上斜坡，扶他走上绞刑台，但他耸了耸肩说："不，先生们，让我一个人来。即使没有任何人的帮助，我也能自己赴死。"

他的衣服被脱掉之后，许多人都感到惊讶不已，“他的身体竟然虚弱至此，看起来就像一身骷髅，骨瘦如柴……正如人们所说，他现在就像一具尸体在说话”。[16]

费希尔躺在绞刑台的稻草上，他的脖子“放在一小块木桩上……然后刽子很快就拿着又锐利又沉重的斧头上来，砍他的脖子，直至切下他的头”。人群惊讶地看到“他那苍老、消瘦、虚弱、病态身体中竟然能够流淌出如此多的鲜血。”[17]

费希尔的尸体由人看护了 9 个小时。那天晚上，在上泰晤士河街的巴金（Barking），刽子手和一些士兵在诸圣堂附近的北边墓地“紧靠墙根”的地方挖了一个墓穴。遵照国王的命令，他们“没有对尸体表现出任何的尊敬，而是直接将其扔进墓穴里，也没有按照惯例举办葬礼，就这样非常草率地埋葬了他”。他的头被煮得半熟，挂在伦敦人桥的高处，与那些在他之前被处死的卡尔特修道士一样。但即使是两个星期之后，“它（他的头）看起来还跟活着的一样，看着进入伦敦的人们，许多人将这种景象视为奇迹……向全世界昭示主教是无辜和神圣的”。[18] 编年史家爱德华·霍尔说，人们看到费希尔的脸“变得越来越鲜活，越来越多的人群聚集起来，把道路拥挤得几乎水泄不通”。[19]

在费希尔被执行死刑之后的第二天，亨利出席了一场盛会，庆祝自己取得了至高无上的权力并战胜了教会。王庭当时在温莎，据说国王在凌晨两点拿着一把双刃剑，步行 10 英里走到一个村子，在那里观看（可能是克伦威尔的手下安排的）在施洗者圣约翰降生前夜举行的盛大表演。“他（亨利）进了一个能够看到全景的房间。他很高兴看到自己砍断了神职人员的头，不禁放松地大笑并且鼓励民众，他在这里发现了（显现了）真正的自己。他派人告诉妻子（安妮），她应该在圣彼得节前夜看看重演。”[20]

现在是托马斯·莫尔爵士面临亨利的审判的时候了。克伦威尔在4月底到伦敦塔见过他，通知他国王现在希望听到他对《继承法》和《至尊法案》的看法。莫尔回答说，他已经“把所有这些事情抛诸脑后了，既不会对国王的称号有意见，也不会反对教皇，而想做国王忠诚的臣民”。克伦威尔说，这个答案不会让亨利“这个严苛而冷酷的国王”满足。虽然这位前大法官已经被判处永久监禁，“但他并没有抛弃对国王的顺从和忠诚”。莫尔坚称他是国王的忠诚的臣民：

> 他从未在语言或者思想上伤害过任何人，仅仅希望每一个人都过得好。如果这还不足以成为一个人活着的希望，那他宁愿死去。他已经垂死了，自从来到这里，他数次经历这样的状态——觉得自己会在一小时内死亡，但是他从未感到后悔，而是在痛苦消退之后反而感到遗憾。因此，他虚弱的身体正是国王希望看见的，他希望他的死能够让国王开心。[21]

6月3日，克伦威尔与大主教克兰默一起在伦敦塔上再次见到了莫尔。他再次拒绝宣誓。克伦威尔被惹怒了，告诉他：“我上次看到你还有些许同情，但是现在我只有厌恶，因为我觉得你心怀不轨。”

7月1日，莫尔在威斯敏斯特大厅再次被审讯。主要的证人是理查德·里奇爵士（Sir Richard Riche），他曾于6月12日与克伦威尔的两名手下一起去了伦敦塔。理查德·索思韦尔爵士和托马斯·帕尔默（Thomas Palmer）搜走了莫尔的书籍。里奇描述了他与莫尔的谈话：[22]

> 你知道我们的领主和国王是英格兰教会最高的领袖，莫尔大人，你何不确认并接受他……
>
> 莫尔坚持他的叛国言论，回答说，国王可以由议会产生，也可以由议会废黜，对于这个法案中，每个议会中的臣民都可以表示赞同，但是对于教会领袖一职，臣民无权置喙，因此他无法通过议会来表决[23]。

莫尔维持他原先的说法："里奇法官，坦诚地说，我对您作出的伪证，而非我面临的危险更感遗憾。"[24]在被判处叛国罪之后，他放弃了复杂的法律论据，而是依靠他的口才："鉴于我已经遭到处罚（上帝知道这是否公正），那么我就直言不讳地说出自己对这条法律的看法。我关注这件事情已经7年了，但是我没有看到教会批准过任何命令，允许世俗的国王担任宗教领袖。"

上议院大法官托马斯·奥德利爵士（Sir Thomas Audley）对莫尔的话感到非常震惊，不由得问道："什么！你认为自己比国内的所有主教和贵族更聪明或更有良知？"

莫尔回答："大人，如果您认识一位主教，那么我就认识100位圣徒；如果您熟悉一届议会（上帝知道这是什么样的议会），那么我就熟悉1000年中的所有大公会议；如果您了解一个王国，那么我就了解法国以及其他所有信仰基督教的国度。"

另一名法官诺福克打断他并宣布，莫尔的阴谋现在已经一览无余了。莫尔反唇相讥：

> 高贵的先生，我并非出于任何恶意或顽固的情绪说出这样的话，而是出于心中的良知和灵魂的满足。
>
> 我还想说，您的法令是不正当的，因为您曾经宣誓不做任何违背教会的事情，并承认所有基督国家都是不可分割的整体，因此未经所有基督徒的同意，你没有权力制定法律或法案，或成立反对基督教的议会。
>
> 我很清楚您处罚我的原因，因为我不同意国王的第二次婚姻。然而，我怀着神圣的善意和怜悯，衷心希望（被国王迫害的）圣保罗和圣斯蒂芬可以在天堂成为好朋友，因为尽管他们的观点不同，但却同样希望促成这个世界的团结和和谐。
>
> 我祈求上帝护佑国王，并给他良策。[25]

1535年7月6日上午9点，莫尔被带出伦敦塔。塔丘的绞刑架“很不结实，好像要垮掉一样”。莫尔和伦敦塔中尉爱德华·沃尔辛厄姆（Edward Walsingham）开起了玩笑：“中尉先生，我为您祈祷，别为我担心，等我的头被砍下来时，我还能自己对付会儿。”他告诉刽子手：“对不起，我的脖子很短，请您砍的时候摸着良心，别砍歪了。”他补充说：“我乞求您让我把胡子放在绞刑台垫块上，否则您会砍断它们。”[26]说完这句俏皮话后，他的生命也就被一斧结束了。

他的头也被挂在伦敦桥上，费希尔的头被换下来扔进河里。

费希尔主教的尸体从诸圣堂的墓地里被挖出来的，与莫尔的尸体一起埋在靠近教区法衣室门口的圣彼得和维库拉教堂中。

罗马的保罗三世写信告诉弗朗索瓦一世：“亨利的邪恶超过了他的祖先。”“在一众枢机主教的一致请求下”，他被迫宣布“亨利不仅失去了他的国家，也失去了王室的尊严”。教皇还寻求法国国王的帮助，“诚挚恳求他最亲爱的儿子，也就是这个一直习惯于在（教会）压迫下求助于先祖的国王……准备制裁亨利……请记住先祖发动强大的军队来复仇”。[27]

教皇对费希尔和莫尔的死表示愤慨，这让克伦威尔感到惊讶。他告诉梵蒂冈的英格兰代理人卡萨利：“他们公开受到审判，并被判处严重叛国罪。他们受到的惩罚比法律规定的要温和得多，许多人看到他们的下场之后都重新对国王表达忠诚。任何有判断力的人都可以看出，教皇和罗马教廷在这方面的判断有多鲁莽。”他狡猾地利用伪证宣传，粉饰自己的罪行：“这些人（反对《土地法》），完全置神圣的事物于不顾，用谬论来反驳和规避这些法律。国王只是按照自己和国家应有的权利行事，因此教皇不必觉得自己受到冒犯。”[28]

西班牙驻伦敦大使尤斯塔斯·查普于7月11日报道称，“从来不布道”的伦敦主教约翰·斯托克斯利（John Stokesley）在国王的命令下，“今早在（圣保罗）大教堂结结巴巴地做了一场布道”。克伦威尔出席了这场布道，以确保他没有说错话。整场布道的主旨就是，国王的第一次婚姻无效，否认教皇和那些支持教皇的人的权威——甚至包括那些因为维护教皇而被处死的人。其他主教必须效仿这种做法，否则他们的圣俸很可能会受到影响，他们甚至可能付出生命的代价。”[29]

尽管进行了这么多的宣传和布道，王后安妮还是一如既往地在国内不受欢迎。

许多神职人员坚持不承认国王的二次婚姻以及国王拥有至高权力。东苏塞克斯郡赖伊（Rye）的牧师写了一本小书，名为《爱基斯指南》（*Ekius's Enchiridion*），否认国王是教会的领袖。伦敦黑衣修会（Blackfriars）的一个修道士迫切地希望任何新法律的支持者都被送上断头台，而亨利将会“毫无尊严地暴毙”，还有“王后那个下作的娼妇将被烧死”。[30]

还有些人语气不那么强烈却惹上了麻烦。可怜的卡尔斯利（Carsley）老博士是萨默塞特威尔斯大教堂（Wells Cathedral）的一个神父，他在1535年2月礼拜日主持祷告时只是提到了“凯瑟琳王后”。这罪行只是出于“口误”，当主教责备他时，他表示很悲伤，说他“当时没有想到凯瑟琳王后，而心中只有安妮王后，因为我只认识安妮王后”。克伦威尔被告知：“他是一个好人，差不多快有80岁了，他只是无意中说错话而已。”[31]

萨福克的布拉德菲尔德（Bradfield）的老处女玛格丽特·钱塞勒（Margaret Chancellor），又称为埃利斯（Ellis），受到当地法官的审讯，因为她说王后是一个“凸眼睛的淫妇”，称赞凯瑟琳为“正义的王后，并相信自己可以再次见到王后”。现在她非常懊悔，解释称自己当时喝醉了，被“恶魔”附体，导致她说出这样大逆不道的话。[32]

白金汉郡纽波特帕格内尔（Newport Pagnell）的乔治·泰勒（George Taylor）在1535年2月声称：“国王只是一个无赖，生活作风淫乱，是一个异教徒，违背上帝的律法。”此外，他还“不服从国王的王冠，并戏谑如果现在手上拿着王冠，会拿它当足球踢”。同样，他的这般狂言又被归咎于醉酒，但弗朗西斯·布赖恩爵士（Sir Francis Bryan）主张判他为叛徒。他告诉克伦威尔：“对他正义执法可以以儆效尤，对许多人也能起到震慑作用。”[33]

对安妮·博林的持续不满并不局限于乡村酒馆的胡言乱语和愤怒的神职人员。在富丽堂皇的宫廷中，第六代诺森伯兰郡伯爵亨利·珀西也对安妮的傲慢与恶意进行了愤怒口伐，还表示“她对诺福克公爵使用了这样下流的话语，其他人对狗都不会这样说话，因此他不得不迁出王室寓所”。他愤慨地谴责她，称她为“最贱的淫妇”。[34]

查普在1535年5月告诉查理五世，王后——他轻率地称她为亨利的妾室——“比以往任何时候都更傲慢，并且试图让国王毫无保留地依赖她，因为她使他脱离罪恶”。不过，关于亨利对安妮感到“疲惫和厌倦”的说法也在西班牙政府圈子里流传。[35]

6月初，她与盟友克伦威尔发生了激烈冲突，并威胁要砍掉他的头。但是奇怪的，他似乎不惧怕安妮的怒气，并向查普解释说：“我非常相信我的主人，她不会对我造成任何伤害。”查普大使对此持怀疑态度，但是因为他需要通过克伦威尔了解宫廷中的各种阴谋诡计，他报告说：“我只能祈祷他的主人能够对他仁慈一点儿，能够对他所做的一切更加心怀感激，因为他对她比对国王还忠诚。”他“恳求克伦威尔提防这个女人，因为她比枢机主教（沃尔西）更恶毒，还希望他的机敏和谨慎能够助其渡过难关”。不过，查普私下里怀疑，克伦威尔可能已经炮制好了攻击

王后的檄文，

> 以确保自己的利益（对克伦威尔有利）。我只能说每个人都认为他是安妮的得力助手。事实上，我听到一个可靠的消息，王后日日夜夜都正向国王诋毁诺福克公爵，可能是因为克伦威尔对她说话过于放肆，也可能是因为他过于渴望进入贵族阶层，具体原因我不好说。[36]

但是王后频频发怒的根本原因无疑是在宫廷中给她留下一生阴影的阿拉贡的凯瑟琳。克伦威尔的密友托马斯·贝德尔（Thomas Bedyll）在1534年10月告诉他，“废后”的家仆仍然称她为王后。[37] 因此，凯瑟琳和她现年18岁的女儿玛丽不断刺激着安妮，西班牙大使担心被激怒的安妮将迫使亨利残忍对待凯瑟琳母女。这个国王的“妾室”可能会竭尽全力逼迫国王……怂恿他根据新法规判处这对母女叛国罪，否则将会使他自己乃至整个国家蒙羞。[38] 驻罗马的帝国特使佩德罗·奥尔蒂斯博士（Dr Pedro Ortiz）讲述了安妮对她继女玛丽的憎恶：“她是我的死神，我也是她的死神，所以我会小心提防，别让她在我死后笑话我。”[39]

查普还报道说，王后“不断地说她们是叛徒，应该被处死，而克伦威尔很乐意附和”，并引用犹太人大祭司的说法——所有基督徒都要被处死。[40] 此外，安妮“已经收买一个人，他声称自己获得了上帝的启示，她无法想象这两个女人竟然还活着”。[41] 英格兰国王和王后之间的紧张局势在此时达到巅峰。

安妮再也不是“最得意的王后”。在1534年7月前后流产后，她不敢指望自己再次怀孕，但毕竟这是她作为王后的主要职责。在绝望和沮丧中，她轻蔑地贬低亨利的床上功夫，说他没有技巧和雄风。[42]在宫廷中制造流言蜚语，打击亨利过度膨胀的自信心，无疑等同于自杀，这些不明智的做法在将来会对她不利。不过，在1535年10月，她终于再次怀孕。

与此同时，凯瑟琳十分担忧自己和女儿会被传召，根据克伦威尔的新法规正式放弃王后和公主的头衔，并通过宣誓承认亨利与安妮的婚姻的合法性。可能由于压力和恐惧，玛丽在1535年2月患上重病，凯瑟琳恳求查普，请求国王把女儿送到她身边，这样"她可以亲自照顾……她现在只需要我的照顾……我会和她睡在一起，随时照顾她"。[43]

但是亨利担心，这两个女人聚在一起会更加反对他的婚姻和他凌驾于教会之上的无上权力。1535年3月，他坦率地告诉查普，"他会非常小心地照料玛丽，但不会把玛丽送到凯瑟琳身边，因为她原本就心态傲慢，加上公主的助力，必然会煽动很多人像她的母亲伊莎贝拉女王一样大胆宣战"。国王直言不讳地通过女家庭教师传话给玛丽说："她是世界上最难对付的敌人，也是一切灾难的起源……国王公开宣布，她的所作所为都是为了谋反。"[44]

西班牙特使查普深信有人要谋害玛丽，或者故意忽视她，导致她病入膏肓。4月，查普将他与克伦威尔之间有关公主的危险交谈告知查理五世，称这位国务大臣"多次告诉我，公主才是一切麻烦和困扰的罪魁祸首，如果上帝允许我这么说的话……他不敢说太多，但是这就是他的意思"。[45]

在其他场合，他"毫不愧疚地暗示，如果能够除掉这两个女人就好了”。还有一些间接证明他的恶意的证据，而且国王也很强烈地感受到这种恶意。亨利吹嘘道，他现在即将实现一些关于自己的预言：在统治初期，他“像羔羊一样温柔，但最后会比狮子更凶猛，残忍处死那些被关在伦敦塔里的囚犯，甚至不会放过那些还没有被关进伦敦塔的人”。[46] 他虽然没有直接说出这个威胁，但他意思却非常明确：如果实在没有其他办法，那么他将处死自己的第一任妻子和女儿，以消除她们对王位的威胁。

1535 年 10 月，凯瑟琳写信给罗马教皇保罗三世，敦促他特别关注英格兰的局势，并提醒他，“如果不快速采取措施，无数的灵魂将会堕落，甚至会有人殉难”。她坦诚地说出自己的心里话，仿佛“自己和女儿即将赴死”。[47]

但是软弱的教皇只能在 1536 年 6 月 24 日圣约翰节与来自西班牙的虔诚信徒们一起为凯瑟琳和玛丽祷告。他慷慨地给予那些“在当天下午 3 点钟声敲响之时”说出 3 道祈祷文“以纪念耶稣的死亡”的人有效期 7 年、历经 7 次四旬节的免罪符。罗马的奥尔蒂斯相信保罗要表达的是，“所有这些祷告都献给王后和公主，以及为英格兰信仰而战的圣徒们”。[48] 毫无疑问，凯瑟琳对这些虔诚天主教徒的祷告感到些许安慰。

但到年底，她已经濒临死亡，克伦威尔在圣诞节时获悉她垂死的消息。

在 1536 年新年之后，查普赶到了亨廷顿（Huntington）的金博尔顿（Kimbolton）城堡，[49] 也就是凯瑟琳现在被囚禁的地方：“我刚到，她就叫住我说她的病情是真实的，因为国王曾派克伦威尔的朋友来陪伴我，或者说来监视我。”特使查普陪伴在她床边 4

天后才离去，对她的病情有所好转感到欣慰。

这是她死前最后一次勇敢的会面。1月9日，克伦威尔给查普传信称，凯瑟琳已经于两天前的下午2点死去，这是他当天早上自己亲耳从她的家人爱德华·张伯伦爵士（Sir Edward Chamberlain）和埃德蒙·贝迪菲尔德爵士（Sir Edmund Bedingfield）口中听到的消息。[50] 她死时才刚过50岁。查普对她的外甥查理五世说：

> 王后的病大概在5个星期前就开始了，在圣诞节翌日病情加重。她胃部剧痛，根本无法进食。
>
> 我多次问医生她是否可能被投毒。医生说自己也怀疑这一点，因为她喝了一些威尔士啤酒后病情变得更糟糕了，不过如果中毒，也必定是一种慢性而不易察觉的毒药，因为他尚未发现指向某种明确的毒药的证据。
>
> 只要对她的遗体进行解剖，一切就会水落石出。[51]

克伦威尔冒险散播谣言以误导查普，并平息了任何关于凯瑟琳被谋杀的说法。他告诉他一些来自法国的谣言，“这些谣言起自西班牙……有人说已故王后是被毒死的。克伦威尔向我说起这些谣言时，面色总是明显紧张”。[52]

凯瑟琳逝世的消息让安妮王后和她在宫廷中的派系欣喜不已。沉浸在“喜悦”中的安妮给信使一笔“可观的赏金”。她的父亲威尔特郡伯爵评论道，遗憾的是，玛丽并“没有和她母亲一同去世”。亨利得到消息时，大声说：“感谢上帝，我们终于从战争的威胁中解脱出来了。”但是查普坚持说，安妮后在自己的房间里，“哭泣并且哀叹，担心自己也可能面临这样的结局”。[53] 大使写道，“第二天是星期天，亨利全身上下都穿着喜庆的黄色服装，除了插在帽子里的白羽毛”，

> 小杂种（两岁的伊丽莎白公主）被带到弥撒仪式上，带着小喇叭和满心狂喜。
>
> 晚饭后，国王走进舞厅，里面莺歌燕舞，处处都在传达喜悦的气氛。
>
> 最后他叫来了他的“小杂种”，把她抱在怀里，一一向众人介绍小公主。[54]

克伦威尔负责为废后安排葬礼事宜。萨德勒向他报告说，国王决定在圣保罗大教堂里举行简单的葬礼，连烛台和蜡烛都没有[55]，并且告诉法国大使，他不会为任何丧服埋单[56]。葬礼要符合王室的身份，但又不能花费太多。克伦威尔最后制订了将其埋葬在彼得堡大教堂的详细计划[57]。她的墓志铭上写着：“卓越且高贵的公主，凯瑟琳夫人，高贵且伟大的卡斯蒂利亚已故国王斐迪南王子的女儿，我们的国王亨利八世的兄长、高贵且优秀的亚瑟王子的亡妻。”即使在死后，她的身份必须在政治上是正确的，在她的墓碑上，威尔士的纹章[58]和西班牙的纹章交相辉映，但她与亨利的婚姻关系已经彻底结束了。

凯瑟琳的遗物存放在伦敦的贝纳德（Baynard）城堡里，爱德华·贝恩顿爵士（Sir Edward Baynton）于 2 月对其进行了精心的

分类整理。其中，两副象牙棋盘和棋子、一副红色和白色的象牙棋子，以及一张配有黑色天鹅绒桌布的桌子被亨利占为己有。一个木质餐盘（板），一个覆盖着深红色天鹅绒的保险箱和两张象牙工作凳也被安妮王后占为己有。

在1536年1月24日，圣保罗改宗日的前一天，亨利在格林尼治宫里的骑士比武场进行马背长矛比武，一时意气风发。这也许是一种充满骑士气概、浪漫而刺激的运动，但是对于没有合法的男性继承人的国王而言，这是非常鲁莽而危险的行为。他遭遇了一个可怕的事故："国王骑上一匹高大的马，冲进队伍中，却和马一起双双摔倒在地，每个人都认为他没有被摔死真是一个奇迹，不过他没有受到伤害。"[60]

当然，这是官方的说法。实际上他的伤势非常严重，因为那匹披着铠甲的军马将他碾压在下面。后来据称，"他躺了两个小时说不出话"，可能是遭受了严重的脑震荡，更糟糕的是，大脑皮质受到瘀伤。[61] 然而，克伦威尔公布说，"国王心情很好，身体也很健康"，但人们可以从这些话语中感受这名狡诈的大臣所具有的16世纪风格的杜撰能力。

5天后，安妮流产了，这是一个约3个半月大的已经有一些分量的男胎，事情就发生在她舅舅诺福克告诉她国王发生意外之后。她将流产归咎于受到这个消息的惊吓。[62] 亨利表现得很冷漠。他直言不讳地说"他们不会再有儿子了"。[63] 他"脸色很难看"，从她的床边离开了，冷漠说道："等你起来后，我再来看你。"

他厌倦了这个刻薄且嫉妒心极强的王后，因为她总是想上位，总是觉得自己受到冒犯。在过去的3个月里，他总共和她交流不到10次。国王现在44岁，开始感受到岁月不饶人。他和现在的妻子生一个继承人的希望越来越渺茫。查普虽然只能获得宫廷的二手信息，但还是幸灾乐祸地报告称，亨利曾偷偷向一名近臣坦白：

> 他是受到巫术（妖术或者魔法）及美色的诱惑和强迫才进入第二次婚姻的，因此他希望这一切都是无效的。他说，自己得不到儿子，这就是上帝的惩罚。
>
> 所以他觉得自己可以娶第三任妻子，并且非常想这么做。[64]

这成了众所周知的王室禁忌。冷漠且精明的亨利认为现在是时候采取行动了。他已经确定了安妮的继任者：安妮的陪嫁女仆、26岁的简·西摩（Jane Seymour），她的大哥爱德华是亨利的随身律师。他已经摆脱了一个不想要的妻子，现在他是英国教会的最高领袖，再重演一次又何妨呢？

亨利很自然地将去除这个眼中钉的任务交给了克伦威尔。

克伦威尔很清楚当初沃尔西就是栽在了类似的问题上，因此他决定采用诡计灵活地解决这个问题，毕竟他知道安妮不是好惹的。安妮已经意识到宫廷充斥着关于她的风言风语，因此公然地与克伦威尔为敌。攻击是最好的防守形式。4月2日，她的心腹约翰·斯基普（John Skip）大胆地做了一次布道，引用了《约翰福音》第八章的句子：“你们中间谁能指证我有罪呢？”他意在攻击克伦威尔，将他比作《旧约》中的人物哈曼（Haman），即波斯国王阿哈苏鲁斯的谋士，后者最终在为王后以斯帖（Esther）的拥护者莫迪凯（Mordecai）建造的绞刑架上被绞死[65]。斯基普因为干涉国家事务，受到各方的严厉斥责。

在复活节，克伦威尔欣然把格林尼治宫殿的房间让给简·西摩使用。平时一本正经的克伦威尔正在扮演牵线人——或者好听一点，丘比特——的陌生角色。他的房间位置便利，亨利可以在任何时候“穿过几个画廊找她，而不会被看到”。

讽刺的是，斯基普布道的文字出自《新约》，而且隐喻通奸的女人，这正好启发了克伦威尔往这个方向调查的想法，或更确切地说，制造关于四面楚歌的安妮王后不贞的证据。4 月 24 日，克伦威尔和诺福克（显然到目前为止他并没有站在外甥女这边）主导成立了一个特别委员会，以调查王后的性格和行为是否存在瑕疵。

这太简单了。马克·斯米顿（Mark Smeaton），王室的马夫、音乐人、舞者，从格林尼治被引诱过来，并被克伦威尔严刑逼供，最后承认自己是安妮的情人。王后身边不乏年轻的侍臣，他们如众星捧月般讨好王后。现在他们因为太靠近国王的私生活而惹上麻烦了。5 名侍臣被指控在汉普敦顿宫、威斯敏斯特宫和埃尔瑟姆宫与王后交欢[66]，以及试图密谋害死亨利。这场扭曲的闹剧还涉及她自己的弟弟罗奇福德子爵乔治，他被克伦威尔武断地指控犯有乱伦罪，以进一步损害安妮的名誉。除了天真的斯米顿之外，其他人都否认了这些指控，想必有人向斯米顿承诺，如果他愿意认罪，就可以保住性命。[67] 另一个名叫托马斯·怀亚特（Thomas Wyatt）的人被质问后就被释放了。

5 月 2 日，安妮在格林尼治宫被捕，并被带到伦敦塔。接待她的人就是曾经将沃尔西护送到伦敦的治安官威廉·金斯顿爵士。他描述了她面对克伦威尔的情景：

> 她对我说："金斯顿先生，我会被关进地牢吗？"
>
> "不，夫人，您会住在您加冕时的房间。"
>
> "那太好了，"她（补充）说，"耶稣怜悯我。"然后跪下来，一步一哭，于悲伤中又大笑起来，如此反复多次。
>
> 然后，她希望我能帮忙祈求国王陛下，她希望能够在房间的小密室里举行圣餐仪式，这样她可以祈祷上帝的怜悯。"我是清白的，与身边任何男人都没有不伦的关系，我是国王真正合法的妻子。"[68]

大主教克兰默似乎还不知道这是克伦威尔针对王后的阴谋，觉得有必要写信安慰亨利：

> 我感到困惑和惊讶，因为在我的印象中，她是最完美的女人，因此我难以相信她是有罪的。
>
> 我认为陛下应该不会如此无情，除非事实证明她确实是有罪的……
>
> 如果她确实有罪，那么任何信仰上帝及其福音的人都不会支持她，而会极其憎恶她；他们越相信福音，就越会恨她。[69]

克伦威尔总是热衷于探索各种人脉，并将首尾处理得干净利落。他联系上了第六代诺森伯兰郡伯爵亨利·珀西，调查他与年轻时的安妮·博林之间的关系。安妮曾与珀西交往，不过后来因为国王的疯狂介入，二人的恋情结束了。诺森伯兰郡伯爵在5月13日写信给他，郑重地指出，未曾与安妮有过婚前契约，毫不留情地抹去了可能被用来证明王室婚姻无效的法律论据。[70]克伦威尔启动了其他的方案，以确保安妮可以在死之前与国王离婚。

4个被指控与安妮通奸的人——威廉·布里尔顿（William Brereton）、亨利·诺里斯爵士、弗朗西斯·韦斯顿爵士（Sir Francis Weston）和倒霉的斯米顿——于5月12日在威斯敏斯特大厅受审。克伦威尔曾对斯米顿承诺自己将不遗余力地保住他的性命，当然这最终将无法兑现，正如他之前在类似情况下做出的承诺一样。果然，他们都被认定有罪。

5月15日，安妮和她的弟弟在伦敦塔受到审讯。2000名好奇的群众聚集在白塔二楼的国王大厅里围观。克伦威尔反对乔治·博林的证词很单薄，但颇具戏剧性。他根据乔治的妻子简·罗奇福德夫人（Lady Jane Rochford）的证词来证实这对兄妹之间存在乱伦。但她只能说出模糊的印象，甚至还算不上间接证据。她说：他们姐弟之间存在“过分亲密的关系”，乔治“总是在姐姐的房间里”。克伦威尔对第一个罪人的构陷是否会以失败告终？

然后他使出王牌。罗奇福德夫人谨慎地写下了王后对亨利床上功夫不满意的不慎言论，并把这张纸交给了负责裁决的26名陪审员。克伦威尔隐含的意思不难察觉：如果安妮不能怀上国王的儿子，那么她会借助他人怀上孩子，将其充为继承人。王后完了。她的弟弟也完了。

安妮多年前的情人亨利·珀西现在是她的审判法官之一。他突然以疾病为由退出法庭。

诺福克假惺惺地挤出眼泪，对外甥女安妮做出审判："因为你冒犯了我们至高无上的国王，令他蒙羞，相当于犯下了叛国罪，根据国家的法律，你将在伦敦塔被烧死或砍头。"[71]

5月17日，罗奇福德子爵与被克伦威尔构陷的其他4个替罪羊在塔丘被斩首。同一天，大主教克兰默在兰贝斯宫发布了一项法令，废除了王后与亨利的婚姻。

克伦威尔公然地吹嘘自己在安妮垮台中的功劳。他告诉查普：

> 国王曾经授权和委托他处决和消灭这个淫妇，他为此克服了相当大的麻烦。他亲自主导、谋划和制造了整个事件。引起他的疑心并且诱导他调查安妮的案子的，是佛兰德斯地区流传的关于国王身边最亲近的人将会谋害他的一些预言。[72]

他为早先促成博林的婚姻感到有点儿羞耻。"克伦威尔开始为自己之前的所作所为辩解。他声称，他确实促成了他们的婚姻，但是看到国王如此钟情于这个女子而且那么坚决，他（克伦威尔）也只能为其铺平道路。"[73]

与此同时，金斯顿写了一系列信件，仔细报告了安妮对克伦威尔的所作所为。亨利决定以法国人的方式将她斩首，并特地支付24英镑请来加来圣奥梅尔（St Omer）的法国刽子手，并用双手操作的法式剑来处刑。5月19日星期五上午，行刑之日，她还在讨论自己该如何被处刑。她告诉金斯顿：

“我听说我不会在中午之前断气，所以我很难过，因为我希望自己在中午之前死去，这样就不会有痛苦。”我告诉她，您应该不会感觉到痛苦，因为整个过程很快速。然后她说：“我听说刽子手很厉害，而且我的脖子很细。”……她把手放在脖子上，开怀大笑起来。

我亲历了很多男女被处决的场景，他们都很悲伤。但在我看来，这个女人面对死亡却很快乐。[74]

在伦敦塔内的绿色草坪上，建有5层绞刑台。金斯顿根据克伦威尔的命令将所有的陌生人从绞刑区赶走，并在前一天晚上将门上锁。当天早上，一小群国王的议员聚集在一起，克伦威尔站在前排，准备欣赏安妮王后的垮台。

她的头被一刀砍下。刽子手轻而易举地赚到了佣金。

王后的尸身被随意地放倒在一棵被用来收箭的长长的榆树干上，然后被埋葬在伦敦塔内的圣彼得教堂里的一个无名坟墓中。[75]

一名法国人向克伦威尔报案说，在安妮被斩首的前一天，彼得伯勒（Peterborough）的凯瑟琳坟墓上的蜡纸“自燃了”。[76]

5月20日，简·西摩从格林尼治被驳船带到威斯敏斯特宫。10天后，她与亨利在威斯敏斯特宫的王后密室秘密举行了结婚仪式。

第五章

震动朝野

> 我能够记住英格兰所有修道院的所有珠宝，特别是圣保罗的翡翠十字架。
>
> ——克伦威尔的“追忆”，写于 1535 年 4 月初[1]

克伦威尔的影响力和权力现在几乎渗透了亨利政府的每一个黑暗角落。只有教会和宗教教义能够免于他的专制干预——但是这一切很快也要受控于他。1535 年 1 月 15 日，国王授予他修道院代理主教和总监察员的夸张头衔，从而使得克伦威尔的权威和级别甚至超过了坎特伯雷大主教和约克大主教，更不用说普通的主教了。

当年 10 月，克伦威尔成立了自己的教会法庭，有权批准传道和遗嘱，并审核离婚申请。更重要的是，该法庭有权力任命主教或解散修道院。[2] 上帝的话语现在有了政治意味，因为现在宗教的方方面面都需要经过政府的批准。

克伦威尔还对教会的财富特别感兴趣，因为他在 10 年前为沃尔西工作时，目睹了他如何便利地挪用修道院财产以达成其他目的。人们似乎没理由怀疑这样一种广为流传的说法：克伦威尔向国王建议解散修道院，因为这不仅可以帮助他切断与罗马的一切联系，还可以大量增加个人财产。亨利似乎早做好了准备：两年前，他曾经提醒查普说，他已经下定决心把教会人员所拥有的财产都统一起来，而且他在加冕时就宣誓要达成这个目的。现在狡猾的克伦威尔不过是把自己的心里话重复了一遍。[3]

首先，作为一个心思缜密的官僚，克伦威尔需要准确评估这样做能够带来多少财富。因此，他派代理人到修道院和世俗教会调查它们的所有财产和收入。这是一个雄心勃勃的计划。这项庞大的统计工作贯穿了整个 1535 年，最终成果是二十二卷的《教会财产录》(*Valor Ecdesiasticus*)[4]，这是自 11 世纪诺曼政府《末日审判书》(*Domesday Book*) 以来最大的财产调查——它列出并评估了英格兰教会的价值，有时甚至细化到一头牛、一头猪。尽管很多财产没有被清算，但克伦威尔现在知道教会的物业价值至少为 20 万英镑，以 2006 年价值计算超过了 7200 万英镑。除此之外，还有建筑物本身和珍贵财产的价值，如金银酒杯、权杖和烛台等。

1 月 21 日，作为教会的最高领袖，亨利委任克伦威尔对英格兰和威尔士的教堂、修道院和神职人员进行全面调查，有权作为主教代理任命代理人参与工作。[5] 克伦威尔的代理人负责调查神职人员“在宗教和世俗方面的状况……修道院院长在生活和道德方面的状况，铲除和惩罚犯错之人”。其中特别关注的问题是每个修道院所拥有的土地的增值，还具体到“修女的习性和她们忏悔的频率”。这些代理人还受命从天真的朝圣者那里搜刮“圣物和假神迹给地产增值”，并哄骗修道士离开修道院。[6]

他们幕后的动机是发现和揭露过度宽松的肆意行为，这可以用作克伦威尔掠夺国内修道院财富的武器。为了避免教会当局制造障碍，他宣布在国王的委任状生效期间，主教不得访问任何修道院。

为了完成这个任务，他招募了一批曾经服务于政府部门的律师和牧师：托马斯·利（Thomas Legh）、[7]约翰·阿颇赖斯（John ap Rice），后来还有理查德·莱顿（Richard Layton）博士[8]。按照现代白厅的说法，这些人就相当于克伦威尔的发言人。利参加了在邓斯特布尔发起的对阿拉贡的凯瑟琳的离婚诉讼，并且询问了费希尔主教，他试图搜集对高级神职人员不利的证据。自1532年以来，威尔士人赖斯是一名公证人，一直在为克伦威尔办事，他的忠诚是毋庸置疑的。莱顿曾在伦敦塔质问过费希尔和托马斯·莫尔爵士，并建议调查约克教区，以消除那里的“疯狂幻想与仪式”。他向克伦威尔吹嘘：“您永远无法想象我能做出什么来，除非您试用我。”没有人能够拒绝这样的提议。

调查者们很快就发现了他们孜孜以求的材料。毫无疑问，他们也在此基础上大肆渲染：“有问必应，有寻必得。”下个世纪的托马斯·富勒（Thomas Fuller）对调查者们的怀疑表示蔑视：“他们很清楚自己的使命，而且必然会给克伦威尔带回好消息，他们也因此相信自己的调查是无往而不利的。”[9]他们的信件随着行政邮袋抵达克伦威尔办公室，与往常索然无味的信件不同，克伦威尔对他们提供的辛辣而耸人听闻的消息感到十分满意。

多塞特郡瑟恩阿伯斯（Ceme Abbas）的本笃会修道院院长托马斯·科尔顿（Thomas Corton）一共遭到9次指控，包括“他把情妇们藏在地窖里，特别是一个名叫琼·波斯特尔（Joan Postell）的面包师”，“将修道院的财产浪费在自己的情妇和私生子身上，并给了他们置办很多婚礼礼物”。他也被指控拥有很多私生子，“其中一个叫哈利，这是他与瑟恩（Cerne）的托马斯·帕克（Thomas Parker）家的艾丽斯·罗伯茨（Alice Roberts）生下的私生子，严重违反了宗教道德”。他的性欲永远无法得到满足：“他公开地在镇上和其他地方调戏良家妇女，以满足自己的性欲。”不过据称，至少他对情妇们还不错：“他的情妇们和他同桌吃饭。”他也没忘记自己手下那些性欲被压抑的修道士：“他让女人陪伴修道院的兄弟们，从中午一直到晚祷。”除了女色以外，他们还“彻夜玩骰子和打牌”。[10] 当一位修道士谴责这所有的罪恶时，却被立即驱逐到蒙茅斯的一间修女院，并在那里受到“虐待”。

莱顿严厉抨击了威尔特郡布莱德利（Bradley）的奥古斯丁会修道院（名字没取好）的副院长理查德·杰宁（Richard Jenyn）的薄弱意志：

> 神父足有6个孩子，其中一个女儿已经结婚了。出于修道院的恩惠，其他的几个孩子很快也要结婚了。
>
> 长大成人的儿子们都侍奉着他，他也向上帝许诺（他）不招惹已婚妇女，却总是调戏少女。因此最好的办法就是尽快把这些少女嫁出去。
>
> 考虑到他的特殊情况，教皇许可他包养一个妓女，而他

的文笔不错，可以借此排遣自己的内疚感。[11]

在东苏塞克斯郡刘易斯外围圣潘克拉斯（St Pancras）的富裕的克吕尼修会（Cluniac），莱顿声称在那里不仅在一些囚犯中发现了猖獗的同性恋情况，还发现了修道院副院长的布道触犯了叛国罪，因为他嘲讽“上帝、全能的圣父，国王和托马斯·克伦威尔大人的权威”。莱顿汇报称：“我用最恶劣的语言描述这名副院长也不为过，而他长跪不起，求我不要向您汇报他的罪孽。”[12]

莱顿调查了位于肯特郡兰登（Langdon）的普雷蒙特雷修会，其距离坎特伯雷有3英里（4.83千米），他独自前往院长威廉·塞耶（William Sayer）的住所。他敲了“好一段时间”的门，但是“既没有什么响声，也没有出现人迹，只有紧锁的门内的小狗不停地吠叫”。这名不耐烦的代理人觉得太过分了：“我发现一个短柄斧子立在门后面，于是用斧子砍破了房子的门，并且拿着斧子走进房子，因为院长是危险且可怕的无赖。最后，谎称自己是院长侍妾的妓女逃了出来。”

> 她仓皇逃出了修道院，但是“这个柔弱的年轻女人”被莱顿的同伴也是克伦威尔的手下约翰·巴特洛特（John Bartelot）抓住了，并被监禁在多佛的牢房里有8天。他们最终成功地在修道院院长的保险箱里找到她的衣服。莱顿向伦敦的主人克伦威尔报告：“我把修道院院长带到坎特伯雷，将他丢进基督城（修道院）的监狱。”[13]莱顿沉浸在正义的愤慨中。
>
> 这个修道院院长让我对流氓和酒鬼有了新的认识。尽管他满嘴教规，但是自己身上却没有一处美德：他是人人喊打的

流氓无赖。他指使手下的牧师找妓女，还要带她们进家门，把自己的羽毛床拆下来假装成牧师的床，并放到内室，以便他和妓女共处。

整个故事一言难尽，想必您也不忍卒听。修道院已经完全腐坏，很快就会彻底崩塌。[14]

勤劳的莱顿很喜欢干这种工作。在贝德福德郡奇克桑兹（Chicksands）的吉尔伯丁（Gilbertine），莱顿遭到了反抗的修女的阻拦。然而，他发现有两个修女怀孕了，一个是修道院副院长的孩子，另一个是某个仆人的孩子。"两名院长、两名当事人及两位修女都不愿意承认，只有一个老太婆揭发了这件事。[15] 他们受到宗教的约束，谁也不能将彼此的秘密罪恶泄露出去，除非是自己的监察员。"

他还去了位于贝德福德郡哈罗德（Harrod）的奥古斯丁女修道院，那里"有四五个修女与院长通奸，其中一个还生了两个私生子"。[16]

莱顿北上来到莱斯特圣玛丽纽瓦克学院和医院（College and Hospital of St Mary Newark），他们的宝库里保存着 300 英镑。"这位修道院院长是个老实人，表现不错，但这里的教规是我见过最顽固和最喜欢拉帮结派的。今天早晨，我批驳了形形色色的鸡奸和通奸问题，然后又进一步了解了一下我从其他人口中听到的种种细节。"[17]

与此同时，托马斯·利调查了剑桥郡斯瓦汉姆布贝克（Swaffham Bulbeck）的本笃会女修道院。在那里，女院长琼·斯派曼（Joan Spylman）将年薪 30 英镑的当地牧师职位给了一名

“据说她很喜欢的”男修道士。利告诉克伦威尔：“我们给您看一封信，您肯定会发笑。这是男修道士以一个女人的名义寄给女院长的，不过任何人都能看出这是一封情书。”[18]

显然，这些调查也充斥着大量滥用私权和勒索的情况。克伦威尔敏捷精干的手下约翰·巴特洛特曾在兰登撞见过修道院院长的情妇，现在又发现伦敦十字修道院（Crossed Friars）院长埃德蒙·斯特里特姆（Edmund Streatham）“大约在星期五的上午 11 点钟和妓女赤裸裸地躺在床上”，那天正是四旬节。院长立马下跪，恳求巴特洛特和他的 5 个同伴不要告发他，并承诺“慷慨地”给他们 30 英镑作为他们保持沉默的报酬，其中巴特洛特可以拿到 7 英镑。他还承诺“在某一天”支付更多的钱，而后来却不了了之，因此巴特洛特厚脸皮地逮捕了他。于是，这位院长向大法官托马斯·奥德利爵士举报巴特洛特，说他“曾犯下十分恶劣的抢劫罪”，“足以被绞死”，并要求他偿还 30 英镑。这个胆大包天的院长果然深谙敲诈勒索的门路。巴特洛特向克伦威尔求情，希望看在他已经坦白真相的分上原谅他。[19]

毫无疑问，英格兰和威尔士修道院需要重整，因为一些修道院充斥着严重的腐败和不道德气氛。重要的是，许多修道院现在处于年久失修的状态。另一方面，这些修道院也过时已久：在亨利八世登基之前的 30 年时间里，从未建起任何一座新的修道院，而专款又用到了教育机构和公立救济院上。但是，克伦威尔的调查员迅速在 800 多座修道院中发现有 1/3 的修道院存在可疑罪行，而这奠定了他立法解散修道院的基础。

还有几座修道院让克伦威尔十分恼怒，因此他马上就要做出整顿决策。对他来说，有一点至关重要：伦敦卡尔特会修道院和米德塞克斯郡锡恩的布里吉特修会的修道士应该完全服从《至尊法案》，因为在这个日益腐坏的世界中，它们是公认的最虔诚和最光荣的圣地。

卡尔特会修道院是一个特殊的目标。先前的院长约翰·霍顿已于1535年5月4日被处决；还有其他3人因拒绝承认国王的权威凌驾于教会而死于6月19日。[20]属于该修道院第二集团的塞巴斯蒂安·纽迪吉特曾是宫廷中的一名男侍者，也是枢密室的绅士，但是因为国王的离婚事件主动放弃王室的工作。

赢得天主教加尔都西会教士的支持至关重要，因为外界对同胞被处决的反应特别强烈[21]。在1535年4月底，克伦威尔的手下约翰·惠利（John Whalley）报告说，修道士们“极其迷信，形式主义，伪善，执着于陈旧的不合理的观念”。[22]他呼吁将一批经过批准的布道士送到卡尔特会修道院以帮助转变这些修道士的思想，“如果得不到改善，那就让整个宗教和世俗贵族阶层召唤和审判他们，并依法对他们判刑”。[23]

其中一名修道士约翰·达利（John Darley）去年曾在一名被称为拉比神父（Father Raby）的垂死的“老修道士”的床边伺候。达利问他：“亲爱的拉比神父，如果您快要死去，我恳求您的灵魂来找我。”这位死去的修道士果然在6月24日下午5点出现在他的门口，问他：“为什么你不追随我们的父亲（霍顿院长），因为他是天堂的殉教者，仅次于天使。”下个星期六，那个鬼魂再次出现，这次“有着长长的白胡子，手中拄着白色的拐杖”，不断地恐吓达利。这个鬼魂表达了自己此生未能殉教的遗憾，“因为罗切斯特先生和我们的父亲在天堂的地位仅次于天使”，并补充说：“和平的天使也对此感到无比哀叹。”然后鬼魂突然消失了。[24]

针对这样危险而具有煽动性的汇报，克伦威尔派遣了他的另一个手下贾斯帕·弗洛尔（Jaspar Fylolle）与顽固的天主教加尔都西会教士谈话，并且更加从容地计算修道院的财务状况。1535 年 9 月，他发现其年收入为 642 镑零 $4^{1/2}$ 便士，但支出为 658 镑 7 先令 4 便士。更糟糕的是，开支仍然在增加。“小麦的开支每季度增加了 4 先令，麦芽则增加 20 便士，所有其他的物品的开支也随之增加。”乐善好施的修道士“还喜欢将很多面包、啤酒和鱼（分给）储藏室门口的陌生人和大门口的流浪汉，这非常不合理。似乎有必要降低食物的数量或质量，也不应该对外赠送这么多面包和啤酒”。他警告说：“是时候对他们断供鳕鱼[25]、腌制品，以及冬天的衣服和床上用品了，而且不能给屋里供给燃料。”

弗洛尔另外汇报称，来自艾克斯霍姆的姊妹卡尔特会修道院的一名庶务修士“已经被悄悄地收留在修道院，他患了大病，4 天后就死了。其中一名照料他的庶务修士现在也患了同样的病”。最后，他附上了伦敦天主教加尔都西会教士的花名册，记录了每个人是忠于国王还是教会：“如果一个人承诺效忠于国王，那么他的姓名前面将会标注‘g’，意为‘好人’，否则姓名前面将会标注‘b’，意为‘坏人’。”[26]

一个月后，弗洛尔再次提出立即采取行动的请求：

如果国王和您可以罢免卡尔特会修道院的院长，那么现在至少那些不承认国王是教会最高领袖的修道士和庶务修士的人数会减少。

难怪这些修道士中有许多人会冒犯上帝和国王，因为我曾经在院长和代理人房间里找到了三四本外文书籍，这些书里充斥着异端邪说。[27]

克伦威尔终于失去耐心。1535 年 10 月，他发布了一道命令，在卡尔特会修道院任命了“五六名督管”——“这些世俗的、博学的、智慧的、值得信赖的人中，两三人必须同吃同住”。他另有 9 条指示，其中包括一道严格的最后通牒：“督管召集修道士、仆人和官员，向他们表明国王赦免了他们以前的异端行为和叛国罪，但如果再次冒犯，他们会受到严厉的惩罚。”

他也计划将天主教加尔都西会教士分隔开来，从而逐个征服他们的意志。每个人的“意见”将被独立审视，“并被灌输真相”。那些顽固不化，拒绝放弃旧宗教教义的人将立即被捕入狱。“那些支持改革的人必须与其他人分开，从轻处理，鼓励他们揭发其他人的罪恶。”[28]“在一个季节中，这些修道士将被完全孤立，未经督管的允许，任何人不得与他们说话。”除了病人以外，所有人都必须每周出席 3~4 次由“谨慎、博学之人”主持的布道会，这些人毫无疑问也必须获得克伦威尔的批准。[29]

不过，亨利对这些安排并不满意。1536 年 9 月 27 日，在去和王后吃晚饭的路上，他拦住拉尔夫·萨德勒尖锐地问道：“怎么伦敦的卡尔特会修道院没有执行我下达的命令呢？”国王越想越生气，他抱怨说，很久以前就命令克伦威尔驱逐那些“一直”顽固不化的天主教加尔都西会教士。

他的国务大臣克伦威尔之所以下手如此缓慢，是因为海外的进一步反抗。1537 年 5 月，国王理事会威胁要立即解散修道院，但仍有 10 名修道士——3 名神父、1 名执事、6 名庶务修士——拒绝发誓拥护《至尊法案》。他们于 1537 年 5 月 18 日被带到纽盖特监狱并被囚禁于此。其中 9 人死于饥饿和虐待。[30] 唯一一名幸存者在 1537 年 6 月 10 日投降 [31]，1538 年 11 月 15 日，被称为“致敬圣母的修道院”（House of Salutation of the Mother of God）终于被解散，被用作售卖国王帐篷和狩猎设备的商店，而圣坛被用作工人的游戏桌。[32]

另外一间经常出现在克伦威尔“追忆”中的修道院叫锡恩，他曾在 1524 年之后在那里担任过总管事 [33]。锡恩以其浓厚的布道和学习氛围而闻名：其著名的图书馆藏有至少 1400 卷图书，印刷术的出现使这些文字影响了更广泛的受众。[34] 社区作家中最多产的是理查德·惠特福德（Richard Whitford），他在 1514—1541 年间以“锡恩无名氏”的笔名撰写了 6 本关于修道士或其精神生活的书籍。这些印刷品的力量和影响力可能是克伦威尔的后顾之忧。然而，其中的很多修女都是贵族或者宫廷高官的女儿，所以他不得不小心翼翼。

1535 年 7 月，托马斯·贝德尔汇报道，阿格尼丝·乔丹（Agnes Jordan）女修道院院长和其他修女“在任何方面”都可信赖，但有两个人可能要被“驱逐”。[35]11 月，好色之徒莱顿正在锡恩。他发现一个修道士说服铁匠为他制作了一把钥匙，以便在晚上寻欢作乐，其通奸对象中包括住在距离德比不远的乌克斯布里奇（Uxbridge）的一名有夫之妇。他“还说服了一个修女，因为他是她的告解神父，他告诉她自己想要满足肉欲（并非常渴望得到她的身体），使得修女相信即使他们经常搞在一起，但是如果她立即忏悔，应该也会得到上帝的原谅”。在教堂里，修士和修女分别生活在两个巨大的相邻中殿，中间连接的窗户用铁栏封住，现在这个铁栏被拉出来了，“这样他就可以经常在夜里以唱诗班的歌声为掩护和这个修女说话”。[36]

克伦威尔对这些锡恩的夜生活者并不感兴趣。出于政治原因，他追求的是宗教上而不是道德上的服从。因此，他派出一大批改革派传教士，自己也尝试亲自通过辩论技巧甚至威胁性言论说服大众。虽然这家修道院名声在外，而且修女的背景也很硬，但也未能幸免于难。反对派仍然继续进行活动，贝迪尔在12月疲惫地评论道：“自从您离开后，我在这里处理了很多事情，那些修士在您离开后更加坚持己见。”庶务修士托马斯·布劳内尔（Thomas Brownell）被关进纽盖特监狱，这可能是对社区教徒们的一个有益的教训。[37]1536年9月，克伦威尔出席了乔治·科平杰（George Copinger）当选总告解神父的选举（科平杰是早些时候经过与口吃的伦敦主教漫长的谈话后才服从的），还将书籍运送到锡恩，试图使修道院稳定下来。9月23日，科平杰写信给克伦威尔：

> 请接受我们衷心的感谢，我们将永远为您和您的主人祈祷。您的崇高恩惠，我们无以为报。
>
> 我们以您的捐赠名义把（这些书）放在某些公共场所，以使修道院安定下来。我们在晚餐时的讲座中一起学习了您最后一次送来的作品。[38]

锡恩以其虔诚的学习氛围和图书馆闻名，现在却需要用书籍来修正这些修士和修女的思想和信仰，这显得有些奇怪。[39]

克伦威尔试图把这些著名修道院的根基矫正，同时他还急于没收一些小修道院的财富。1536 年 3 月初，解散小修道院的议会法案提交下议院，辩论期间充斥着由克伦威尔代理人发现的一些骇人听闻的过度荒淫事件，整个会议室充满了惊骇的气氛。果不其然，该法案通过了，凡是年收入在 200 英镑以下的宗教住所都属于并永远属于亨利以及他的子嗣和继承人。该法案的序言文采飞扬，反映了一个官僚主义者对荒废资产的震惊之情，而且也明显烙上了克伦威尔的烙印：

> 小型修道院、小型女修道院和其他宗教场所里日常充斥着明目张胆的罪恶、阴险、淫秽、肮脏行为……那里的会众人数还不足 12 个。这些宗教场所和女修道院的主管人员[40]破坏、摧毁、消耗和彻底浪费了这些教堂、修道院、女修道院、主楼、农场、庄园、土地、房舍和遗产，以及教堂的装潢、货物和动产，如果不加以纠正，他们将惹怒全能的上帝，侮辱信仰，亵渎国王陛下乃至全国人民。[41]

为了有效控制这种藐视法律的行为，土地没收法院（Court of Augmentations）于 1536 年 4 月 24 日成立，副检察长理查德·里奇爵士被任命为大法官——正如我们所见，他是一个毫无顾忌且缺乏诚信的人。[41] 克伦威尔向他的新代理人发出解散修道院的通知，命令修道院的领导配合，否则“你必须对自己的危险处境负责”。

这个通知中包含着这样的诱惑：如果院长或者副院长“能够乖乖地交出财产，就可以获得晋升，而且可以凭借自己的诚实行为获得不错的津贴待遇。”[43] 他们的合作可以换来相应的津贴：解散越容易，获得的津贴就越多。

当立法授权解散修道院的消息开始在英国贵族和绅士之间传播时，克伦威尔立即收到了来自那些急于瓜分修道院财产的人的如潮水般的诉求。贪婪像传染病一样蔓延。加来的莱尔勋爵就是早期提出过分要求的人之一，他迫不及待地恳求克伦威尔“帮助要回以前管理的一些修道院”。诺福克公爵虽然着急但表现得不至于太贪婪，他说“既然别人都提出要求，我也不甘落后”，对位于萨福克郡托马斯·艾略特爵士（Sir Thomas Eliot）手下的邦吉（Bungay）和伍德布里奇（Woodbridge）修道院垂涎已久，虽然承认自己有点儿“不好意思”，但是还是热切地希望凭借因处决托马斯·莫尔爵士与克伦威尔结下的深厚友谊，请克伦威尔帮他获取解散土地的“一个可观的部分”，他承诺支付克伦威尔大额现金作为酬劳——“我将向您确保忠心，并将第一年的收成给您”。[44] 克伦威尔的儿媳、新任王后的妹妹伊丽莎白·乌特雷德（Elizabeth Ughtred）女士没什么眼光，只是希望获得“其中一个修道院”，显然，她不在乎地理位置。[45]

相反，其他人则希望他们的当地修道院能够幸免于难。托马斯·德拉瓦勋爵（Lord Thomas Delawarr）写信给他，恳求西苏塞克斯郡的“博克斯格罗夫（Boxgrove）小型修道院”能够免于被解散。这座“小型修道院就在敝舍旁边，我自己就是创建者，我的许多祖先，包括我妻子的母亲都葬在那里……我还给自己盖了一间小教堂，作为未来自己的埋葬之地”。不巧的是，他那用从修道院唱经楼扒来的卡昂之石砌成的壮丽的小礼拜堂刚刚完工。于是他建议：“如果国王陛下同意的话，我将不遗余力地帮忙解散其他同样的小型修道院，或者将其改造为一所大学。”德拉瓦知道谁才是决策者，于是他祈求克伦威尔：“我恳求您通过法律或其他手段帮助我……对于您的恩惠、善意和苦恼，我必定会给予补偿。”[46]

于是，克伦威尔的收入就更多了：那些希望获得修道院财产的人以及那些恳求修道院不被解散的大小修道院院长和女修道院院长都向他行贿。例如，爱德华·卡尔索普（Edward Calthorpe）向他支付了100英镑，“感谢他在其中付出的努力”，同时希望看在两人之间的长久友谊的分上，他能够帮忙购买位于诺福克郡的英厄姆（Ingham）小修道院。[47]另一方面，牛津附近热里（Rewley）西多会（Cistercian）修道院的院长尼古拉斯·奥斯丁（Nicholas Austen）发现自己的修道院将被交给克伦威尔一名叫作阿查德（Archard）的手下。在1536年9月，他写信给克伦威尔：“我全心全意效忠于您，因为您是我的避难所、救命药和帮手，我愿意支付您100英镑，以求不要拆除我们的修道院，而是将其改造为一所大学。”[49]但第二年，他的修道院还是被拆除了。

但有时人们不是通过现金，而是用实物行贿。林肯郡（Lincolnshire）克罗伊兰（Croyland）本笃修道院的院长约翰·威尔斯（John Welles）给克伦威尔送“沼泽鱼，并温柔地恳求您接受这些鱼，同时善待我以及我的小修道院。我与我的修道士们每天都会向我们的神祷告，保佑您健康永存”。克伦威尔对这些鱼和祷告非常满意。[50]

解散修道院的过程简单而残酷。克伦威尔的代理人首次到访修道院，召集社区的人，然后当众宣布修道院的命运。其财产证书被收集起来，印玺被没收，可动的贵重物品如金银神圣器具和法衣被悉数清点。在修道院回收利用的第一阶段，称量屋顶上的铅，清点钟的数量。代理人第二次到访修道院时，检查账簿，进行移交。教堂内的坟墓，有的被死者家属搬到了安全的地方。其他一些则被摧毁，按照石材和金属的价格进行赔偿，还有很多是被那些捡漏的人回收利用。[51] 有些建筑物被拆除；其他建筑的屋顶被拆除，使其将来无法用来祭拜。有些修道院被出售并改造为私有住宅，买主通常是那些因为重新分配土地而暴富的乡绅阶层。

在接下来的几年中，一共有 376 座小型修道院被拆除，80 座修道院幸免于难。国土从中获得了（以 2006 年的价格计算）约 680 万英镑的财产，其中从修道院财产和土地中每年就可获利 200 万英镑。大部分土地都以极其低廉的价格出售给贵族，有时甚至免费赠送——以一种非常世俗的方式换取贵族的忠诚，使其更加顺从于都铎王朝的统治。亨利花费了大价钱来购买他们的忠心：他的国库每年只能获得 3.7 万英镑的收入——这表明王室以外的财富重新分配（无论是规划中的还是不正当的）涉及面有多广。克伦威尔的同伙托马斯·赖奥思利（Thomas Wriothesley）已经制订了许多计划，每年从修道院的财富中划出 6600 英镑用于建设医院，3300 英镑用于修路，为穷人和失业者提供就业。但两个方案都没有实施。王室早前承诺的社会支出化作了泡影。

这项措施还直接造成了人员损失。查普在 1536 年 7 月提出抗议，“看到大群修道士和修女被逐出修道院，颠沛流离，寻求活路，我感到非常哀痛。几个诚实的人告诉我，修道士、修女和其他依附于修道院的人受到压迫，有超过2万人流离失所”。大使深信，有一天上帝会听到他们的抱怨，为他们复仇。[52]

克伦威尔自有对付穷人和赤贫者的计划。他的《乞丐法案》于1536年通过[53]，该法案命令教区或市政当局对“没有劳动能力的穷人”承担全部责任。现在这些穷人只能在自己的家乡和村庄活动，不能到处流浪以寻找食物或金钱。那些有劳动能力的人会得到工作，他们的孩子们也可以学习谋生的技能。拒绝工作的“顽固的流浪汉和乞丐”将被鞭打，“直到他们皮开肉绽”。每个教区都要自愿提高施舍额度，以帮助“跛脚、虚弱、生病和不健康”的人。这不仅是官方福利政策的首次尝试，还标志着民间教区作为英格兰和威尔士地方行政单位的开始。

亨利对修道院的私有化感到非常高兴，因此他授予克伦威尔更多的权力和荣誉。这名国务大臣不但组织和掠夺了修道院的财富，并且制定了一项专门解决乞丐问题的新法案，同时使第二项《继承法》顺利地在议会通过，宣布亨利的前两次婚姻为无效，为简·西摩的儿子继承王权扫清障碍。克伦威尔颇具远见地增加了一项条款——国王未来任何一位妻子生下的男孩都拥有王位继承权。[54]

1536年7月1日，他被任命为掌玺大臣，每天可以从普尔（Poole）、布里斯托尔、伦敦、普利茅斯和福伊（Fowey）的海关税收中获得20先令的薪酬。7月9日，他被封为奥克姆（Oakham）的克伦威尔男爵。9天之后，他又被封为代理主教和国王在宗教事务上的副摄政。同一天，克伦威尔被授予爵位。

这些任命并不是克伦威尔的唯一收获。他可以任意选择东苏塞克斯的米彻汉姆（Michelham）、埃塞克斯的圣奥西斯（St Osyth）、沃里克郡的奥尔斯特（Alcester）、诺福克郡的大雅茅斯（Great Yarmouth）以及莱斯特郡的劳得（Launde）等处的小大修道院，并将位于剑桥郡的拉姆齐（Ramsay）和索特里（Sawtry）、南威尔士尼思（Neath）的大修道院以及剑桥郡辛金布鲁克（Hinchinbroke）和伦敦城圣海伦（St Helen）的女修道院授予他的外甥理查德。[55]

但有些修道院不会就这么轻易妥协。

1536年9月，代理人们发现诺森伯兰郡的赫克瑟姆（Hexham）奥古斯丁修道院是块难啃的骨头。在距离修道院3英里（4.83千米）的地方，“他们就收到令人震惊的消息，神职人员已经准备好枪支和炮火，随时可能发起战争，人们聚集在同一间屋子，决定采用武力保卫家园”。

克伦威尔的亲信们必须深吸一口气才能稳定心态。4名亲信中的两名，莱昂内尔·格雷（Lionel Gray）和罗伯特·科林伍德（Robert Collingwood），单枪匹马进入了赫克瑟姆，并走向修道院。他们看到：

> 许多人带着镰刀、戟和其他防御武器站在街上，仿佛准备在战争中捍卫一个城镇。
>
> 当他们穿过街口时，城里的钟声响起……修道院里的大钟也响起，人们全副武装向修道院聚拢，莱昂内尔和罗伯特看到城门被迅速关闭。

一名被称为“奥文厄姆导师”（Master of Ovingham）的教士和其他许多人一起出现在屋顶上，他们全部都身披盔甲，并带着弓箭。他们告诉代理人：“我们有20个弟兄，如果你们要占据修道院，我们不惜一死。”

还有五六个腰间绑着剑的修道士站在对面的塔楼和屋顶上。紧张的代理人们被一群人包围着，“两个男人手中都有武器，还有许多女人”。代理人们喊道：“我劝你们乖乖听话，告诉你们的弟兄们，这是我们的要求和国王陛下下达的命令，请给我们确定的答复。”

最后，身着修道士长袍的修道院副院长出示了一份文件，不过令人尴尬的是，这份文件正是亨利对该修道院的租赁确认书。他告诉代理人们：“我们认为国王陛下不应该出尔反尔，我们誓死捍卫我们的土地、物品和房屋。这就是我们的最终答复。”

代理人们仓皇撤退。赫克瑟姆修道院武装抵抗了两个星期，但最后还是投降了，并于1537年3月被拆除。[56]

几个星期后，1536年10月，柴郡（Cheshire）的诺顿小修道院也进行了类似的抵抗。代理人库姆斯（Combes）和博尔斯（Bolles）将院长和修道士赶走，正忙着打包修道院的所有珠宝装箱，却又被返回的院长打断。

这一次，他们带来两三百号人。

代理人们害怕丢掉性命，将自己反锁在塔楼里进行自卫，并派人向柴郡治安官皮尔斯·达顿爵士（Sir Piers Dutton）求救。他向上议院大法官托马斯·奥德利爵士汇报：

我在星期天晚上9点钟才收到信，同一天晚上两点钟的时候，我的朋友们和近在咫尺的租客们过来帮助我。

我发现现场有很多火光，这位院长杀了一头牛，准备了好些食物，招待他的同伙们。

我突然走到他们身边，同伙立马逃窜了，我抓住了院长和他手下的3个教士，把他们带到了国王的哈尔顿（Halton）城堡，并将他们判定为叛徒并处罚款1000英镑。

之后我就看到其他代理人把他们的东西送过来了。[57]

这似乎只是小插曲，更糟糕的还在后头。

1536年9月，克伦威尔等来了期待已久的3个星期的休假时间，终于可以从繁忙的工作中解放出来，在北安普敦好好休息一下了。他于9月23日在温莎城堡正式恢复工作。在10月2日星期一上午，当他正安静地处理了文件和信件时，北部182英里（293千米）以外的林肯郡繁荣的劳斯镇（Louth）市场爆发了一场危险的叛乱。

起因是林肯郡到处在传播关于克伦威尔即将掠夺教区教堂财产的消息。他的管家亨利·汤姆贝克（Henry Thombeck）在斯利福德（Sleaford）附近的市场上听到有人说："教堂的珠宝会被掠夺，之后所有没有标记的牛都会被没收，还要对洗礼和葬礼征税。"巴德尼修道院（Bardney Abbey）的本笃会修士托马斯·马雷（Thomas Mawre）前些天在劳斯教堂看到一个"高个子的仆人"，他公开宣扬"与其带着银盘去乞求教会，还不如迎合国王"。有人怀疑他是克伦威尔的仆人，还有一个会众说他"拉出匕首"

说道："劳斯郡的人们应该为国王和克伦威尔大人准备一顿丰盛的早餐。"唱诗班的歌手托马斯·福斯特（Thomas Foster）在教会游行期间告诉他的朋友们："我们信仰十字架，如果这些十字架被拆除，我们就没有信仰了。"[58]

第二天早上，林肯主教约翰·朗兰（John Longland）的书记官约翰·法兰克什博士（Dr John Frankish）抵达劳斯，可能要向神职人员收税。但是镇民坚信他是来没收他们教会的财产的，于是 80 甚至上百号人将自己锁在圣詹姆士自卫。当法兰克什抵达城镇时，就遭到围攻，账本被夺走并在市场的路口被烧掉。

一名叫威廉·莫兰（William Morland）的牧师（以前是劳斯公园附近被解散的西多会圣玛丽修道院的修士）正好在现场围观，法兰克什请求他："牧师，看在耶稣受难的分上，如果可以，就饶我一命吧！"莫兰帮助他逃出城镇，与此同时，40 个人（有些有武器）追到 1.5 英里（2.4 千米）外的莱格本（Legbourne）女修道院，抓捕那些奉命解散修道院的代理人。在路上，他们遇到了克伦威尔的另一名手下约翰·贝洛（John Bellow）并暴力抓捕了他，他灰头土脸地被囚禁于劳斯的仓库里。代理人约翰·米利森特（John Millicent）、威廉·葛林（William Gleyn）和约翰·布朗（John Brown）也被拘捕。克伦威尔的收款人米利森特和贝洛一样被关进了仓库中。亨利·桑德森（Henry Sanderson）和罗伯特·赫德森（Robert Hudson）要求绞死他们，前者还积极提供木材来制造绞刑架。[59]

幸运的是，他们幸免于难，[60]因为这些暴徒的领袖更想在劳斯制造更多骚乱，第二天需要带领众人赶往 20 英里（35 千米）之外西北方向的凯斯托（Caistor），因为补贴税的收税员们第二天早晨将抵达那里。他们中的牧师们承诺会敲响钟声召唤教区的居民聚集在两个城镇中间的奥福德（Orford）。

第二天，收税员们谨慎地撤到镇外的凯斯托山，但是许多人还是被抓了。当地的绅士伯格勋爵（Lord Burgh）的仆人尼古拉斯（Nicholas）被殴打致死，而他的主人骑马逃走了。俘虏被带回凯斯托，约翰·波曼（John Porman）告诉他们，林肯郡的人们要求停止解散修道院和进一步的税收，并且要求克伦威尔与一些主教，包括朗兰主教和克兰默大主教，前来见他们。[61] 那天晚上，收税员们被迫写信给国王：

> 他们向我确认反抗的原因是，他们听说国王的议会要掠夺教会的所有珠宝和物品，以及您的仁爱而忠诚的子民还要缴纳更多繁杂的税费，他们无法承受这种负担，因为已经处于极度贫穷的境地。
>
> 我谦卑地恳求陛下，请给予他们和我们慷慨的恩典，对他们下达全体赦免令，否则我们将面临巨大的危险，无法再见到陛下，也无法回家。[62]

林肯郡的起义迅速蔓延到霍姆卡斯尔（Homcastle）、拉森市场（Market Rasen）、柯顿（Kirton）市中心，一直到亨伯河河岸以北，星期三晚上，叛乱之火燃烧起来。赫西勋爵约翰，玛丽公主的前管家，写信给林肯市市长罗伯特·萨顿和治安官文森特·格兰瑟姆（Vincent Grantham）告知关于这场暴动的消息：

我今天早上9点听到，在林赛（Lindsey）有一伙叛乱分子。我请求你们维护这个城市的治安，不要让邪恶的叛乱者为所欲为，并派遣人马制止他们。

希望您们能够以合理的价格让弓箭手和造箭者放下弓箭，并秘密处理好这件事。[63]

克伦威尔也从这里听到消息。1月4日，赫西告诉他，“在林赛的另一边有一伙人起事”，第二天又警告说：“这个国家的叛乱分子越来越多了。听说，他们今天来到林肯，但没有这么多人，我相信这是真的。我向我的村民们呼救，他们中大多数人说愿意保护我，但我不会相信他们会与叛军战斗。”[64]

克伦威尔还收到了来自剑桥郡最南端的斯蒂尔顿（Stilton）的马默杜克·康斯特布尔爵士（Sir Marmaduke Constable）的两封信，其中一封包含叛军加入叛乱的誓词：“你们发誓效忠于全能的上帝、基督的天主教会、我们的最高统治者国王，以此书为证，上帝和圣灵[65]保佑你们。”马默杜克还透露，叛军要求保留宗教节日，恢复被解散的修道院，并且“不再向他们征税”。克伦威尔在阅读他们的最后一个要求时想必应该十分震惊，“他们非常希望擒拿他”。[66]

上个星期六，林肯的教区大法官约翰·雷恩（John Rayne）在博林布鲁克（Bolingbroke）主持了一场宗教法庭审理，但后来生病了，所以留在了一个教会牧师的家中养病。霍恩卡斯尔（Horncastle）的叛军在那里找到他，并把他带到一处空地，人群向他发出“杀死他，杀死他！”的尖叫声，内有许多是牧师。其中一个反叛分子布赖恩・斯坦斯（Brian Stanes）后来作证说："霍恩卡斯尔的威廉・哈钦（William Hutchinson）和威廉・巴德尔斯滕（William Balderstene）把他从马上猛地拉下来，让他跪下，并用鞭子把他殴打致死，牧师们继续高喊"杀死他！"。这个被告自己也拿东西敲打大法官的手臂。[67] 他的衣服被撕掉了，身上的钱被分给了"叛军中的穷人"。另外一个人也被杀死了，即曾为王室服务的托马斯・乌尔西（Thomas Wulcie），他被威廉・莱奇（William Leach）指控为间谍，在附近的一棵树上被绞死了。[68] 他迅速而惨烈地死去是否与他的名字与倒台的枢机主教很相似有关？

当地的绅士也加入了叛军当中。在霍恩卡斯尔，他们宣称如果"起义征途顺利"，打算杀死克伦威尔、四五个主教……以及新任大法官（里奇）——"也就是提议夺取教会物资和摧毁教会的策划者"。民众问他们："如果你们擒住了他们，会改变现状吗？"绅士们说："会，因为这些人就是始作俑者。"[69]

叛乱分子现在至少有一万人，他们在10月6日星期五进入林肯，受到城里居民的热烈欢迎。他们破坏了林肯主教宫殿并夺取了在该市存放的野战炮，以此庆祝他们的到来。

同时，在温莎，有证据表明克伦威尔可能低估（如果不是完全误判的话）了叛乱的规模。在度假期间，堆积如山的国家大事让他心烦意乱，因此他单纯地以为，只需要小规模的警察镇压就可以平息那些他认为小事一桩的骚乱。于是他立即写好通函［印着亨里克斯国王（Henricus Rex）的国玺］给忠实的当地绅士："由于大量邪恶的人在林肯郡集会，洗劫民众财产并将他们置于危险之中，请你们务必要确保所在区域的人员和财产安全，并深入那些被叛军占据的地方，与其他忠实的民众一道镇压他们，并在你们认为合适的情况下逮捕他们。”似乎很少有人能透过这些文字看出，亨利政府正面临着不断蔓延的民众反抗，一场内战已经在酝酿中。克伦威尔则采取将敌人妖魔化的方式打击叛乱分子，并开始起草更多的王室信函：

> 国王已经意识到林肯郡的叛军试图谋害他，抢劫和谋杀他忠诚的臣民，强奸和蹂躏良家妇女。为了挫败他们不忠不义、不怀好意的企图，国王（命令绅士们）立即前往那些被叛军占据的地方，和其他忠诚的臣民一道镇压叛军。[70]

现在，真相似乎突然浮出水面，因为国王对那些反对其王权和政策的人已经愤怒到极点。亨利对那些世俗税收专员（他们现在还在林肯郡民众的手上）的回复在克伦威尔的公文里被谨慎地做了修饰，有一种一切尽在掌控中的意味。他并不同情官员的困境，只对王国尊严受到冒犯表达了真正的愤慨：“我们认为这些普通且卑贱的臣民无缘无故反抗王权是一种大逆不道的行为，我们从未打算夺走教区教堂的资产。即使我们真的打算这么做，真正忠诚的臣民也不应该如此暴力反抗我们，也就是反抗王权，而应该谦卑地谋求达到自己的目的。”国王也坚决否认进一步的税收计划，因此在王室信函中痛斥这种行为：

> 他们的集会简直罪不可赦，因此你们务必不顾生命安全

说服他们解散，并将100名主谋用绳子绑住脖子押住送到我们的中尉这里，从而防止他们再做出任何激怒我们的事情，除此之外，没有别的方法可以拯救他们。

这封信以赤裸裸的威胁结束：

我们已经派出了我们的中尉萨福克公爵（Duke of Suffolk）、什鲁斯伯里伯爵、亨廷顿伯爵、拉特兰伯爵、达西勋爵（Lord Darcy）、约克郡海军大臣威廉·菲茨威廉爵士（Sir William Fitzwilliam），以及多名其他贵族及其所率10万人马，同时配备（盔甲）、弹药和火炮，他们根本无法抵抗。

我们还派遣了另外一支强大的军队，一旦他们踏出城门，就会进攻他们的村庄，要将他们妻子和孩子都赶尽杀绝，并且销毁所有赃物，以此警示所有无耻的叛乱分子。[71]

不过，这一切都是虚张声势。这可能会缓解亨利臭名昭著的坏脾气，但这种威胁与其薄弱的地面军队力量形成鲜明的对比。10月9日，萨福克公爵查尔斯·布兰登（Charles Brandon）只带领着一支小型先遣队抵达亨廷顿，“没有武器、炮兵，也没有足够的人马；这些聚集在这里的人既没有盔甲，也没有武器”。[72]

克伦威尔没有成为将领。鉴于他在国内的恶名，他早就预料到，如果自己领导国王的军队，可能被自己匆忙招募的士兵暗杀。令他失望的是，国王命令第三代诺福克公爵托马斯·霍华德以“大元帅”的名头指挥王室复仇军队。查普报告称：“卡莱尔主教（Bishop of Carlisle）说，公爵今天喜出望外，因为这是毁灭克伦威克的机会，而克伦威尔是所有罪恶的源头，也是叛军要求俘获的罪人。”[73] 精明的克伦威尔已经预料到，诺福克公爵一定会抓住这次平叛的机会大涨军威，以此提高他在宫廷中的影响力，加快促成新兴势力克伦威尔的垮台。还有一线生机！诺福克现在面临的首要任务是平定叛乱。

“克伦威尔的外甥今天悄悄地对一个正直的人说”，国王假装表现得非常勇敢，但实际上很担心自己的王位。理查德·克伦威尔最近日理万机：他去了伦敦塔的军械库，获得了大量的箭和其他战争工具，调来一些人前往北方，其中包括 80 名在他叔叔在奥斯丁修道院的住所工作的木匠和泥匠。

10 月 8 日，理查德在伦敦北部赫特福德郡的韦尔（Ware）报告称，他在威瑟姆（Waitham）附近安排了 100 名骑兵，共配有 40 支手枪：

> 我打算在午夜之后到亨廷顿去，尽可能收拢这样的队伍。我今天在路上遇到了一个叫霍尔（Hall）的人，他被林肯郡的叛徒俘虏并宣誓成为他们的队长，但是……逃了出来。他估计叛徒的人数在 4 万 ~5 万之间，而且每天以 500~600 人的速度在扩增。所以我们需要五六百支手枪，还需要一些小型火炮，因为叛军中有许多厉害的弓箭手。我在伦敦给士兵买了 100 套盔甲，因为在这里几乎弄不到。[74]

与此同时，他的舅舅克伦威尔向伦敦周围各郡和英格兰南部的贵族和绅士发出了很多信函，动员部队并派遣特遣队到贝德福德郡的安特希尔集中。这个地方便于向北方进攻，但如果叛乱分子向南行进，这个距离又足够保卫温莎。克伦威尔个人支付了100人的军饷。然后又指示其他部队维护本土安全，并匆忙组建更多的部队保卫国王和王后。

突然，林肯郡的反叛慢慢退潮了。

随着亨利匆忙组建的军队力量不断逼近，由于害怕遭到可怕的报复，叛军仓皇撤离了林肯，回到家中。还沉浸在当兵的喜悦中的理查德·克伦威尔却感到遗憾，因为他没有机会获得战场荣耀。[75] 他愤恨地向舅舅克伦威尔抱怨道："看到他们这么轻易就撤退，我很遗憾，因为我们希望让他们血债血偿。"[76]10月15日，他们已经发出许多向安特希尔召集军队的信函，现在有2万人马已经驻扎在那里了，弹药不得不再送回伦敦。

这是克伦威尔的另一个毁灭性的误判。

在"解除战备状态"命令发出的前3天，有报道称叛军已蔓延到约克郡，还有传闻说"他们打算用马匹运送大批弓箭到约克，现在已经到了兰开夏郡"。[77] 这是10月15日晚确认的关于叛军的新消息。然而，托马斯·赖奥思利却告诉克伦威尔："达西勋爵的消息已经抵达，他宣布约克郡大部分地区乃至整个国家的叛军都已经投降——林肯郡的情况也一样。这件事情像感冒发烧一样，情况时好时坏。"约克郡人决定站起来支持林肯郡的兄弟，但是已经太晚了。"[78] 事情没有改变，谣言和动乱已经肆虐几个星期了。在登特镇（Dent），一位名叫威廉·布雷亚尔（William Breyar）的王室官员遭到袭击，当地的铁匠骂他："你的主子是一个小偷，想摧毁我们的教会。”其他人说：“这不是国王的行为，而是克伦威尔的行为，如果他在这里，我们会将他碎尸万段。”[79]布雷亚尔因此逃过一劫。

但约克郡的起义对亨利的王位造成了更严重的威胁，因为它涉及的范围更广，组织也更得当。克伦威尔也很清楚，如果不能成功镇压这次叛乱，他将脑袋不保。他现在正焦头烂额地凑现金来支付这些匆忙组建的部队，并且“很难凑齐 1 万英镑”。他想到了一个简单的权宜之计，将亨利珠宝库中的盘子熔化，然后兑换成现金。[80]诺福克不断抱怨钱不够支付军饷：“所有人都抱怨，每天 8 便士的工资让人活不下去。”

约克大主教爱德华·李（Edward Lee），以及由达西勋爵托马斯率领的一群当地贵族在庞蒂弗拉克特城堡避难。10 月 15 日，他们向在诺丁汉带领 6000 人军队的指挥官什鲁斯伯里伯爵乔治·塔尔博特（George Talbot）求助：今天我们听说约克有超过 2 万人的叛军，在每个教区叛军还在不断增加，他们举着十字架反抗。

“我，达西，两次写信告诉国王我们的防守很薄弱，但没有回应，也没有得到快速的援助，我们现在处境非常危险[81]。”两天后，约克郡的治安官布赖恩·黑斯廷斯爵士通知了什鲁斯伯里说叛乱分子的数量现在已经达到 4 万，并在上星期一“以大部队挺进约克”。

更糟糕的是，这场叛乱正向西蔓延到兰开夏郡、威斯特摩兰郡（Westmorland）和坎伯兰郡（Cumberland）。10 月 19 日，亨利派遣第三代德比伯爵爱德华·斯坦利（Edward Stanley）的部队前往镇压叛军。

兰开夏郡修道院发生了叛乱，那里的修道院院长和修道士已经被叛军恢复原职了。

我们现在希望你立即镇压他们，逮捕头目，要么立即将他们当作叛徒处死，要么押送回来。然而，如果发生更严重的紧急情况，你们可以前往其他地方进行镇压。你要通过武力把所有的修道院院长和修道士捕获，并且立即让他们身着教士服被绞死。[82]

事件的发展看起来对国王不利。北约克郡首府被攻陷，主要海港赫尔在被 6000 名叛军围困了 5 天之后终于在 10 月 19 日投降。第二天早上，达西在庞蒂弗拉克特城堡投降了，并被叛军劝说加入敌军的阵营。他们自诩是在行"求恩巡礼"，虔诚地高举神圣旗帜，上面绣着基督的五个伤口，下方是神圣的字母组合"IHS"[83] 和圣杯的图案。

约克郡叛军的领导人或队长是罗伯特·阿斯克（Robert Aske），他 30 岁出头的时候曾是一名独眼律师，也曾是第六代诺森伯兰伯爵亨利·珀西的仆人。[84] 他现在控制着庞蒂弗拉克特城堡和乡镇。两天之后，一个来自什鲁斯伯里的信使，人称"兰开斯特先驱"的托马斯·迈尔纳（Thomas Mylner）带来了亨利的声明。他被带到堡垒的大厅，当他正宣读国王的声明时，又被带到阿斯克所在的隔壁房间。叛军领导人"看起来像是一位伟岸的王子，目光严厉，像一个僭主"。阿斯克告诉他：

本声明不得在市场路口，或在支持我们的条款并且誓死坚持改革的同仁中宣读。

我问他条约内容是什么，他说其一是和同伴一起前往伦敦，觐见国王，建议清除议会中的所有邪恶分子，重新树立议会的神圣威望，以此捍卫我们的信仰和上帝的律法，纠正对教会的错误处置。

信使跪下，要求读出国王的宣言。这个请求再次被拒绝。他因辛苦跑腿以及在城外没有做出出格的行为而获得了 2 克朗的报酬。

与此同时，诺福克加速北进。他在纽瓦克向亨利抱怨：“连续两个晚上都没有睡到两个小时，必须休息一下。”在图克斯福德（Tuxford），这个老狐狸又哀叹道：“这是我这么多年来吃的最寒酸的晚餐。”

不久，他又更一步抱怨说，诺福克被迫与约克郡叛军谈判，而不是在战斗中摧毁他们，“以避免大规模伤亡”。大雨几乎使王室炮兵无法行军，分散在中部地区的国王军队太弱，无法在战场上取得胜利。诺福克彻底被命运激怒了：“现在我只能被迫与叛军议和，我已经在绝望的边缘。”

他也对亨利的反应感到害怕，并告诉在伦敦的国王枢密院：“我们害怕的不是与敌人议和，而是寒冷的天气，以及 1/3 以上的士兵没有房屋可住，没有木头生火，人饥马饿，这种境况超乎任何英格兰人的想象。镇上的瘟疫正在暴发，就在我和我儿子所在的修道院附近，就有 12 户人家染病。”[85]

林肯郡的国王军队现在围捕了一些败下阵来的叛军，并对他们进行拷问。约翰·威廉斯告诉克伦威尔，他从未见过“这样的恶棍，他们丝毫没有绅士风度”。他们是“完全没有礼教的人”，当他们被审问时，他们的回答表明“如果他们真的像自己所说的那样了解叛乱的性质，就不会做出这样的蠢事”。[86]

12月，约克郡的叛乱分子在唐卡斯特（Doncaster）的一次会议上公开表达了自己的冤屈和悔恨，于是获得了大赦。得到诺福克含糊其辞的承诺后，他们各自散开了。

在1537年1月初，约克郡的叛乱死灰复燃，起因是有传闻说国王计划以赫尔和斯卡伯勒（Scarborough）作为当地绅士的避难所，以及镇压全国叛军的基地。[87]领导人是在“求恩巡礼”中发挥了突出作用的约翰·哈勒姆（John Hallam），以及叛逃的弗朗西斯·比戈德爵士（Sir Francis Bigod），他长期受困于克伦威尔制定的高利率。[88]他们将飘渺的希望建立在毫无根据的信念上——约克郡和达勒姆的部分地区掀起再次反抗的浪潮。然而，哈勒姆没有占据赫尔，而比戈德的人马在贝弗利（Beverley）遭到袭击，62人被俘。

亨利决定放弃对约克郡反叛分子从轻处理的承诺。叛乱太多了，现在他想要的是以牙还牙。

叛军领导人以及很多制造骚乱的人很快被捕。2月22日，国王敦促诺福克严惩叛乱分子：“你们必须严惩反叛分子，把他们绞死在树上，四马分尸，把他们的头和四肢抛到每一个城镇，以儆效尤。”他兴高采烈地在英格兰西北部的一些地区进行军事管制，逐个县进行处决。在卡莱尔，他认为如果遵照正常的法律程序，那么叛军中受到惩罚的人不到1/5，因为陪审团中都是（带有）同情和怜悯的邻居。

克伦威尔敦促诺福克采用更加残酷的惩罚，嘲笑他说，他在解散修道院方面太过仁慈，在处决叛国分子方面太过手软。诺福克反驳道："无论在何处，我都不是教皇的信奉者，也不是顽劣教徒的支持者。"还补充说，有人提醒他注意"在修道院的饮食"，避免被投毒。

一共有 216 人因叛乱和意图撼动亨利的王位而被处死。其中 44 人来自修道院：包括杰尔沃克斯（Jervaulx）、方廷斯（Fountains）、巴陵斯（Barlings）、索列（Sawley）和里沃兹（Rievaulx）的修道院院长，以及布里德灵顿（Bridlington）的副院长和 38 名其他修道士。甚至不幸的"兰开斯特先驱"的托马斯·迈尔纳也被审判和处决，因为他在庞蒂弗拉克特屈服于罗伯特·阿斯克。[91] 达西勋爵在伦敦受审时愤恨地向克伦威尔坦言道："你才是所有暴乱的源头。我相信，纵然你砍掉了国内所有贵族的头，但是总有一个人会砍下你的头。"[92]

所以克伦威尔必须得奋战不息。1537 年 7 月，他向托马斯·怀亚特爵士吹嘘："这个国家已经逐渐走向安宁与和平，情况渐佳。叛徒已经被处决，达西勋爵被关进了塔丘，赫西勋爵在林肯被处决，阿斯克（在约克城堡的地下室）被绞死。其余人都在泰伯恩刑场被处决，所以目前看来，所有的敌人都被铲除了。"[93]

第六章

明目张胆的腐败

> 没有哪位领主或绅士真心喜爱或认同掌玺大臣，因为他是财富的掠夺者。他不会为任何人说话、求情或做事，眼里只有金钱。
>
> ——乔治·波利特，1538 年[1]

保存在伦敦国家肖像美术馆的克伦威尔画像，大多由宫廷画家小汉斯·荷尔拜因（Hans Holbein the Younger）所作，[2]从这些画像中可以看出，随着岁月的流逝，他逐渐变得肥胖。精细的食物、葡萄酒以及长时间的伏案工作对身体的影响开始显现。[3]

但是，如果你仔细观察这些图像，会发现这个神秘男人身上几乎没有显露出任何关于其本性的线索。他的额头短小而饱满，那双耷拉着的灰色眼睛凝视前方，如同狮身人面像，掩盖了所有情绪。很明显，他陷入了沉思，似乎完全察觉不到艺术家的凝视。

其中最著名的那幅画像[4]可能创作于 1533 至 1534 年的某个时候，他穿着肃穆的黑色毛边长袍，坐在一张木镶板的靠背长椅上，深蓝色锦缎覆盖着他身后的墙壁。他看起来非常像一个做大宗商品交易的成功商人，他那胖乎乎的手指上戴着大戒指，彰显着富贵的气质。他面前的狭窄桌子上盖着土耳其桌布，上面放着一本合上的书。还有一个柔软的皮包，里面是他的私人印章、羽毛笔和一把用来修剪它的剪刀。桌上一堆羊皮纸上面放着一张纸，其中的一小行字揭示了画像主人公的身份和地位："致克伦威尔大人，我们最可信和可敬的珠宝库主管"。正如我们所看到的，他于1532年4月14日被任命为这个职位，第一年与约翰·威廉斯爵士共同担任，并兼任大量其他政府机构的或重要或次要的职位，直到他死去那天。因此，这幅画像很可能是国王出于感恩而赠送的礼物，毕竟克伦威尔被委托保护亨利心中最在意的东西——财富。

克伦威尔鲜少向外人透露自己——尤其是内心的想法，因而他的画像本身就是一个谜，这个头衔的出现更加表明这一定是在克伦威尔为王室服务的早期阶段所作，然而顶端的卷轴上却又清楚地写着他是"埃塞克斯伯爵"——这个头衔是他在1540年那段至暗时刻获封的，所以这应该是后来又加上去的。

像许多白手起家的男人一样，克伦威尔热衷于穿戴奢华的服饰，以彰显自己日益增长的财富。他在主要大宅的各个门口每天两次向200名贫穷的伦敦人施舍面包、肉类和酒水，显示了他雄厚的财力和持之以恒的慷慨施舍。[5]他主要关注甚至痴迷的是房产的积累，他不断地改善自己的住所，经常在几个地点同时进行扩建。在这些宏伟的建筑项目中，金钱从来都不是一个问题。他将它们视为彰显其在英国政治和治理方面与日俱增的影响力的另一种手段。在1536年，他满意地记录了所有"我上任以来为国王陛下所做的事情”——在菲尔兹（Fields）购买圣詹姆士（St James），在那里建造“一座宏伟而美丽的房子”，并在它周围开辟一个公园，拆除旧房子，为威斯敏斯特宫的新花园、网球场和斗鸡场腾出空间。[6]克伦威尔现在在主人的带领下不断为自己谋取大量房产。

他的第一个住所位于伦敦城东墙外的斯特普尼，自1524年开始出租出去，但是在1535年之前，转移给他的外甥理查德。[7]一份1527年6月的清单记录了他在为王室服务之前的生活方式和财产。房子里有3个寝室、1个大厅、1间配膳室、新旧各1间会客室、厨房、洗手间和各种侧室。他共有31个餐具，其中包括镀银的酒杯、镀银盐碟、1个镀银啤酒壶和3个贵金属制作的大酒杯。值得注意的是，克伦威尔当时可能还遭受了短暂的财政窘境：库存记录员记录了6件带盖子的镀银餐具、2个镀金酒壶、1个盐碟和1把警卫官的仪式权杖，这些全都当给了当铺。克伦威尔的新房间里保存着大量服装，包括1件深茶色的锦缎面长袍，1件狐狸皮面的保暖睡袍。在寒冷的冬夜，他睡在“1张支架床”的垫子上，“四面都是红绿相间的羊毛布制成的窗帘，以及镀金的铃铛”。他还拥有12件紧身上衣，其中5件是黑色缎面的，2件是猩红色的，还有12双手套、9条黑色短裤。我们可以想象，他坐在房间里的抛光钢质镜子前，从4个载人家庭资产的盒子中拿出一把骨质梳子，梳理自己的头发。房里还有4张“写字台”，其中一张上面放着镀锡的墨水池。角落里竖立着一块“刻字和镀金”的石碑，上面写着“我们主的诞生”，两边是两座黄铜质的烛台，象征着他个人私下的宗教信仰。有些人可能会觉得很讽刺，因为后来克伦威尔自己主持了圣像摧毁活动，在国王的支持下，这些圣像突然变成了偶像崇拜的证据。

他已经积累了相当数量的珠宝，总价值为 64 镑 11 先令，按照 2006 年的价值计算，相当于 22500 英镑。这包括手指上的 3 枚金戒指："一枚镶嵌钻石、一枚镶嵌红宝石的金戒指"，还有一枚"镶嵌心形的绿松石"，镶绿松石的戒指可能是妻子赠给他的礼物。还包括具有宗教意义的 2 件珠宝：1 件神羔（背着十字架或旗帜的天主羔羊）与圣母及圣乔治在一起的金质雕像，以及 1 枚"上面有抹大拉的马利亚形象"的金质胸针。最后一部分珠宝首饰在克伦威尔自己的手中，具体而言有 9 件无价之宝，包括"镶金钻石三角架"和"包含 8 颗珍珠的项链"。这些宝物难道是他做高利贷生意时最后获取的抵押物？

大厅装饰着镶红色和绿色边的挂毯，厅里有 6 件分别铺着绣有红玫瑰的绿色毯子[8]的家具，1 张搁在木架上的木桌，6 张镀金的脚凳，3 张"女性用的小镀金椅子"。还有一张帆布衬板，以涂金工艺张扬而忠诚地描绘了枢机主教沃尔西的手臂。在一些特殊场合，克伦威尔会用 12 件镀锡的餐具进晚餐。

在房子的其他地方，有两幅帆布地图，描绘着当时已知的世界，[9] 他可能借此回忆之前在欧洲旅行以及帮助沃尔西在海外获取利益的经历。

克伦威尔那雷厉风行的管家后来在思罗格莫顿（Throgmorton）街拆毁了两座"老房子"，以便在伦敦城西北布罗德街区的奥古斯丁隐修院正南面建造一座新的"非常宽敞的房子"。如今那里用作德雷珀公司（Drapers' Company）的大厅[10]，但当时它是首都的一个时尚住宅区，富有的意大利商人生活在修道院的住宅内，而西班牙大使尤斯塔西·查普的家就在教堂附近。[11]

这座房子建在修道士们的土地上，挨着教堂院落。克伦威尔贿赂了修道院院长乔治·布朗（George Brown），从1532年起租用这座房子，租期为99年。这个院长是个贪得无厌之人，以至于在1533年的复活节布道中，他敦促会众为安妮王后（博林）祷告。会众走出教堂时对他的这番号召愤怒地表示了抗议："真是一桩令人大跌眼镜的丑闻。"[12]他对克伦威尔的效劳获得了适当的回报，第二年4月即被任命为英格兰修道院监察员[13]。克伦威尔利用一系列下流的手段来迫使这些修道士同意他获得新居。

在1534年，一个匿名的告密者——毫无疑问，这名修道士受到大笔贿赂的诱惑——在一封很潦草且错字连篇的信件中声称，修道院的会众遭到驱赶或者忽视，因为那些修道士终日都在啤酒屋与一帮猪朋狗友喝酒。修道院的规则名存实亡，那里就像"群魔乱舞的地狱"，而是新任院长托马斯·哈马德（Thomas Hamond）的权威不足以维持纪律。此外，修道院及大门均无人守卫，"门外的伦巴第人快活地交换着妓女"。[14]即使用现在的眼光来看待这封信，也能感受到无耻之徒克伦威尔所用的恶劣勒索伎俩。

这笔敲诈勒索，加上奥斯丁会修道院高达300英镑（或今天的10.4万英镑）的遗留债务，哈马德不得不乖乖顺从克伦威尔向他强加的所有要求。1538年，哈马德和剩下的12个修道士终于还是放弃了这座年收入为57英镑的小型修道院。[15]

克伦威尔希望建造一座与其不断增长的威望和地位相称的豪宅，拥有迷人的花园供他漫步和享受一些私人生活。建筑工程的主要部分大约在 1536 年年底完工，但他对剩余的土地面积不满意。60 年后，伦敦都铎古董商人和地形学家约翰·斯托（John Stow）描述了克伦威尔对这个问题的创新解决方案："他把毗邻北部的花园栅栏[16]（突然）拆除了，往前推进 22 英尺（6.71 米），直接侵入他人的地盘，然后画界线，挖沟槽，铺设地基，最后建造一堵高高的砖墙。"

更糟的是：

> 我的父亲在那里有一个花园，还有一间（租来）的房子就在他的花园栅栏附近。他们拔地建起的房子直接侵入我父亲的花园，距离有 22 英尺（6.71 米）。
>
> 在我父亲听到消息之前，没有人通知过他，当他就侵入私人土地的问题质问测量师时，也没有人答复他，只听说是奉托马斯爵士的命令办事。

没有人敢与克伦威尔争辩，或者在他的怒火上浇油。那一年，斯托的父亲仍然不得不为这处地产支付 6 先令 8 便士的全额租金，尽管事实上只有一半属于自己。斯托伤感地补充道："我也只能接受这样的事实：一个人的突然得势会使他忘乎所以。"[17]

奥斯丁修道院仍然是克伦威尔首选的伦敦住宅，因为它地理位置非常便利，位于威斯敏斯特和格林尼治宫殿之间，而且靠近伦敦塔。这座房子不断被扩建和改进，直到 1539 年年底才完工。他还获取了其他房产：一个位于伦敦北部的伊斯灵顿（Islington）教区卡农伯里（Canonbury）的农场，很快又获得了哈克尼

（Hackney）庄园[18]，这以前归耶路撒冷圣约翰骑士团（Knights of St John of Jerusalem）所有，于1535年通过第六代诺森伯兰伯爵（6th Earl of Northumberland）亨利·珀西被转移给亨利国王使用，最终于当年9月24日正式转到克伦威尔名下。[19]

他心目中最喜爱的住所可能是温布尔登的庄园，包括温布尔登北部萨里教区、普特尼、莫特莱克（Mortlake）、罗汉普顿（Roehampton）、东希恩（East Sheen）、巴恩斯（Barnes）和旺兹沃思部分地区的土地。[20]这个地区是他在动荡的青年时代常去的老地方，他想必很高兴能够成为那里的庄园主人。1534年，当亨利授予他60年的所有期后，他又租赁了在旺兹沃思的奥尔法欣（Allfarthing）庄园，并在1539年花费403镑6先令8便士从第一代萨福克公爵查尔斯·布兰登处购买附近的邓斯福德（Dunsford）庄园，进一步扩大房产的持有量。[21]

在他担任政府职务的早期阶段，克伦威尔拥有超过100个或更多依靠他生活的家臣，他们全部都着深灰色服装，其中绅士穿天鹅绒的衣服，仆人则穿着长袍，"围裙大得能够让他们的朋友席地坐在上面"。[22] 1537年6月，他花费60镑为"各种仆人置办绿色大衣"，又在1538年7月[23]花费53镑5先令10便士为52名绅士置办黄色天鹅绒大衣。他还雇了一个名叫托马斯·罗斯（Thomas Rose）的牧师。[24]

他的妻子伊丽莎白在1529年前后去世，随后他一直没有正妻来伺候他奢靡的生活，但他显然不缺女人的陪伴。1537年，当他与那名粗暴的老兵诺福克住在一起时，公爵开玩笑说："如果你可以不调戏我妻子的话，我可以帮你找个年轻的丰腴女子。"[25]

克伦威尔喜爱邀请各路名流雅士来他的豪宅，以此炫耀他那名副其实的财富。经常在奥斯丁修道院与他吃饭的查普曾如是评论克伦威尔："他的生活十分奢华，耽溺于钱财和恭维话，并且非常喜欢将住宅或者建筑装饰得富丽堂皇。"[26]他现在拥有足够的资金来沉迷于奢侈品，例如，吃饭用银盘。[27]律师约翰·奥利弗（John Oliver）回忆说："我确实在晚饭中听到这样的交流，这是我开始转而相信福音的真正原因。"国王的牧师之一托马斯·斯塔基（Thomas Starkey）非常享受在晚餐期间听到关于"上帝、自然、政治和世俗"的话题。[28]

幸运的是，克伦威尔在1537—1539年的账单保存下来了，其中详细而清楚地记载了他在权力巅峰时的日常生活。[29]抛开严肃的国家事务，克伦威尔有时会摘下严肃而神秘的面具，流露出俏皮、天真的一面。例如：1537年2月，会计支付给他的亲信赖奥思利15英镑，这名亲信是他和玛丽公主的撮合者，声称"我的主人是公主的情郎"。谁承想，这样一个看似腼腆且忸怩的"求爱者"，同样也是求恩巡礼事件中残暴的复仇者，还是迫害那些蔑视《至尊法案》的人的总指挥。

业余时间，克伦威尔似乎很喜欢赌博，特别是玩骰子（赌注通常很大），虽然他因为输掉一场保龄球比赛只损失了1英镑。他的运气一直不太好，这3年的赌博亏损总额至少为150英镑，按照2006年货币价值计算，超过5万英镑。大部分债务是在玩纸牌和骰子的过程中产生的，当时的玩伴包括一些侍从或官员：沃尔特·克罗默（Walter Cromer，亨利的苏格兰医生）、威廉·波利特爵士（王室的主计长）或理查德·里奇爵士（贪婪的土地没收法院大法官）。根据里奇的失信记录，[30]我们有理由怀疑克伦威尔当时有作弊行为。其他参与赌博的人还包括1538年的伦敦市长，杂货商威廉·福曼（William Forman）（骰子的赌注较低，因为克伦威尔欠他的债务只有20先令，用4便士硬币计算）和名字令人头疼的巴斯德·福尔肯布里奇（Bastard Falconbridge）*。[31]

大量现金还可能付给了嗜赌如命的国王，他们常常在漫长的深夜在格林尼治宫和威斯敏斯特宫里无休止地赌博。1538年8月，在英格兰南部举办隆重的王室典礼期间，亨利在东苏塞克斯的曼菲尔德市（Mandfield）通过玩骰子可能赢了掌玺大臣克伦威尔11镑12先令6便士。毫无疑问，这个“老赌徒”赢得很痛快。因此，我们有理由将掌玺大臣克伦威尔在1537年9月“一晚中的不同时间”支出的18镑13先令4便士归结于在赌博中连续输给国王。

一笔金额特别大的支出尤其引人注目：1538年11月1日，克伦威尔支付给亨利信赖的枢密院“疏通人”安东尼·丹尼（Anthony Denny）2553英镑（按现代价值折算为94600英镑），“为国王所用”。这不是赌债，一些证据表明这可能是一笔贷款，虽然在28天之后全部偿还了，但没有利息。这是阿谀奉承的克伦威尔经常送给国王的礼物。在1539年6月，克伦威尔为此还支付给首席纹章官吉尔伯特·德西克（Gilbert Dethicke）19先令，“为国王的一头怪兽购买一个天鹅绒衣领”。我们会知道这是什么野兽吗？

克伦威尔的主要娱乐是音乐和戏剧。他对演员和音乐家有各

---

* bastard的意思是“私生子”。——编者注

项支出：1537年6月向伊丽莎白公主的歌手支付了6先令8便士，在7月向国王的长笛手支付了7先令6便士。那年的圣诞节一定是一段快乐的时光，克伦威尔向3场表演的戏剧演员团队总共支付了2镑10先令。但是没有看到他自己手下艺人的踪影，也许他们正忙着在全国各地上演关于主人的宣传剧，并准备在他面前表演呢。另外，他还在自家的音乐制作上有所花费，例如1537年4月“支付给马克·安东尼奥（Mark Antonio）13镑6先令8便士，购买他供应的肖姆管和其他乐器”，以及在翌年1月份付给“韦斯顿2镑10先令英镑购买一把鲁特琴[32]”。

根据一份账单，克伦威尔还花费16先令为亨利著名的宫廷小丑威尔·萨默斯（Will Somers）购买了一个天鹅绒手提包，这可能是为了打赏这个驼背的侏儒和他的杂技猴子在奥斯丁修道院的表演。萨默斯是唯一一个在国王最后的暴躁岁月里与国王交情甚好的人，因此这也许是克伦威尔私下贿赂王室亲信的一个手段。[33]克伦威尔可能认为，如果不雇用自己的小丑，那么自己的生活会有缺憾，因而在1538年11月，他派威廉·兰巴德（William Lambard）越过英吉利海峡到加来，接回安东尼奥作为自己的“小丑”。他宣称此次旅行费用是5先令。下个月他又支付了34先令6便士用于“给安东尼奥的外套配上铃铛”，从而将他打扮得更花哨、华丽、滑稽，以分散和减轻繁忙的国事给自己带来的压力。开怀大笑也许能够使克伦威尔紧闭的双唇有所舒展，当安东尼奥忠诚地为他表演翻筋斗或者打趣时，这个沉默寡言的掌玺大臣也会会心一笑。这个小丑应该表现得很不错：他第二年继续受到雇用，因为管家托马斯·撒克（Thomas Thacker）曾向袜商劳伦斯支付 22 先令 6 便士，为小丑制作丝袜。大约在同一时间，克伦威尔“向雷诺兹先生的仆人支付了 10 先令购买一笼金丝雀鸟”，并送到他的一处住宅。

显然，克伦威尔的职责有时也包括自费安排豪华的宫廷假面剧或精心制作音乐剧，因为这些都是都铎君主的最爱。根据 1538 年 2 月的记录，该月在宫廷安排了一两场这样的戏剧。磨坊工人克里斯托弗因提供亚瑟王骑士的道具收到了 10 镑 7 先令 11 便士，另外还因为“干活和提供工人”获得了额外的 3 英镑，他们当时应该在搬运舞台道具。他还因为“裁剪和刺绣”获得 21 先令 2 便士，这些服装用于在国王面前表演的戏剧《神的旨意》（*Divine Providence*）。显然，这些都是道德剧，不过也包含了一些涉及玩具马（木质玩具马）的喜剧情节，玩具马的制作和绘制花费了 33 镑 17 先令 6 便士。同一个月，他又支付了 5 镑 10 先令 5 便士给一个叫作海伍德（Heywood）的人，他可能是同一部假面剧中的导演，也可能是另一出戏剧的导演。还向在泰晤士河上护送“海伍德往返宫廷”的船员们支付了 16 先令 8 便士，罗宾·德罗米（Robin Dromey）和他的同事收到 20 先令，因为他们“在克伦威尔向国王展示假面剧的时候等了他两个晚上”，意大利工程师乔瓦尼·波蒂纳里（Giovanni Portinari）因为其他“该剧”相关的劳务收到 25 镑 11 先令 5 便士，他很可能为该剧建造一些华丽的临时建筑作为布景，或者提供了一些舞台道具。令人惊讶的是，一贯严肃的克伦威尔亲自参与了这些精心设计的戏剧：1537 年 1 月，他付给了裁缝法伦（Farleon）13 镑 13 先令 8 便士，为“自己在假面剧中的角色”制作了服装。想必这一定是一件华丽的衣服，我们只能猜测他扮演了什么样的角色。

克伦威尔也喜欢狩猎，无数笔账目都涉及隼和鹰、灰狗、西班牙猎犬，以及与他的弩弓相配的新箭。

我们还可以从这些账目窥见掌玺大臣的饮食状况，其中大部分是众多有求于他的人送的礼物。别人送的或者管家买的食物包括：牛肉、羊肉、雄鹿、野鸡、鹧鸪、阉（公）鸡、鹌鹑、鹅、海鸥、天鹅、母鸡和兔子，还有一些更具异国情调的食物：杏仁和橘子；姜和肉豆蔻，后者在当时是昂贵的奢侈品。水果和蔬菜包括樱桃、苹果、柑橘、醋栗、豆类和洋蓟，最后的一样显然是他的最爱，来自汉普敦法院的王室花园。还有各种不同的鱼和贝类：鳕鱼、牡蛎、鸟蛤（来自海军上将威廉·菲茨威廉爵士）和两只分别于1537年6月和第二年5月运抵的海豚。一些食物来自王室厨房，例如1537年12月来自“糕点师”的果馅饼，但也有定期供应的食物，比如热情的“比格斯太太”带来的“牛肚和布丁”，她的仆人每次送来食物时总会获得2先令的小费。克伦威尔还在1537年6月20日向国王酒窖管理员“希尔先生”支付了一笔400英镑的“全额款项”。这种交易是纯粹对王室酒窖的“偷梁换柱”，还是克伦威尔借此进行私下交易？[34]

总的来说，由于购置了更多房产和雇用了更多的仆人，掌玺大臣的各种家庭支出成本从1537年的每月大约90英镑增加到了1552年的300~400英镑。

克伦威尔一直都非常热爱珠宝。他明显地与金匠科尼利厄斯·海斯（Cornelius Hayes）进行了交易，不时地向他支付“20英镑的报酬”，但他最昂贵的支出是在1537年11月从一个叫杰宁斯（Jenyns）的珠宝商那里购买了一颗钻石和一颗红宝石，花费了2000英镑，以今天的价值计算竟高达74.1万英镑，可想而知当时他积累了多少财富。这个“价值连城的红宝石”可能由“安特卫普的约翰”镶嵌到一枚戒指中，随后的一个月，约翰又向克伦威尔收取了15先令作为手工费，又因为戒指上的金子收取了29先令。这是第一笔付给这位荷兰珠宝商的佣金，后面他又陆续花费19镑7先令制作了一个重量为53盎司（1502克）金杯和金盖，这是在1539年送给亨利的新年礼物。这些珠宝被直接送到亨利的秘密珠宝库。这些价值连城的珠宝由一位谨慎的王室看护人紧密看守着。莱尔子爵的伦敦代理人、加来代理人约翰·赫西描述了1538年1月的送礼仪式：“国王（在接见厅）靠着橱柜，接收所有的礼物。同时托克先生[35]站在橱柜另一边记录所有献上来的礼物。国王的身后站着金斯顿先生[36]和约翰·罗素爵士，旁边站在赫特福德伯爵和掌玺大臣。”[37]

至少在1534年和1539年，克伦威尔可以感到欣慰，因为他获得了国王回赠的最贵重的礼物（以银镀金的重量和价值计算），这是他继续得到王室肯定的象征。[38]在其后一年，克伦威尔继续向王室提供礼物，同时还向王室家庭成员提供大笔金钱：给亨利枢密院的绅士们36英镑，给国王的四位礼仪官4镑10先令。那些给他送礼的人收到了104镑16先令的回赠。这一切都是为了讨好国王身边的人。

他在医疗方面的开支使我们能够了解克伦威尔当时的健康状况。克伦威尔的身体在1537—1539年间似乎整体上很好。早在1535年3月初，他就患了一种“湿疹，会导致他的脸颊和眼睛肿胀”。[39]这给他造成很大的打击。4 月 17 日，国王来到奥斯丁修道院探望这位忠实大臣，询问他的身体状况。克伦威尔直到 1 月 1 日才恢复任职。[40]一位名叫福里斯特的外科医生在 1537 年 2 月份收到 5 先令。11 月，克伦威尔请求约翰·巴恩斯给自己进行治疗，因此他向这位“医学博士”支付了“20 个克朗”，也就是 4 镑 13 先令 4 便士。当月晚些时候他又召回福里斯特做更多的治疗——在都铎时期做这些治疗通常是非常痛苦的，他又为医生的服务支付 10 先令。他于 1538 年 4 月中旬再次为克伦威尔进行治疗。在 5 月初，他向克罗默博士（在圣詹姆士的那位）支付了两笔款项，但是这些是用于专业咨询，还是用于偿还日常赌债，我们也难以确定。7 月，药剂师菲利普因“为我的主人提供必需品”收到了 13 镑 11 先令。而在 1539 年 1 月，克伦威尔可能伤到了腿，以“12 便士”的价格购买了用作“腿”的拐杖。有人称他当时的走路姿态很笨拙，一条腿看起来比另一条腿稍长，这次治疗可能持续了很长时间。[41]他不可避免地肥胖了许多。

1337 年 8 月 26 日，克伦威尔颇感自豪地在温莎圣乔治礼拜堂接受了最高级骑士勋章，[42]，他的账单里也体现了为这次荣耀的典礼支付的费用。第二天，理查德·克伦威尔代表他向教堂司事、院长和其他官员，还有在一旁等候大人受礼的国王仆人慷慨地支付了共计 25 英镑的小费。传令官、嘉德纹章官克里斯托弗·巴克（Christopher Barker）因为为克伦威尔提供长袍获得了 10 马克（6 镑 13 先令 4 便士），还因为组织典礼有功获得了额外的 5 马克。

毫无疑问，掌玺大臣给小费非常慷慨——这些都是推动政府运作的润滑剂，但是，公平地说，他在施舍穷人方面也很慷慨。

他的账单记录了多笔详细的亲自捐赠明细，还有他的随从以他的名义捐赠的明细，所有的记录都非常清晰谨慎，就像税务一样。例如：

> 1537年7月20日：在温莎施舍给两个可怜的男人16便士，给3个可怜的女人12便士。
>
> 1537年8月21日：在斯科普（Scorpe）大人的公园施舍给两个可怜的男人和1个女仆2先令8便士。[43]
>
> 1537年9月12日：在圣詹姆士宫给穷人每人2便士。
>
> 1538年4月30日：在普特尼施舍给12名贫困妇女4先令。
>
> 1538年6月28日：给伊普斯威奇施舍给1个穷人15先令。
>
> 1539年2月24日：斯蒂芬·福克斯（Stephen Foxe），施舍在圣保罗大教堂门口乞讨的穷人6先令8便士。
>
> 1539年4月4日：在伦敦附近的监狱里给托马斯·布罗克（Thomas Broke）6镑1先令8便士。

一位18世纪早期的匿名作家，也是克伦威尔的拥护者，描述了一件可能并不真实的逸事：掌玺大臣和克兰默大主教坐在马车上，经过伦敦的齐普赛街，恰好认出一位老太太。她来自米德尔塞克斯郡的豪恩斯洛（Hounslow），他突然想起前几年欠40先令。“他立即下令其中一名仆人将她带到自己的住宅。当他从宫廷回到家后，他不仅偿还债务，而且还为她安排了每年4英镑的养老金和一件新衣服，直到她死去。”[44]

这位作家还写了另一则关于克伦威尔乐善好施的故事，但这可能不完全是捏造的，因为这个故事在1609年的伦敦流传甚广。佛罗伦萨银行家弗朗西斯科·弗雷斯科巴尔迪（Francisco Frescobaldi）曾在意大利雇用过年轻的克伦威尔，但是现在败落了，他来到伦敦，想收回那些残酷无情的英国商人欠他的1.5万多意大利金币，当时的价值已超过了2600英镑。

同样，他们又在大街上偶遇了。克伦威尔当时正在去往威斯敏斯特宫的路上，看到这位银行家之后立即下马，“并深情地拥抱他，眼里几乎淌出泪水”。他们后来大概在奥斯丁修道院再次见面，当时有许多上将和其他高官在场，都为这位意大利人能够受到如此款待感到惊讶。“阁下，”克伦威尔说，“我非常高兴能够见到这位恩人，你们无须感到惊讶，因为是他成就了今天的我。”说罢，他猛地打开保险箱，这个“满怀感恩的朋友”为弗雷斯科巴尔迪提供了现金，让他购置衣服，并安排他住宿，然后拿出4个鼓鼓的钱袋，里面装着1600块金币，还给他提供了其他实用的帮助。他要求“清楚地列出弗雷斯科巴尔迪的债务人的姓名和他们的居留地址，并把这份清单交给一名仆人，要求他们15天内偿还这些债务，否则如果惹怒弗雷斯科巴尔迪的话，后果不堪设想”。[45]

毫无疑问，这些债务迅速得到偿还。

克伦威尔还有其他的债务需要操心，因为他那个愚蠢而无能的儿子格雷戈里。1537—1538年间，这个溺爱儿子的父亲总计支出超过420英镑的现金（按照2006年的价值折算为15.6万英镑），不过当年已经23岁的格雷戈里于1537年8月3日在莫特莱克与伊丽莎白结婚之后，这部分支出开始减少。他的儿媳是安东尼·乌格特雷德爵士（Sir Anthony Ughtred）的遗孀，也就是简·西摩王后的妹妹。格雷戈里一直想迎娶肯特的托马斯·内维尔爵士（Sir Thomas Nevill）的女儿，并多次“讨好”他的父亲。但对于儿子的婚姻，克伦威尔另有计划。托马斯爵士于 1535 年 3 月 10 日写信给他：“你选择了另一位贤良淑德的儿媳，我感到失望。”他女儿最后嫁给了克伦威尔的随从理查德·索思韦尔爵士。[46] 西摩家给了格雷戈里 50 英镑用于结婚开销，无疑后来西摩家也很纵容格雷戈里伸手拿钱。以下是他的开支，体贴的克伦威尔为他包揽了所有费用：

1537 年 1 月 7 日：两个带有金边的帽子，9 英镑。

1537 年 1 月 19 日：格雷戈里先生去威廉斯先生那里，钱包里带了 6 镑 15 先令，实际花费了 2 英镑。

1537 年 5 月 7 日：亨利·道斯（Henry Dawes）为格雷戈里先生买东西花费 16 镑 6 先令。

1537 年 6 月 1 日：磨坊工人阿尔伯特卖给格雷戈里先生金银镶边的天鹅绒披肩，费用是 9 镑 10 先令 2 便士。还卖了一把剑和一把匕首给格雷戈里先生，费用是 1 镑 11 先令。

1527 年 6 月 18 日：格雷戈里先生花费 5 英镑。还花了 3 英镑为自己买了 3 件衬衫。

1538 年 12 月 23 日：弗莱彻为格雷戈里先生花费了 1 镑 17 先令 10 便士。还给格雷戈里先生买了一件披肩，花费 4 镑零 $10^{1/2}$ 便士。

1539 年 1 月 7 日：格雷戈里先生支付给鞋匠 4 镑 8 先令

8便士。

1539年1月11日：格雷戈里先生的马具，花费11镑12先令。

1539年1月13日：裁缝法利昂（Farleon）为格雷戈里先生制作服装，3镑8先令$6^{1/2}$便士。

关于所有这些支出，父子之间是否有过争执？可能没有，因为这些开支的频率明显证明格雷戈里是父亲的掌上明珠，而且他也很乐意以这种方式彰显自己的雄厚财富。

这些财富从何而来？

根据他的收款员托马斯·波斯特德（Thomas Polsted）报告，从1534年（9月29日）米迦勒节开始算起的12个月内，克伦威尔的总收入为4011镑17先令$4^{1/4}$便士，按今天的价值折算近150万英镑。[47] 克伦威尔在同一时期花费了3290镑13先令，其中近1200镑是家庭和建筑支出。有一点非常有意思：这个时期安妮·博林的开销也不过才3840镑。掌玺大臣和王后在支出方面相差无几。

克伦威尔的收入来自3个方面：土地收入；王室职务收费；可观的养老金——由那些有意讨好他的人支付。土地和租金的总额超过400英镑，在此期间所占的比例最小。克伦威尔现在已经兼任各种各样有利可图的政府职务和闲职，所有这些都给他带来年薪。他的卷宗保管及主事官和英格兰大法官法院记录官（Mastership of the Rolls）职位的工资是每年4镑1先令6便士，但除此之外还有英格兰管家约翰·赫西勋爵每年赠送的一大桶

（252 英制加仑或 1146 升）葡萄酒，以及耶路撒冷圣约翰骑士团每年进献的 12 码绒面呢。克伦威尔担任财政大臣每年能够领到 65 镑 10 先令的薪水；作为国王珠宝库主管的薪水是每年 75 镑；作为书记员的薪水是每年 58 镑 6 先令 $^{1/2}$ 便士；作为王后土地管理者的薪水是每年 20 镑。他还因掌管御玺获得一笔每年 94 镑零 $8^{1/2}$ 便士的收入。还有从一些其他的小职位中获得的 32 镑的年收入。那些支付年金的人中有一些是宗教团体的领袖：历史证明他们的投资是不明智的。

第二年，即 1535 年 9 月 29 日至 1536 年 7 月 21 日间，克伦威尔的收入几乎翻了一番，达到了 7965 镑 19 先令 11 便士，[48] 主要来自物业投机所得及其年金增值——其中包括温彻斯特主教斯蒂芬·加德纳支付的 20 英镑。但他的开支也跳升至 7871 镑 9 先令 7 $^{3/4}$ 便士，反映了他在建筑工程中投资巨大。随着修道院的解散，克伦威尔的年金、职务便利及非正式高利贷业务所带来的收入在 1537 年达到 12548 英镑，相当于 2006 年的 465 万英镑，其后两年的收入基本保持在这一水平。诚然，这笔收入中有一部分是收回的借贷本金，但事实是，他的财富也许仅次于国王和诺福克公爵。

毫无疑问，他正在通过贿赂的方式瓜分王室的金钱——侵占修道院私有化的收益。他的账户记录了一些银和金的销售量，这些看起来像从解散的修道院中获取的赃物。1538 年 10 月 9 日，“金匠加布里”交给了他 18 镑 19 先令 4 便士——可能是掌玺大臣从诺丁汉郡伦顿（Lenton）修道院分的一杯羹。[49] 马丁·鲍斯（Martin Bowes）是珍稀物品的另一个购买者，他在 1539 年 10 月 11 日向克伦威尔购买了“银器”，又在同年 11 月 16 日总共花费 247 镑 11

先令购买了“144 1/2 盎司黄金”。在1539年年初，“金匠特拉普”也向克伦威尔分期支付了共计1348镑15先令2便士的钱款，最可能的是克伦威尔将修道院的黄金物品和珠宝卖给了他。事实上，有一张收据还留存下来：赫特福德座堂主任牧师支付69英镑购买了“克伦威尔卖给小特拉普的珠宝”。1539年10月21日，克伦威尔的管家撒克代表他以97镑16先令11便士的价格出售了一批“金币和银币”，这些金币和银币可能为了充分条件将圣器熔化后制成的。其他交易更明显地反映出利用了他掠夺修道院的战利品：

> 1539年1月21日：威廉·劳伦斯（William Lawrence）购买了他出售的伊普斯威奇圣母教堂的东西，价值21镑19先令7便士。
>
> 1539年12月1日：圣杯、伊普斯威奇圣母教堂的小包裹。

此外，克伦威尔获得了刘易斯（Lewes）圣潘克拉斯的一座富有的修道院。修道院被拆除后，他将物品和回收的建筑材料出售，于1539年5月份获得第一批467镑零13 1/2便士的回款，第二批回款共计229镑18先令5便士，由托马斯·毕晓普（Thomas Bishop）于7月份寄出。同年12月22日，这座修道院的巨大屋顶上搜刮的铅和大钟被当作废金属卖出，克伦威尔因此获得了726镑3先令6便士。

克伦威尔习惯性地欺骗和操纵周围的人，具有贪婪的贷款“大鳄”和疯狂的贪污者的臭名，这种形象在21世纪的人的看来也令人作呕。他即使身处高位，也不忘以超高利率放贷。1537—

1539年的账单中充斥着各种还款明细，有些是由王室中的高官所借，还有一些涉及大额款项，如威廉·菲茨威廉爵士、南安普敦伯爵、海军大臣和王室司库在1537年11月偿还了100英镑的贷款；鲍罗勋爵（Lord Bowrough）于1538年4月偿还了25英镑的贷款，又于6月份还了200英镑。于1537年去世的第六代诺森伯兰伯爵亨利·珀西也深受克伦威尔的债务困扰，克伦威尔从亨利·克利福德勋爵（Henry Lord Clifford，当年11月份购买了伯爵的金链）那里收到了28镑17先令10便士，作为诺森伯兰下一个月债务的尾款。索尔兹伯里的高级执达官托马斯·阿伦德尔爵士在1538年2月偿还了100英镑（“这笔账有欠条为证”）。安德鲁·温莎勋爵（Lord Andrew Windsor）于1535年7月向克伦威尔写了一封求情信，附上他的债主的名单，祈求“克伦威尔帮忙还钱给他们，因为他们每天都来讨债”。[50]

那些曾经陷入困境的高官都是爱慕虚荣之人：他们不顾一切地花钱购买华丽的衣服和贵重物品，以此彰显他们的地位和贵族气质。入不敷出，陷入贫穷就是对他们盲目追求高贵最严厉的惩罚。现在他们被迫对克伦威尔毕恭毕敬，难怪他们对这个掌玺大臣又憎恨又鄙视。另外，一些小人物也成了他的债务人，例如赫特福德主教的遗嘱执行人借了100英镑，只是为了体面地埋葬这位高级教士。在同一年，一些商人借了80英镑以便收回被扣留的船。理查德·布里姆（Richard Bream）在1537年12月偿还了10英镑的贷款，付款凭证显示克伦威尔收取了15%的高利息，不过在1538年5月，赫特福德伯爵爱德华·西摩爵士幸运地只需对100英镑的贷款支付2.5%的利息，是因为格雷戈里与他妹妹的婚姻关系而享受到了优待。

最近有人长篇大论地宣称，克伦威尔的腐败程度可能远远低于人们普遍认为的那样。[51] 当然，在都铎时期，贿赂被认为是十分平常的事情，送鹿肉或一些野鸡这样奇怪的礼物并不会被社会视为不道德。[52] 然而，我们这位忠心的大臣远不局限于此，在贪污腐败方面达到登峰造极的地步。王室信件中充斥着大批的利益谋求者，他们承诺如果掌玺大臣授予他们这个职位或那个修道院的土地，将会给予他丰厚的回报。以下是 1535 年 4 月的两个例子。理查德·里奇爵士——他本人并不是多么洁身自好，在 4 月 3 日写信给克伦威尔，承诺如果他能如愿成为国王侍从主管，“会给您 40 英镑，并一如既往地为您祈祷”。[53] 伊丽莎白·伯格夫人可能没有必要贿赂克伦威尔，但是欣然表示自己愿意这么做。在丈夫去世后，她担心自己的孩子会因自己的公公托马斯·伯格勋爵促成的《议会法案》[54] 而被贬为私生子，显然，勋爵担心自己的遗产将会落入谁手。她于 4 月 27 日告诉克伦威尔：“司库大人（南安普敦）告诉我，我以后多么需要依靠您，我感到遗憾的是我无法补偿您，但是我相信您会帮助我。”[55]

克伦威尔的账目存在许多仍无法解释的收据——他私下向收款方汇入了好几笔不同额度的金钱。这里有一个奇怪的巧合：这些汇款通常发生在克伦威尔从宫廷里出来之后。他真的带着这么多的现金吗？还是他搜集而来的？从 1538 年开始就有一些含有类似意味的条目：许多笔款项都装在钱包里，“用白纸包着”，最显眼的是藏在手套里的时候，大多款项都是克伦威尔亲自收取的：

1538 年 3 月 14 日：一个红色的皮革钱包中，20 英镑。

1538 年 3 月 22 日：手套中，40 英镑。

1538 年 8 月 16 日：在阿伦德尔家中，放在手套里，100 马克（67 英镑）。

1538 年 11 月 8 日：一个白色皮革钱包中，30 英镑。

1538 年 12 月 9 日：小罗宾（克伦威尔的家丁之一）的手套中，20 英镑。

1538 年 12 月 29 日：一个深红色的缎子钱包中,100 英镑。

1539 年 1 月 7 日：包在手帕中，20 英镑。

1539 年 2 月 27 日：大人从钱包里拿出 20 英镑，同时还有一个深红色的缎子钱包，100 马克。

1539 年 6 月 22 日：包在手帕中，10 英镑。

1539 年 10 月 29 日：一个深红色的缎子钱包中，20 英镑，其中还有一枚假币。

1539 年 11 月 30 日：一张白纸包着，20 英镑。

为什么要掩饰？为什么把钱藏在手套里？证明他撒谎的最有力证据可能是 1539 年 12 月的条目中提到的那笔钱。“有 20 英镑放在走廊窗口的一个坐垫下的手套里”，“中间窗口坐垫下的 10 英镑”；而在同一个地方，白色和红色钱包中还藏着 150 英镑。看到如此多的现金，想必没有谁会不为所动吧。

另外，还有更明目张胆的付款方式。奇切斯特主教（Bishop of Chichester）理查德・桑普森（Richard Sampson）在 1536 年 10 月告诉查普，一个法国人企图贿赂克伦威尔：“如果这个法国人真的有机会单独接近克伦威尔，那么他可能早就被笼络了……就在几天前，他们努力以弗朗索瓦国王的名义笼络他，向他提供2000金币的年金以及其他珍贵的礼物。无论他们如何贿赂，都不会成功。”

在接下来的2月份，诡计多端的法国人显然已经成功了。神圣罗马帝国皇帝查理五世亲证，亨利已经允许“克伦威尔接受礼物（一笔数目很大的钱）和年金，而那个此前站在我们一边的议员突然改变主意，转而支持法国”。[56]

没错，事实上，克伦威尔犯下了贪婪的原罪。

第七章

快乐鳏夫的挫败

> 你会收到国王的信件，委托你代替他接待那些王子。一切都要灵活处理，国王现在非常渴望忘记过去，重修旧好，事事以皇帝的荣耀为念。如果皇帝像他表现出来的那样敬重国王殿下……那么所有基督徒都会受到上帝的庇佑，获得内心的安宁。
>
> ——克伦威尔致英格兰派驻查理五世大使托马斯·怀特，伦敦，1537 年 12 月 25 日[1]

1537 年 10 月 12 日星期五凌晨两点，亨利梦寐以求的都铎王朝合法男性继承人终于降生。他的第三任王后简·西摩在汉普敦装潢一新的公寓经过 30 个小时的努力，生下了一个健康的男婴。国王最苦恼的政治和个人问题终于得以解决，因而欣喜若狂、如释重负。

孩子诞生在圣爱德华忏悔节的盛宴前夕，而圣爱德华是天堂所有圣徒中真正属于英格兰人的。亨利的忠实支持者们纷纷庆贺这个孩子的到来。在孩子发出第一声沙哑的哭声后的6小时里，伦敦市的每座教堂里都唱着象征胜利的赞美诗，欢快的钟声响起，庆祝久受困扰的英格兰王室终于迎来一名合法男性继承人。《温莎先驱报》的查尔斯·赖奥思利报道："9点钟，伦敦教区的所有修道士、教士、牧师、神职人员都身着最华丽的长袍在圣保罗（大教堂）集合，教堂里摆出上等的十字架和烛台。"人们唱着庄严的弥撒，歌声在哥特式大教堂中回荡，许多高级教士和宫廷高官都出席了庆祝活动，包括克伦威尔本人，他毫无疑问很兴奋地唱了赞美诗，感谢这个柔弱的男婴卸下了他肩膀上的重担。当然，他的喜悦不仅仅来源于爱国之情：几个月前，他24岁的儿子格雷戈里已经与王后寡居的妹妹伊丽莎白结婚了。随着一个健康王子的诞生，西摩王后的地位达到了王室的顶峰，克伦威尔想必正在暗自庆幸自己做出了正确的选择。他身边继续洋溢着普天同庆的氛围：

> 然后，国王的乐手[2]乃至全伦敦的乐手都演奏了双簧管，[3]之后在伦敦塔鸣枪庆贺……极尽所能，以表达对国王喜得贵子的喜悦之情。
>
> 那天晚上，直到凌晨5点，每条街道和马路上都有燃放着（绚丽的）焰火，人们围坐在一起宴饮，享受着水果和葡萄酒；乐手们在齐普赛大街演奏着双簧管，城市里免费提供大桶的啤酒供穷人们畅饮，只要他们为国王献上祝福……
>
> 那天晚上，人们在伦敦塔上鸣枪两千多响，所有教堂的钟声都响起，直到10点……[4]

在这纷杂的庆祝活动中，严格的规矩没有被遗忘。高效的都铎官员早已提前拟好一封通告函，现在王后用自己的印章将其封印[5]，很快就被送到了英格兰的各个地方，宣布“简王后与国王陛下的合法王子已经诞生”。[6]那天晚上，克伦威尔还在威斯敏斯特旁边的圣詹姆士宫伏案工作，他写信给英国派驻西班牙的大使托马斯·怀亚特爵士，指示他通知查理五世“王后诞下王子的好消息”。[7]

由于疫情暴发，多塞特侯爵的遗孀玛格丽特，被隔离在伦敦以南11英里（18.3千米）处萨里（Surrey）的克罗伊登（Croydon），她赶紧向亨利发出祝贺信，称“这是来英格兰这么多年听到的最令人高兴的消息”。[8]她虔诚地补充道：“我们，所有蒙受国王恩典的臣民，衷心感谢全能的上帝出于怜悯赐予国王殿下一个王子。”[9]伍斯特主教（Bishop of Worcester）休·拉蒂默（Hugh Latimer）的谄媚更是登峰造极。他告诉克伦威尔：“对于王子的诞生，我感到万分喜悦，因为我们盼望已久，这比起施洗者约翰诞生更令人欣喜若狂。上帝赐予我们恩典，为此，我们感谢上帝，英格兰的上帝。”主教突然似乎意识到，他这种献媚之词有点儿过分，于是他迅速补充道：“我多傻啊！频繁表露忠心是不够谨慎的做法。”[10]不过，他精明地表达了自己的忠诚。

宫廷官员立即开始为王子准备隆重的洗礼仪式。在王子出生当天，威斯敏斯特颁布了一项任务，指示伦敦市长和警长于10月15日星期一（为仪式指定的日期）严禁任何人在没有国王亲自允许的情况下进入汉普敦宫，“以防瘟疫”。受邀的贵族和高级教士的随从也受到严格限制，因为害怕他们带来传染病。[11]

在克伦威尔赶到洗礼之前，他有一个很重要的事情需要处理：逮捕一名老对手——沃里克郡考夫顿（Coughton）的乔治·思罗格莫顿[12]（或乔治·思罗克莫顿）爵士，他是一名议员，曾坚定地反对亨利与阿拉贡的凯瑟琳离婚。4年前，他在伦敦市克里普尔盖特（Cripplegate）恰巧取名为“王后的头”（Queen's Head）的酒馆里参与煽动性的集会，谋划反对国王的雄心壮志和婚姻计划。当时克伦威尔曾经警告他“乖乖地待在家里，服侍上帝，不要多管闲事”。[13]但他并没有理会这个建议，而是一直在制造麻烦。

思罗格莫顿现在被送到伦敦塔，并且受到严厉质问。他写信给国王，坦白了他过去的罪恶：1533年，他与托马斯·丁利爵士（Sir Thomas Dingley）讨论（向罗马提交的）《限制上诉法》（Restraint of Appeals）为何“轻易”通过——而且他认为这一点儿也不奇怪，因为几乎没有人会去触怒掌玺大臣。

他回忆说，在他对这个法案发表了反对言论后，国王召见了他，他看到国王因为娶了自己哥哥的妻子而良心受到困扰：“我告诉陛下，我担心如果他和安妮王后结婚，他会跟王后的母亲还有姐姐乱伦但是陛下说：‘我绝对不会招惹她的母亲。’站在一旁的（克伦威尔）说：‘也不会招惹姐姐，所以不要胡思乱想。’”

克伦威尔要求他写下在“女王的头”酒馆的回忆中关于国王和女王的讨论，但令人感到绝望和不幸的是，他承认自己“很难做到”。[14]沉浸在喜得贵子的喜悦中的亨利在这个特殊的时刻重新听到这些轰动的讼案，想必会感到很疑惑。他可能只把思罗格莫顿当作是不堪往事的残渣。

顺利完成逮捕之后[15]，克伦威尔于15日骑马赶去汉普敦宫参加王室礼拜堂的洗礼。仪式从午夜开始，尽管亨利对受邀人做了限制，但还有近 130 位领主、绅士和神职人员以及其他 270 名客人参加了这次活动，宾客们拥向最近翻新过的有着蓝色外墙和装饰着金箔的扇形拱顶的礼拜堂。国王将王子的教名定为“爱德华”，一方面是追忆外曾祖父爱德华四世，另一方面是因为王子的诞辰刚好是圣爱德华节前夕。在给王子命名的时刻，会众同时点燃由昂贵的原蜡制成的火炬，然后首席传令官、嘉德纹章官大声宣布了王子的名字和新爵位——康沃尔郡公爵（Duke of Cornwall）和切斯特伯爵（Earl of Chester）。[16]

然后，一阵响亮的号角声将王子护送回内室，亨利和王后在那里等待着他。简王后裹着绯红色天鹅绒的披肩坐在床边，虚弱地倚靠在 4 个叠起来的金红色锦缎垫子上。国王得意扬扬地把宝宝抱在怀里，以上帝、圣母马利亚和圣乔治的名义大声地祝福他，并激动得流下了热泪，周围谄媚的贵族们毕恭毕敬地看着，礼貌地抿着蜜酒[17]，小口咬着饼干。随后，孩子被安全地送进礼拜堂北边的“摇篮室”，而王室洗礼仪式则持续到黎明。

3 天后，王后病倒了。

她的病情迅速恶化。10 月 24 日上午 8 点，她的管家拉特兰伯爵（Earl of Rutland）托马斯·曼纳斯（Thomas Manners）与卡莱尔主教罗伯特·阿尔德里奇（Robert Aldridge）、国王医生约翰·尚布雷（John Chambre）、威廉·巴茨、乔治·欧文（George Owen），[18] 一起写信给克伦威尔，报告说，昨天下午简“有一次正常的（肠胃放松）”，随后病情开始好转（看起来是这样）。她的恢复状态持续到晚上，但突然间又急转直下。“一夜之间，她已经病入膏肓，她的忏悔神父今早一直陪伴在她身边，甚至现在正在准备为她行涂油礼——天主教会的临终礼仪。”[19]

密集的快讯从汉普敦宫传到伦敦的克伦威尔耳边，随时报告王后与病魔对抗的情况。王室现任主计长约翰·罗素爵士告诉掌玺大臣，亨利原本计划在当天早上前往伊舍进行一天的狩猎活动，但是因为王后这个白天和晚上病得很重，他打算陪伴左右。可是他希望上帝保佑他明天可以去狩猎。医生们相信，如果她能够熬过这一晚，就完全脱离危险了。[20]

但是罗素和国王的医生们都过于乐观了，王后的病情恶化得更迅速了。12 小时之后，诺福克又向还在威斯敏斯特宫的掌玺大臣秘密地发了一则简短的急信：

> 我尊敬的大人啊，我祈祷您明天早点儿来这里安慰我们的主人，因为我们的女主人生命垂危，更糟糕的是，我担心她在您读到这封信时已经离开人间了。
>
> 晚上 8 点，请准时来安慰您这位悲伤的朋友。
>
> 托马斯·诺福克[21]

那天晚上刚过午夜，王后逝世，时年 28 岁。

克伦威尔后来将她的病归咎于“照料她的人所犯的错误”，“在她因为疾病产生幻觉要求进食时”，让她吃了错误的食物，或者让她受了风寒。[22] 实际上，她可能是在分娩时因筋疲力尽而受到感染，死于产后的发热和败血症。

克伦威尔对她的死感到悲伤与震惊。同时他也很清楚，亨利经过短暂的哀悼后，将需要寻找新的王后，而这将是克伦威尔不可推卸的任务。不过，至少王子的诞生意味着西摩的党羽将继续受到王室的青睐，因此克伦威尔通过促成西摩与国王的婚姻所付出的努力并没有被浪费。

国王立即离开汉普敦宫前往威斯敏斯特，想找一个“安静的地方宣泄自己的悲伤”。[23] 亨利确实因为失去了“心爱的妻子”而憔悴了，尽管据报告，11 月初他“身体健康，欣然接受了鳏夫的生活”。[24] 国王写信给法王弗朗索瓦一世：“我非常诚挚地接受您对我的祝贺以及对上帝赐予我王子的感恩。不幸的是，这份喜悦却夹杂着痛苦——上帝夺走了王子的母亲。”[25]

在诺福克作为典礼官安排简王后国葬的同时，克伦威尔对王后的物资和财产进行了正式的审计。一本长达 18 页的册子列出了她的珠宝、香水和腰带等物品，还有一些送给她的朋友、家人和家庭的礼物。[26] 一份由克伦威尔签署的 2 页长的文件详细说明了她名下房产的收入情况。赫特福德郡、伯克郡、萨里和汉普郡的土地[27] 也被纳入统计，这些都是“已故王后简的遗产和嫁妆，最后都归于国王陛下”，估计其总价值为 938 镑 6 先令 3 便士，[28] 以 2006 年的牌价折算为 35 万英镑。

克伦威尔心中另有打算。虽然当下年幼的王子身体健康，而且茁壮成长——“王子就像至高王权的化身，吮吸乳液时十分强劲”[29]，他激动地说——在这段阴霾笼罩的瘟疫时期，这个年幼的生命就像是延续都铎王朝未来的一根细弱而充满不确定性的生命线，还可能受到暗杀的威胁。克伦威尔意识到，为了绝对的稳妥，王室还需要一个“备用的继承人”，也就是另一个健康的王子，而且要合法地实现这一目的，亨利就必须再娶一个妻子。

英格兰动荡的贵族阶层的女儿并不是一个妥当的选择，因为克伦威尔担心这样的妻子会迅速在宫廷中引发新一轮的忌妒，并且不可避免地成为阴谋的焦点，而这可能会威胁到他自己的地位。联姻法国似乎具有外交上的优势，这有助于抵消两个欧洲超级大国法国和西班牙之间的联盟对英国造成的威胁。

10月底，棺材里尸骨未寒的简还未下葬，克伦威尔就告诉当时在法国的威廉·霍华德勋爵（Lord William Howard）以及弗朗索瓦一世的宫廷大使斯蒂芬·加德纳主教，说自己的君主“几乎没有再婚的打算”，但他的一些议会成员已经敦促他以国家大局为重，再次承担这个“极端冒险”的任务——国王的婚姻大事。“因此我对国民的热忱已经胜过了对国王的遵从，已经下定决心无视任何觐见者的意见”。他深思熟虑地补充道，“为了让民众安心，我们衷心希望国王能够再觅良缘”。

掌玺大臣写道，在法国有两个女孩可能是适合的新娘候选人。首先是“法国国王的女儿玛格丽特（Marguerite），[31] 但不是最合适的。另一个是朗格维尔夫人（Madame de Longueville），也就是玛丽·德·吉斯（Marie de Guise）[32]，不过还需要打听她的品格，而且听说她也是苏格兰国王的追求对象……”。在没有谨慎地查明苏格兰国王的“确切意图，以及这两位女士的条件和品格到底如何”之前，威廉勋爵无法回复克伦威尔。克伦威尔强调，此事要绝对保密。

王后的葬礼计划于11月12日在温莎的圣乔治礼拜堂举行。诺福克需要从繁杂工作中腾出时间来，[34] 与亨利商讨一件至关重要的大事：苏塞克斯刘易斯圣潘克拉斯修道院的财富和土地充公之后，他能够获得多少份额。[35]一般人可能会认为在亨利丧妻之际（大部分时间情绪不稳定），诺福克向他提出这样的请求是一种野蛮、贪婪和无礼的做法。不过，实际上他表现得更过分。11月4日，他写信给克伦威尔（他也觊觎着克吕尼隐修院的丰厚财产），汇报他在汉普敦宫与国王的谈话内容：

> 感谢您的鹿肉。您在信中说想知道我昨天与国王的谈话。
>
> 首先（我借机找他谈话，虽然不太明智，但是很坦诚），我劝他接受上帝的安排，接受王后过世的事实，并告诉他目前拥有的财富和王国（他是君主），以此宽慰他，并建议他娶一个新的妻子。
>
> 之后，我感谢他把刘易斯封给我们，在结束谈判之际，我再次向他表明了您对他的忠心（就像我在花园里跟您说的那样），并且说我对您获得双份好处没有意见。

亨利心烦意乱地回答说："就按你所说的去办吧。"这是一个重要的指示。诺福克认为，此时悲痛至极的国王认为这个小修道院的财产已经"妥善处置了"。[36]此时，公爵和克伦威尔正贪婪地觊觎着被解散的修道院的丰厚财产，尽管亨利在上个月以及将苏塞克斯米彻汉姆的奥古斯丁修道院授予掌玺大臣，每年可获得可观的171镑4先令4$^{1/2}$便士收入，按今天的价值折算为6.4万英镑。

虽然诺福克是个见风使舵的盟友，其意图是分享刘易斯的财富，[37]但是克伦威尔还是私下与公爵的40岁妻子伊丽莎白保持友好的信件往来，诺福克曾经为了作风放荡的情妇贝丝·霍兰（Bess Holland）残忍地抛弃了伊丽莎白。伊丽莎白在10月24日写信给掌玺大臣，抱怨说，虽然她已经和诺福克结婚25年，并为他生养了5个孩子，但“我无法忍受诺福克为了娼妓将我囚困于此，他们公然在我的面前调情，气得我几乎吐血，所有这一切都是贝丝·霍兰这个女人造成的”。她苦涩地回忆道：“诺福克连夜骑马过来，把我锁在一个房间里，拿走了我所有的珠宝和服饰，只给我留了50$^{1/4}$英镑，而我要用这点儿钱在穷乡僻壤维持20个仆人的生活。”[38]两个多星期之后，这位烦躁的公爵夫人再次写信给克伦威尔，按时向他喋喋不休地抱怨，请求他帮忙说服亨利和诺福克，以改善她在赫德福德郡雷德伯恩（Redbourne）的生活条件：

> 没有您的帮助我永远不可能成功。我的敌人众多——宫廷中的贝丝·霍兰是最主要的，还有肯宁霍尔（诺福克在诺里奇附近的住宅）的娼妇们和一众男子，其中一个是索思韦尔，另一个是罗斯……他们都在肆无忌惮地操纵诺福克。
>
> 自从复活节以来，我已经与他分开4年了，并且永远不会回到他身边。我已经写信给他，尽量以宽容而不是极端的方式来与他协商，毕竟现在是我受制于他，而不是他受制于我。

没有感情的包办婚姻总是如此。她的耻辱依然在加剧，就像这些痛苦就发生在昨天一样。这是不折不扣的丑闻，但是良知和荣誉感似乎让傲慢的诺福克有所收敛。在抛弃妻子之后，公爵派了两个牧师来哄骗伊丽莎白，称她只要同意和他离婚，就可以换回她的珠宝、衣服和“大部分盘子和家用器具”。“我谴责了他的牧师，然后第二天他就亲自写信给我。虽然我的孩子们和我不亲近，但我仍然爱着他们，我永远不会相信我的丈夫——他眼里没有朋友和敌人之分，只有利益。”[39]

这不是克伦威尔介入唯一棘手的家庭纠纷，尽管他同时也借机未雨绸缪地收集未来对付诺福克的证据。11 月 12 日，在匆匆离开温莎去亲自护送前来参加王后葬礼的法国驻伦敦大使路易·德·佩雷（Louis de Perreau）和西厄尔·德·卡斯蒂永（Sieur de Castillon）之前，他写了一封言辞犀利的信件给约翰·巴宾顿（John Babington）——他没能执行好母亲的遗嘱，斥责他对她的房产疏于管理：

> 你的兄弟托马斯，你已故父亲安东尼·巴宾顿爵士的儿子和继承人，同意了一项裁定……你已故的母亲凯瑟琳爵士夫人将获得诺丁汉郡金斯顿庄园，并在她生前以及死后一年内拥有一部分土地，无须支付任何费用，而你的兄弟每年可能要为此缴纳 10 英镑的租金。我听说，在她死后的那一年，你在该庄园里造成了花费 100 英镑都无法恢复的破坏。
>
> 你和你的兄弟要各自推举两个诚实公正的（不偏不倚的）绅士评估破坏的程度，而且你们不许向我或者国王的枢密院投诉。[40]

伊丽莎白是约克家族成员小马默杜克·康斯特布尔爵士的妻

子，她也心烦意乱地向克伦威尔寻求帮助，因为她的丈夫拒绝支付她的生活费。她向克伦威尔提供了各种租赁的收入，求他帮忙：

> 两年半以来我的丈夫没有给过我一个便士，我自己的亲戚也都不帮我，我都不知道这12个月是怎么度过的。我的大人啊！我该怎么生活？我恐怕会沦为娼妓。
>
> 如果大人能帮助我追回全部应得的遗产100马克（67英镑）[41]，我会在圣烛节给您第一个农场的（租赁收入）50马克；如果我只能得到遗产的一半，我会在圣烛节和收获节分别给您酬劳，共计50马克。[42]

此外，克伦威尔还介入了托马斯·伯勒爵士（Sir Thomas Borough）的妻子伊丽莎白的离奇事件。她在11月份告诉克伦威尔，她之前早产生下了一个儿子，“经过艰苦的分娩后，孩子的生命还处于极大的危险中”。伯勒夫人在丈夫的一个亲戚的陪伴下度过了月子，他的丈夫在孩子出生之后写信告诉她，“他高兴不起来，因为看到孩子的身体如此弱小，想必是过早出生了”。这个沮丧的丈夫现在声称这不是他的孩子，于是“故意远离她”。因此，她恳求克伦威尔帮忙调解。

更糟的是，紧随11月13日收到求助信之后，克伦威尔又收到了另外一封信，她悲痛地抱怨说，丈夫“总是故意让她难堪”。她像是一个“不安的囚徒”，现在她的公公伯勒勋爵向国王枢密院投诉，声称孩子不是他儿子的。她补充道：“只有上帝能保住他的生命，我乞求您（克伦威尔）出面阻止我儿子被剥夺继承人的身份。”[43]但是，事与愿违。最终，在1542年，她的公公通过一项私人议会私人法案宣布她的孩子们为私生子。[44]

除了调解家庭纠纷以及向都铎王室的婚姻献言之外，克伦威尔日常还需要处理一大堆文书工作并解决棘手的行政问题，这是任何一位繁忙的王室大臣必须背负的重担。以多佛（Dover）的国王工程中的测量师约翰·汤普森（John Thompson）为例，他负责监管一座造价昂贵的新港口的建设（尽管效率非常低），以管控英吉利海峡的狭窄海域，并修复多佛城堡的防御。1537年7月，他承认“国王的拨款不够花了”，10月份欠了劳工两个月的工资。他和克伦威尔在萨里郡莫特莱克的住宅举行了会谈，双方言辞激烈，他的这番言论受到了克伦威尔痛斥，于是汤普森做了一个书面承诺：“今年冬天的表现一定会比夏天有所长进。”然而在11月18日，这位项目管理员再次遇到麻烦。他又开始担心克伦威尔会对自己发怒，因为“桑威奇（Sandwich）的威廉·沃姆（William Worm）发现了藏在多佛的‘神之家’大厅中的‘黑暗角落’的意外账单，他有一只眼睛完全看不见，另一只眼睛也看不太清。（这些账单）可能会使我失去国王的信任”。

汤普森正为了这个证明他在经济管理方面无能的新证据焦头烂额，因此迅速赶到了伦敦，但只见到了克伦威尔在坎特伯雷的仆人，仆人谨慎地建议他“写信请求宽恕”，而不是亲自来面对可怕的后果。汤普森可怜地抱怨说，自从他开始负责港口的工作，他“一度被投毒，毒素在去年已经侵入他身体的3/4，现在已经扩散到了腿上。作为克伦威尔的仆人，安东尼·奥卡尔（Anthony Auchar）和约翰·安东尼敏锐地意识到，有人在密谋让他失去国王的恩宠”。[45]

尽管在重要的战略项目中出现了严重的成本超支和拖延问题，但克伦威尔最关切的仍然是尽快为亨利找到新的妻子。亨利还穿着丧服，尽管他憎恶象征死亡的黑色。[46] 随着国王身体日渐肥胖，健康不断恶化，他的年纪和身体状况都不利于后续的王室繁衍。

安特卫普商业冒险家公司的理事、身在佛兰德斯的英格兰代理人约翰·赫顿（John Hutton）奉命向掌玺大臣报告有关新娘候选人的信息，尽管他可怜兮兮地抱怨称，自己“不擅长与女人打交道”。在 1537 年 12 月初，赫顿报告说，布雷德罗德（Brederode，现属于荷兰）勋爵有一位 14 岁的女儿“正在服侍王后（玛丽，孀居的匈牙利王后）。这个女孩有着苗条的身材，为人善良，具有忧郁的气质，女人味十足。她美貌出众。她的母亲已经去世”。她的叔叔列日枢机主教埃拉尔·德拉·马克（Erarde de la Marck）十分宠爱她，会给她一份相当丰厚的嫁妆，让她嫁得风风光光”。

赫顿还想到，有一个经常往来宫廷的约翰·埃格蒙伯爵（Count John Egmont）的遗孀。“她 40 多岁，但完全看不出年纪。”还有时年 16 岁克里斯蒂娜，被废黜的丹麦国王克里斯蒂安二世（Christian Ⅱ）的二女儿，也是米兰公爵（Duke of Milan）弗朗西斯科·斯福尔扎（Francisco Sforza）的遗孀。据称，她“蕙质兰心，花容月貌”，当时她还住在尼德兰匈牙利的玛丽的宫殿。

这个尴尬的任务越来越像选美大赛，赫顿深刻意识到这个问题非常棘手，这与他熟悉的轻松且清晰的商业环境大相径庭。他卑微地写道：“我尽我所能告知所有事实，但是有待他人做出判断。”这位代理人又补充说（基本算是马后炮）：“克利夫斯公爵（Duke of Cleves）的确有一个女儿，但她的人品或相貌都平平无奇。”[47]

赫顿在布鲁塞尔，于12月9日再次汇报了关于米兰公爵夫人的信息：

> 她个子非常高挑，比摄政还高，身材出众，样貌出挑，宛若女神；口才出色，温声细语，面容温柔。她按意大利的传统穿着丧服。这里的人都认为，她既是寡妇，也是少女。一个议会成员建议，国王应该娶她，而拉韦斯坦公爵（Duke of Ravestein）应该娶玛丽女士（公主）。[48]她长得很像曾经服侍安妮王后的马奇·谢尔顿。

他也告诉纹章官托马斯·赖奥思利，没有谁可以与克里斯蒂娜相媲美，因为她“相貌和出身都无可挑剔……她皮肤不如已故的王后（简）那么白皙，但她面容姣好，当她微笑的时候，脸颊上有两个酒窝，下巴上也有一个酒窝，恰到好处地衬托了她的美”。[50]尽管赫特总是谦称自己不了解女性，但是现在却被这位青春少女的魅力深深吸引。

现在，欧洲政坛上有更强大的人物对克伦威尔为国王亨利谨慎寻找未来新娘感兴趣。最尊贵的基督教领袖法国弗朗索瓦一世于1月11日致信他的伦敦大使卡斯蒂永，表示“自己在前期做了很多工作，以帮助克伦威尔为国王寻找新娘”。事实上，弗朗索瓦一世非常希望亨利能够迎娶一个法国女子，而法国的几乎所有女子都必须听他命令，除了已经与苏格兰国王订婚的朗格维尔夫人。

但是，法国的外交礼仪之下暗藏着强硬的防御态度。弗朗索瓦指示他的特使“查明这桩婚姻所涉及的条约，包括双方在防御和进攻方面的考虑。鉴于英国希望与法国交好，那么双方就应该明确彼此的义务和责任”。[51]

简死后两个多月，亨利受到克伦威尔的鼓励，开始期望再婚。他变得格外热情，像一个痴迷的男孩。卡斯蒂永在12月30日向弗朗索瓦报道，英国国王“非常爱慕朗格维尔夫人（玛丽·德·吉斯），已经忍不住设想”娶她为妻。“我向他保证说，苏格兰国王与她已经宣誓订婚……但是在法国，没有哪位女士会拒绝您。”法国大使问亨利：“您愿意娶别人的妻子吗？”鉴于亨利过去的婚姻经历，这是一个非常唐突且不谨慎的问题，但并没有浇灭国王日益增长的热情。亨利不会转移注意力或就此罢休，甚至试图大胆破坏苏格兰国王的婚约，他向弗朗索瓦承诺“自己比外甥（穷酸而愚蠢的苏格兰国王）优秀好几倍”：

> 我（卡斯蒂永）问是谁让他变得非朗格维尔夫人不娶，他说因为约翰·沃洛普爵士（前驻法国大使）对她赞赏有加。
>
> 此外，他身材高大，因此也需要找一个高大的妻子，（弗朗索瓦家）的女儿对他来说太年轻了，而对于玛丽·德·旺多姆（Marie de Vendome）来说，他不会选择被苏格兰国王剩下的人选。[52]

第二天，卡斯蒂永再次向法国国王写信，回报一则令人震惊的消息。克伦威尔已将彼得·莫塔斯爵士（Sir Peter Mewtas）作为代理人送到法国，因为他们了解到玛丽·德·吉斯从未同意与苏格兰国王詹姆士五世结婚。[53] 她愿意在一切事务中听从弗朗索瓦的安排，但她从来没有违背内心答应嫁给苏格兰国王，因此弗朗索瓦可以将她嫁给亨利。

卡斯蒂永强烈建议法国驻英国大使加德纳主教明确一点，“这场婚姻已经尘埃落定……因此已经没有回旋的余地了，英格兰国王承诺将半个王国献给法国，作为贺礼[54]”。因此，英格兰国王没有机会迎娶性感迷人的玛丽·德·吉斯了。这位“法国佳人”无须太多劝诫，因为亨利的婚姻经历已经在欧洲各国臭名昭著了。玛丽冷静地说，即使自己的命再大，也逃不过亨利的刽子手。[55]

弗朗索瓦急忙将她送到苏格兰，她于 1538 年 6 月初与詹姆士五世顺利结婚。亨利愤怒地告诉卡斯蒂永：“如果是这样的话，那我只能考虑其他追求者了。”他的追求被无情拒绝了，同时苏格兰和法国之间的“老同盟”友谊也进一步巩固了，让亨利感到很是懊恼。

既然挫败了，亨利把目标转向了哈普斯堡家族（Hapsburgs）。关于米兰公爵的年轻遗孀克里斯蒂娜的传闻引起了他的兴趣——特别是她对自己所喜欢的消遣方式，如狩猎和打扑克牌也很喜爱。西班牙国王将唐·迭戈·乌尔塔多·德·门多萨（Don Diego Hurtado de Mendoza）派到伦敦，讨论两国之间可能的联姻。他和王室大使尤斯塔皮·查普成了在汉普敦宫[56] 举行的豪华宴会上的贵宾。同时还在布鲁塞尔观察克里斯蒂娜的赫顿于 1538 年 2 月 21 日通知克伦威尔：“她说法语，似乎沉默寡言。在她说话的时候，

有点儿口齿不清，但是也没有什么不妥。”7月份，他报告了她与一位曾去过英格兰的随从的谈话，但赫顿不清楚

> 这位随从是受公爵夫人委托还是去办私人业务……她问他英格兰怎么样，（他）回答说，就像另一个意大利。然后，她又问他是否看过国王，随从肯定自己看过，说国王目前身体健康、年富力强，并且极尽所能地赞美国王的仁慈、英俊、财富和慷慨。
>
> 她回答说，此前多次听闻国王的的美德，现在这一点完全得到了证实。[57]

克里斯蒂娜似乎被亨利的虚假魅力所吸引。克伦威尔急于促成这桩婚姻，命令托马斯·赖奥思利到布鲁塞尔会见了这位丧偶的公爵夫人。他回来后向在伦敦焦急等待的亨利汇报说，她“面容姣好，虽然打扮过时，但非常讨人喜欢”，不过她的皮肤略带“浅棕色”，显得有点儿土。在得到允许后，赖奥思利问她是否会考虑和亨利结婚。尽管她年纪轻轻，但是脑袋非常灵光，她回答说：“关于我的意向，我能说什么？您知道我完全接受皇帝的安排。”这位英国人激动地说道：“啊！夫人，和我的主人结婚将是您莫大的荣幸！”

赖奥思利继续引诱她，说自己的国王是“世界上最温柔的绅士，他的性情非常温柔随和，我至今没有听过他发怒”。这个16岁的女孩是否相信这个荒谬的传言？赖奥思利又继续加大吹捧，他说亨利是“最虔诚和最强大的基督教领袖之一。如果你看到他，

您会发现他集所有王子该有的美德于一身——善良、温柔、智慧、能干、仁慈”。年轻的公爵夫人入迷地看着他。赖奥思利后来告诉亨利：“她又笑了起来，我想如果不是碍于矜持，她应该会大笑，毕竟她强忍心中的喜悦。她十分相信我说的话，（我觉得）她心动了。”最后她说，“她知道陛下您是一个高贵而又优秀的君主”。[58]克伦威尔的这个手下显然是又被年轻寡妇迷住了。

但是，在亨利进一步行动之前，他想要一张她的肖像画，以免空欢喜一场。他的枢密院的一个绅士菲利普·霍比（Philip Hoby）被秘密地派到布鲁塞尔去见她，还带着亨利才华横溢的年轻宫廷艺术家小汉斯·荷尔拜因。在 1530 年 3 月 12 日，这位画家花了短短 3 个小时就完成了她的素描，并于 6 天后回到伦敦，把肖像画夹在腋下，准备展示给国王看。亨利迷上了这位腼腆的少女，并委托荷尔拜因再给她画一幅迷人的全身油画像，展示她穿着素服的模样。[59]在亨利的心里和脑海里，她已经变成了一个标致而腼腆的新娘，更夸张的是，亨利甚至开始幻想婚礼后，她很快就会诞下“许多王子”，并获封约克、格洛斯特（Gloucester）和萨默塞特等古老的公爵领。[60]另外，亨利还建议，将他的女儿玛丽公主嫁给葡萄牙国王的兄弟唐·路易斯（Don Luis），通过双重联姻确保英国今后与法国缔结和平条约。

但是对于任何一个人来说，即使是一个拥有整个帝国的国王，真爱的道路也不是一帆风顺的。“近亲”的微妙问题依然存在——如果双方之间的血缘关系太近，那么教会法一直以来都是禁止二人结婚的。克里斯蒂娜是皇帝查理五世的外甥女，因此是亨利废弃的第一任妻子阿拉贡的凯瑟琳的甥孙女。不仅在这桩婚事中存在近亲问题，而且一些神职人员还可能义正词严地声称，由于凯瑟琳和亨利的哥哥亚瑟之间曾经有过一段婚姻，这属于双重近亲关系。历史上，这种关于王室婚礼的恼人障碍可以通过教皇法令予以消除，正如1518年葡萄牙的曼努埃尔一世（Manuel Ⅰ）迎娶了哈普斯堡家族的埃莱奥诺雷（Eleonore），也就是他的前两任妻子伊莎贝拉和阿拉贡的玛丽亚的外甥女，而这两任妻子本身也是姐妹。然而，对于亨利来说，罗马的这种干预的出发点完全就是关于政治和个人的恩怨。伦敦方面厚颜无耻地认为国王亨利是英格兰教会的最高领袖，这件事情同样是西班牙所不能接受的。

但是法国不甘示弱。他们向国王推荐了许多其他的适婚法国女子，同时还提议让弗朗索瓦的小儿子，也就是19岁的亨利（Henri）迎娶玛丽公主。新的新娘候选人还是来自奎斯家族。玛丽有两个妹妹——路易丝（Louise）和勒妮（Renee），前者身处法国宫廷，据传言仍然保持着处女之身。现在，卡斯蒂永已经懂得如何应付英格兰国王了，于是毫不客气地怂恿亨利。“娶她吧！她还是个处女，您就可以亲自按照你的方式来塑造她。”亨利突然发出一阵淫荡的笑声，像孩子一样拍了拍大使的背，虔诚地走进了早晨的弥撒中。[61]

弗朗索瓦的另外两个表亲作为潜在的候选人，也可供亨利因年纪渐大而变得泪汪汪的双眼仔细检视：玛丽·德·旺多姆（Marie de Vendome）和洛林的安娜（Anne of Lorraine）。然而，玛丽已经宣布自己打算成为一名修女。但对务实的法国人而言，这并不一定妨碍她与亨利结婚。直率的法国王室统帅安内·德·蒙莫朗西（Anne de Montmorency）确信：“宣称自己是英格兰教皇的英格兰国王一定会选择玛丽。”[62]外交方面的考虑可以打破一切规则。

亨利再次派出霍比和荷尔拜因前往调查未来的新娘，并如实描绘她们的模样，以便国王可以在业余时间仔细评判她们的魅力。6月，他们发现路易丝住在法国西北部海岸勒阿弗尔（Le Havre），待她回到家中后，画师给她画了两幅画，不过当时她还发着烧躺在床上，没有展现出女人的魅力。整个8月，他们都在欧洲为国王寻找新娘候选人，忙得喘不过气来，当时两人被派往马恩河边的茹安维尔（Joinville）寻找勒妮，但他们错过了她，荷尔拜因被派到法国东北部的南锡镇，为弗朗索瓦的洛林的安娜画像。由于法国人已经为路易丝·德·吉斯（Louise de Guise）和玛丽·德·旺多姆画了另一幅画像，亨利相当于正在组建自己的英国未来王后画廊。

克伦威尔经常向他指出，究竟是娶法国人还是西班牙人为妻，需要考虑一些外交因素。但是，国王很难下定决心，面对所有的这些肖像，他内心多少有点儿怀疑，这些年轻的面孔有多少奉承的成分，又在多大程度上存了画师的私心，看着这些纸上或画布上的画像，他陷入了深深的茫然。毫无疑问，拉丁语警告——“买家需小心”——占据了他的内心。他提出了一个直截了当的创新解决方案：法国人应该在法国和加来边界布置一个大帐篷，然后在里面举办美女派对，这样他就可以亲自观察她们，评估每个女孩的优点。也许安排七八个年轻女士就足以让他不虚此行？对于傲慢且虚张声势的英格兰国王来说，这个简单的要求并不过分，同时法国王后奥地利的埃莉诺（Eleanore of Austria）也可以陪伴这些少女，以确保这次聚会中的任何诡计都不会得逞。

罗伊先生（Monsieur le Roi）对亨利的建议感到愤怒，并指示他在伦敦的特使于8月告诉他的英格兰兄弟："法国没有将圣洁的少女以及君主家庭成员送给他人挑挑拣拣的习俗，这样她们看起来像是当街售卖的牲口。"[63]

当然，亨利绝对不会因为这样的道德理由而退缩。他坚持要求审查未来的新娘："上帝为证！我只相信自己。这件事情至关重要，因此在做出决定之前，我必须亲眼看到她们并花点儿时间了解她们。"卡斯蒂永深知一个玩笑就可以四两拨千斤地转移国王的愤怒，他通过使他难堪来挫败他的自信心："也许您希望逐个审查她们，直到找到最好的一个。但是，这难道不是古时候骑士们在圆桌会议上对待妇女的方式吗？"[64]他的玩笑一针见血。亨利不禁笑了起来，认识到他提议的方式有点儿不礼貌。大使后来报道称："他揉了一下鼻子，回答说：'是的，但是我的兄弟（弗朗索瓦一世）已经和皇帝非常亲密了，而我应该如何拉近与他的关系呢？我这样问是因为，除非皇帝或法国国王愿意和我保持像他们之间那样亲密的友谊，否则我不想再婚。'"

亨利越来越不耐烦，他的新娘梦正在迅速破灭。即便是克里斯蒂娜现在也开始怀疑逐渐衰老的英格兰国王是否还是一个合适的丈夫，当然这可能因为他的恶名昭彰。她的顾问公开讨论了亨利前两任妻子的离奇死亡："他的第一任妻子，也就是她的姨祖母，被毒害了；第二任妻子被处死了；第三任妻子在产子后病死。"经过多次外交调查，最后她拒绝了亨利。她是个早熟且聪明的女人，有传闻称她宣称，即便她有两个脑袋，也只有一个会受亨利摆布。[65]

外交的困局日益加剧。1538 年 6 月 17 日，弗朗索瓦和查理在尼斯（Nice）会面，并通过教皇保罗三世的调解签署了为期 10 年的休战协议，提出了成立一个旨在对抗亨利和英格兰的强大的、幽灵般的天主教联盟，现在亨利和英格兰处于危险的孤立局面。

克伦威尔转而寻求与各路德教君主国结盟，甚至希望在那里找到未来的新娘。另外一个不太可能的双重联姻也可以考虑：亨利和安妮——莱茵河下游新建起的多个公国的继承人威廉公爵（Duke William）22 岁的姐姐；而威廉公爵也会迎娶玛丽公主，也就是阿拉贡的凯瑟琳的女儿。理论上，在失去与强大的法国和西班牙联姻的机会后，无论是和公国联盟还是联姻都不会带来太多好处。不过，这已经是克伦威尔的最后一计了。

第八章

改革和惩罚

> 我已经把卡弗沙姆（Caversham）的圣母像拆下来了，那里是个伟大的朝圣之地。圣母像是镀银的，我把它放在一个紧锁的箱子里并用钉子密封。当下一班驳船从雷丁（Reading）抵达伦敦，我将它带给您。
>
> ——在拆除卡弗沙姆礼拜堂后，约翰·伦敦博士写信告诉克伦威尔，1538 年 9 月[1]

除了在国外四处奔波为苦恼的英格兰国王亨利寻找娇妻之外，克伦威尔还忙于强力推行宗教改革的进程，并将修道院资产转化为现金。在宗教改革之前，许多修道院因为保管珍贵的圣物而获得了相当可观的收入。虔诚的朝圣者满怀信心与期望来瞻仰这些琳琅满目、有时令人费解的圣物，希望自己虔诚的祷告和慷慨的供奉能够得到上帝的回应：挽救他们病入膏肓的躯体，消除日常困扰他们的麻烦，或者提供一些其他神奇的帮助。

例如，圣彼得罗尼利亚（St Petronilla）以治疗发烧闻名；圣克莱尔（St Clare）则擅长治疗眼疾；热那亚的圣凯瑟琳（St Genow）可以治疗让人痛苦不堪的痛风；圣阿波罗尼亚（St Appollonia）精于缓解常见的牙痛[2]；其他的圣人则可以使用特殊的法力来解决人们的问题。帕多瓦（Padua）的圣安东尼（St Anthony）的代祷则可以帮助那些因失去财产而恼羞成怒的人，圣雷欧纳德（St Leonard）帮忙打开监狱的大门，帮囚犯解除枷锁。一些圣人专门服务于特定行业的从业人员：圣加特鲁德（St Gertrud）维护捕鼠者的利益；圣诺拉图斯（St Honoratus）庇佑面包师；圣尼古拉（St Nicholas）帮助海员；圣克里斯平（St Crispin）照顾鞋匠。总而言之，信徒的日常祷告不绝于耳。

对于修道院来说，这意味着他们的圣物越珍贵——或者拥有的圣物数量越多，慕名而来的信徒就越多，给他们带来收入也就越可观和稳定。面对上百个其他修道院的竞争，每个修道院都有自己独特而珍贵的圣物，这种宗教活动太具有诱惑性，因此很容易被野心勃勃或者狡猾的院长所滥用。那些对宗教事务有着敏锐眼光的人一定会忍不住利用这一古老的格言——“愚蠢的人永远存不住钱”，从而为自己牟利。这样的情况一直维持了数百年之久。

我们很容易会用带有偏见甚至愤世嫉俗的眼光来看待萨福克的伯里（Bury）本笃会修道院对圣物的夸张宣传和奇怪分类，如圣劳伦斯（St Laurence）的烤炭、圣埃德蒙（St Edmund）的指甲剪，圣托马斯·贝克特（St Thomas Becket）的小刀和靴子，以及其他可以“求雨”和“避免玉米地里长出野草”的圣物。[3]

用今天的眼光来，这些圣物文化不过是简单的营销手段罢了。但是，对于克伦威尔和宗教改革派来说，这些布满灰尘的老骨头和雕刻的图像纯粹就是迷信的产物和罪恶的偶像崇拜，应该在“清理亨利教会”的美德行动中被彻底扫除。当然，他们也从这些宗教场所中掠夺了大量珍贵的“宝物”，这些财富在伦敦塔的国王秘密金库中迅速积累，而这项事业一直都是克伦威尔心目中的重中之重。[4]

诺福克布朗霍尔姆（Bromholme）的本笃会小修道院保存着耶稣基督被钉死的十字架的碎片，据说其已成功使 39 名死者重生，使 19 位盲人朝圣者恢复视力。代理人托马斯·利告诉克伦威尔，在萨里的切尔西修道院（Chertsey Abbey），修道士们保存着圣布莱斯（St Blaise）的手臂骨，“通过它赐病人以酒”，以及圣斐德斯（St Faith）像，他们代表病人将蜡烛放在神像前。他们“坚信，如果蜡烛一直保持不熄灭直到燃尽，病人就会康复，否则，病人就会死亡”。[5] 因而人们担心修道院的通风状况。

位于威尔士达费德（Dyfed）的卡迪根西面 1 英里（1.61 千米）处的圣多格麦尔（St Dogmael）修道院的一座小屋，宣称拥有圣母马利亚的神像，据说这是在附近的泰非河（Teifi）奇迹般地被发现的，并且她手中还亮着的蜡烛。[6] 圣戴维教堂（St David's）精力充沛的主教威廉·巴洛（William Barlow）于 1538 年 3 月访问了该修道院，并将其命名为“恶魔幻想”。他曾经审问过院长托马斯·霍尔（Thomas Hore），霍尔声称自己是无辜的，被蜡烛所蒙蔽，主教对这种令人发指的迷信行为感到怒不可遏，立即发出禁令，要求院长和当地的牧师应该

> 向人们宣布，偶像崇拜是可恶的，前任院长和牧师采用

> 了欺骗性的伎俩，使得信徒们对一根老朽腐烂的木材进行盲目崇拜，相信这是一件圣洁的遗物，并且相信蜡烛可以一直燃烧而不会消耗。
>
> 修道院院长和牧师应该彻底消灭或者抵制任何用来诱惑无辜信徒前来朝圣或者进行偶像崇拜的衣物、蜡像、对奇迹的妄想、裹尸布和其他诱惑。[7]

巴洛还没收了他在圣戴维修道院找到的圣物，其中包括两个银盘、盘子上两个塞满腐烂布料的骷髅头、两块手臂骨和一本被银盘盖住的虫蛀过的旧书。

从 1536 年开始，国家对那些免于被拆除的小修道院进行遗物搜刮。德比郡巴克斯顿（Buxton）的圣安妮（St Anne）修道院和斯塔福德郡（Staffordshire）特伦特河（Trent）上伯顿的圣莫德文（St Modwen）修道院的神像被悬挂在当地圣水井上方的壁龛里，人们相信其具有治病功效。两座神像都被送到了克伦威尔在伦敦奥斯丁修道院的家中，正如在 1538 年 7 月份，放置于萨福克镇西门外圣祠中的伊普斯威奇圣母像同样被送到克伦威尔手中。他的管家托马斯·撒克在一系列信件中以失望的语气描述了这两座神像的到来，就像当铺老板评估着新来的平庸典当物一样，“我已经收到了伊普斯威奇圣母神像，我把它放在您床头柜里，等您有兴趣的时候再看。神像没什么特别的，除了一双半银质的鞋子和 4 颗镶银的钻石”。[8]

随后，他又报告说接收到来自英格兰中部的两座神像：

巴克斯顿的圣安妮和伯顿的圣莫德文的神像留着红头发，手握一把手杖，女人生孩子时非常渴望依靠这支手杖行走，因为这支手杖赋予她们巨大的信心。

这两座神像是伊普斯威奇圣母赐给我的。除此以外再没有其他的了。[9]

但几天后。撒克收到了从伊普斯威奇送来的“有两件黄金饰领[10]的圣母马利亚的外套，以及一座放在镀银圣祠里的金质圣母像，据称，圣像的顶部插着金色羽毛，撒着零散的金箔，以及象征圣母马利亚奶水的钻石”[11]。

这批掠夺自伊普斯威奇的码头边的圣彼得（St Peter）教堂的物品中还包含其他有价值的物品——一个镀银的十字架，上面刻有圣母马利亚像和圣约翰像；一个银质的圣杯[12]；一个镀银香炉和两个银质的调味瓶。[13] 这些珍贵的圣物后来的命运只能留给后人猜测——也许被克伦威尔自己挪用，变换成现金。不过，神像肯定是被他下令在切尔西烧毁了。

在 1538 年 2 月，存放于肯特郡梅德斯通（Maidstone）附近博克斯利（Boxley）的西多会修道院的著名的“基督受难像”——象征耶稣基督受难，被揭露为赝品。一直以来它都是虔诚的信徒朝拜的对象，因为神像的眼睛会转，嘴唇会张合，会点头和摇头，手和脚也会摇动。奇怪的是，这个现象只有当修道院得到金钱捐赠时才会出现，因此虔诚的信徒相信这是一种周期性出现的奇迹。实际上，这些所谓的奇迹不过是中世纪就存在的伎俩：修道士们通过隐藏的金属丝、杠杆和滑轮系统让基督雕像动起来。克伦威尔的老朋友杰弗里·钱伯斯（Geoffrey Chambers）高兴地向掌玺大臣汇报说，在拆下神像后，他发现了“神像背后有些引擎、旧金属丝和腐烂的棍棒，使得眼珠可以移动和凝视，宛若活人；还有嘴唇可以张合移动，就好像它会说话一样”。院长“与其他老修道士”自然否认自动装置的存在，他们被送到伦敦接受克伦威尔的质问，尽管这位院长可怜兮兮地乞求说，他“病得厉害”。钱伯斯把这套奇妙的装置带到梅德斯通市场，并向所有在场的人们展示其运作过程，人们“看到这套虚假、狡猾、精妙的装置后，认为这是对上帝的亵渎和对大众的欺骗”。[14]然后这套装置被带到威斯敏斯特，作为战利品在亨利面前展示，亨利既对这种欺诈手段受到曝光感到欣慰，又对自己忠实的臣民受到欺骗感到痛心。[15]2月12日，基督受难像在伦敦大教堂外面的保罗十字架上完成了最后的表演，随后罗切斯特主教约翰·希尔西（John Hilsey）得意扬扬地将其砸碎。神像被摧毁后，人们才了解到它从腿以上都“由纸张和布丁（修补过的布）填充而成，每条腿和手臂都是木材制成的，人们长久以来都对这样的神像进行盲目的偶像崇拜，因此亵渎了上帝的威严和名誉”。[16]人们目睹了基督受难像被破坏的过程，然后“对这个1小时前还崇拜的神像嘲讽不已”[17]。“粗鲁的群众和男孩儿们”兴高采烈地将自动系统的残骸扔到篝火上。

后来又发生了臭名昭著的“黑尔斯之血”（Blood of Hailes）事件。令人奇怪的是，只有当忏悔者把捐款交给了西多会修道院看护人时，黑尔斯之血才会融化。在13世纪，“黑尔斯之血”被装在一个小玻璃瓶子里，存放在格洛斯特郡的温什科姆（Winchcombe）附近的黑尔斯修道院，耶路撒冷的族长自豪地保证那是耶稣的神圣血液。这个圣物是1267年从佛兰德斯伯爵处得来的，3年后，康沃尔·爱德华公爵（Duke of Cornwall Edward）将其捐献给了修道院。于是，人们在修道院教堂东端的祭坛后面专门建造了一个新的半圆形壁龛来供奉它。6年前，现在的伍斯特主教，也就是当时威尔特郡西金顿（West Kington）的牧师休·拉蒂默抱怨说："我住在福斯路（Fosse Way）[18]半英里内，经常看到这样壮观的场景：人们从国家西部涌向各大神像，但是最令人瞩目的还是黑尔斯之血。"

黑尔斯修道院院长斯蒂芬·惠利（Stephen Whalley）现在已经敏锐地感知到了宗教改革的风向，急忙与名扬天下的圣物奇迹现象摆脱关系。在1538年9月，他获得掌玺大臣的授权，将圣祠摧毁，并为此向克伦威尔提供慷慨的贿赂：

> "黑尔斯之血"是伪造的圣物，如今还存在于修道院中，所以我担心它会诱惑意志薄弱的人做出泯灭良知的坏事。
>
> 因此，我恳求大人允许我将其彻底摧毁，让人们彻底忘记那个虚假的圣物。
>
> 至于其中银和金的价值，我认为这不值40镑，估计不到30英镑……
>
> 我恳求您收下这个微薄的礼物——一块奇特的金子。[19]

修道院院长的认知转变是很及时的，不过他的礼物微不足道。随后，惠利不得不向克伦威尔提供额外140英镑、他的主教法冠和上等的十字架，因为克伦威尔对惠利的修道院财富"略知一二”，并且深谙如何压榨走投无路的受害者。[20] 与此同时，拉蒂默（Latimer）努力地揭露了虚假的圣物。他于10月29日写信给克伦威尔：“我们一整个上午都在筛查这种血液。它被紧密而巧妙地密封起来，紧紧地贴合在玻璃的底部……实际上，它看起来像是一种油质的橡胶。它有一定的水分，隔着玻璃看起来像是血液，但是取出一部分时，它就变成黄色。”[21]

这个药瓶被带到了伦敦。11月24日，急切地想要摧毁神迹的希尔西主教在保罗十字架面前对惊讶的会众轻蔑地挥舞着手臂，大声地否认这是救世主的血。前任修道院院长曾亲口向他的情妇承认，这甚至不是鸭血。[22] 它里面的东西“不过是净化后的蜂蜜，调成橙黄色，像树胶一样的质感，这已经在国王和他的议会面前证明和测试过”。你能品尝出它的真正成分吗？主教按照要求向会众传递这个药盒，让“每一个人看清楚”这个骗局。[23]

国家对偶像崇拜和迷信行为的打击仍在继续。在1538年9月，约翰·伦敦在拆除伯克郡卡弗沙姆的一个教堂时缴获了“穿过救世主肋侧的矛头”，这显然是单翅天使带到那里的。他在雷丁附近解散修道院时，又发现一把据称是杀害亨利六世的匕首，以及一把“杀害了圣爱德华的刀”，但没有缴获“绞死犹太人叛徒的绞绳”。伦敦向克伦威尔报告：“我已经要求（雷丁）修道院院长交出圣物，他乖乖地配合了。我已经对这些圣物进行了盘点，把它们锁在了祭坛后面，并且保管着钥匙，随时听候大人的处理。”[24]

1539年，克伦威尔的私人秘书托马斯·德比（Thomas Derby）撰文为英格兰的宗教改革辩护，轻蔑地抨击“虚假”圣物，比如“基督的血液不过是封存在厚玻璃杯中的红丝绸，圣母的乳汁不过是一块白垩，而圣十字架不过是藤条”。[25]

圣祠的毁灭必定对英格兰信徒们造成巨大的信仰冲击。他们所信赖——并且依赖——的大部分信仰突然化为乌有。许多人认为，希望胜于理性，信仰的毁灭不过是短暂的政治政策变动。托马斯·科里（Thomas Cowley），或称罗切斯特，东苏塞克斯郡郊区泰斯赫斯特（Ticehurst）的传统主义牧师，继续坚定地敦促他的教区信徒崇拜这些神像。在讲道中，他举起了一枚银币——价值4便士，按照2006年的价值折算为6.2英镑，并把硬币背面的亨利头像转过来，然后询问会众：

> 你们敢向这个头像吐唾沫吗？你们不敢这样做，但是你们却会向神像吐唾沫。
>
> 先不要轻举妄动，再等待一阵子！4年后，我们的规矩又会回到以前那样。
>
> 所以维持以前的规矩吧！向圣洛伊斯（St Loys）（埃利吉斯或埃洛伊）和圣安东尼（St Anthony）献上蜡烛吧，分别为你们的马和牛祈祷。[26]

在索罗普郡，海利（Highley）的牧师挑衅地将教堂里的圣母像重新镀金（信徒过去曾经向其贡献过许多祭品），因为他的会众坚信，有一个盲女触摸了圣像之后恢复了视力。[27]一个忠诚于王权的自耕农约翰·哈福德（John Harford）向克伦威尔揭发了他。

1540年1月，诺福克威尔斯海峡的一名“可怜的女人”声称，沃尔辛厄姆的圣母像被克伦威尔在伦敦烧毁两年之后，仍在创造奇迹。她因鲁莽的言论受到了谴责——但只是感到屈辱和不适，而没有遭受更多的刑罚或痛苦。克伦威尔听说，她被安坐在人群中受训。

> 大概早上9点钟的时候，此时市场里已经挤满了人，她头上贴着一张写有“谣言传播者”的纸条。她坐在一辆马车上，在城里的市场和各个街道游行，经过多个群众聚集的地方，城里的年轻人和男孩们朝她身上扔雪球。
>
> 如此这般后，她被再次带回群众中，直到市场关闭。这就是对她的惩罚，因为目前没有法律来裁决她，只能通过自由审判。相信这将对其他跃跃欲试的人起到警示作用，不过人们并没有完全忘记神像。[29]

克伦威尔总是擅长顺水推舟，他决定将神像作为政治宣传的载体。

天主教会修士[30]和神学博士约翰·福里斯特（John Forrest）于1538年4月在兰贝斯接受克兰默的质问，因为他“触目惊心地违背和亵渎了”上帝和英格兰。比如他相信：圣公会是罗马教会；英格兰人应该相信教皇的宽恕能够免除罪恶；对于真心忏悔和悔悟的罪人，神父们可以减少涤罪的时间。此外，虽然他宣誓承认亨利对英格兰教会拥有至高无上的权力，但私下声称“他表面虽然承认了，但是内心从未同意过”[31]。

他拥有如此强硬的叛国立场并不奇怪：他曾经是阿拉贡的凯瑟琳的忏悔神父，还曾经因为自己的信仰而多次入狱。福里斯特现在有多次否认信仰和忏悔的机会，“但他态度坚决且孤傲，拒绝这样做”，并且拒绝对自己“故意煽动罪恶”的行为表示忏悔。

经过长时间的顽固抵抗后，他难逃死路。

1538年5月22日，他被绑在一个羊圈里，由马拉着穿过恶臭的街道，从伦敦的纽盖特监狱一直运到史密斯菲尔德，最后以异端罪名被烧死。

通过特殊的公告，一万名市民被召集来围观他残酷的死刑处决。人们在圣巴塞洛缪大教堂（Church of St Bartholomew the Great）门口建造了一个专供贵宾使用的木质看台，其中包括诺福克公爵、萨福克公爵、苏塞克斯伯爵、赫特福德伯爵、国王枢密院成员、伦敦市长、理查德·格雷沙姆爵士（Sir Richard Gresham）及诸位高级市政官。在靠近双绞刑架围栏的地方设立了一个讲坛，拉蒂默主教站在讲坛上大肆鞭笞对面的囚犯。

布道者由克伦威尔来选择，而著名演说家拉蒂默是个不二选择。拉蒂默非常愉快地接受了这个任务，他于5月17日写道：

> 如果您希望我这么做，那么我将在福里斯特被处决时按照我习惯的方式献丑，我希望我的舞台（道坛）靠近福里斯特，因为我会努力让人们相信，我也可以感化福里斯特，上帝也会帮助我，或者说试图帮助我。无论如何，我希望他听到我所说的话之后有心悔改，真若如此，我希望他能宽恕我的愚昧之举。[32]

当天，在漫长的3小时布道中，主教列数了福里斯特的罪行，

并且“多次虔诚地劝诫他悔改，但他既不听也不说话”，要对自己地死法有所要求。福里斯特

> 大声公开宣布，即使现在有一个天使从天而降，劝他相信这辈子都不可能相信的事情，他也不会屈服。即使他的身体被一节一节或者一块一块地砍掉，被烧毁，被绞死，或者遭受任何其他痛苦，他也不会偏离旧教派。

当他面对着可怕的、挥之不去的死亡阴影，并且被迫忍受着傲慢且伪善的演说的挑衅时，这些话不过是逞强之词。更重要的是，福里斯特蔑视地告诉拉蒂默，如果7年前主教敢发表这样的言论，恐怕自身难保，但时过境迁，英格兰宗教改革已经历经沧海桑田的变化。福里斯特现在已经身陷困境、孤立无援，最后11个小时的争取撤销死刑的机会已经消失殆尽。

克伦威尔决定无情地将其视为反面例子，最大限度地发挥宣传作用，重要的是，在国内制造持久的威慑力。

克伦威尔的长期宗教拥趸之一埃利斯·普赖斯（Ellis Price）上个月从一座位于梅里奥尼思郡（Merionethshire）兰德费尔（Landerfel）的建于15世纪初的教堂没收了一件巨大的木质雕像。这件粗糙的雕像的原型正是圣德费尔（St Derfel），他是7世纪的一名由战士转业的隐士，后来在距离威尔士北部丽茵半岛2英里（3千米）的巴德西岛（Bardsey，或名 Yns Enlli）担任修道院院长。[33] 这尊雕像把这位凯尔特圣人的体形描绘得偏大，他身穿盔甲，手持一把小矛和一个盾牌，脖子上挂着缎带，缎带上悬挂着

一个铁盒。威尔士人崇拜这个人物，并向他供奉猪、牛、马和现金加以敬拜。[34] 这对于当地教会是一桩非常有利可图的生意，他们因此获得了源源不断的收入。普赖斯汇报说：

> 今年 4 月的第五天就累计有五六百个朝圣者来向这尊神像祈祷。[35] 无辜的人们因受到诱惑而崇拜这尊神像，（并且）那里有一个普遍的说法，无论谁向神像供奉任何东西，他都有能力在他们落难之时将他们从地狱拯救出来。[36]

难怪，惊恐的教区信徒为了阻止雕像被运到伦敦，竟向克伦威尔的手下提供了 40 英镑的巨款（按照 2006 年的价值折算为 1.5 万英镑）作为贿赂。但是普赖斯拒绝了所有的诱惑，并按照掌玺大臣的指示把雕像带到了伦敦。[37]

威尔士人还有一个迷信的说法，这个叫作达维尔·加达姆（Darvell Gadam）的神像[38] 可以点燃一片森林。后来克伦威尔拿这个说法开了个“小玩笑”。他要证明这个预言是真实的，这真是一种令人毛骨悚然的幽默感。他故意将处决现场安排成一出纯粹的戏剧。

拉蒂默告诉旁观者：“哦，教皇究竟给教会灌输了何种谬误？为了更好地理解这一点，你们最好现场看看这个威尔士人曾经盲目崇拜的神像。”就在这个时候，神像被 8 名男子抬进史密斯菲尔德的开阔处，四周传来拥挤群众的巨大呼喊声。3 个刽子手开了个玩笑，装模做样地将绳子绑在神像身上，防止它逃跑，就像对待“一个即将被处死的犯人”。

克伦威尔像一个令人毛骨悚然的司仪，指挥着所有流程，他转向拉蒂默："我的主教大人，我认为你的努力对这个顽固的人来说是徒劳无功的。最好烧死他。"他命令在一旁待命的士兵们："马上把他的衣服脱了。"[39]

福里斯特被带到绞刑台上，被残忍地悬挂在空中，链条吊在他的腰间和手臂下。在他不断晃动和踢蹬的双腿下，刽子手们开始生火，准备烧死他。

当 3 名刽子手将木质雕像放在柴堆上时，福里斯特开玩笑地警告他们："弟兄们，我祈祷你不要放下我，因为我的死期还未到。"然后他转向台上的主教，补充说："拉蒂默，即使给我世界上所有的宝藏，我都不会违背我的意志，但我很想和这里的一位先生说一句话。"正在一旁观看的诺福克站起来想跟他说话，但克伦威尔马上制止了他："公爵大人，请坐回你的座位。如果他想说什么，让他（大声）说出来，这样我们都可以听到。"福里斯特只是回应道："先生们，我这个身体随便你们怎么处置。"[40]

干燥的木头堆放在神像上，燃烧的火炬将其点燃。随着炽热的火焰升起，福里斯特的脚被烧灼了，他把脚缩起来，避开火苗。他用右手拍打着被熏黑的胸膛，并用拉丁语祷告："Domine miserere mei"——"上帝怜悯我"。

这位天主教修士在火焰中扇动浓浓的烟雾，抓住靠着绞刑架上的梯子。一个后来的编年史家（虔诚的信徒）描述道："他不愿松开手，狼狈地挣扎着，谁能想到这样一个深信上帝的人会以这样一种难堪、悲惨的方式结束自己的生命。"[41]

接近两个小时之后，火焰终于烧到了福里斯特的胸口，他也随即平静下来。他的支持者声称，随着火焰渐渐熄灭，一只“如雪般洁白”的鸽子在刑场上空徘徊有相当一段时间。

最后，克伦威尔安排人制作了一个标语牌，用“大字”写下这首打油诗：

戴维·达维尔·加达姆，
正如威尔士人所说，
他可以将不法分子从地狱中拯救出来。
现在他手持长矛和盾牌
在史密斯菲尔德被烧毁，
他将永远离开威尔士。
还有，修士福里斯特，
那个顽固的骗子，
罪该万死。
他拒不接受福音，
否认国王是至高无上的领袖。[42]

克伦威尔的宣传很快就奏效了。当天午夜，曾经挂在东市场路（Eastcheap）角落的圣乔治·帕特森（St Margaret Pattens）教堂圣坛窗格上的圣十字架——基督受难神像，旁边是圣母玛利亚和圣约翰[43]——被“一些恶棍（包括佛兰德斯人、英格兰人，以及上述教区的一些人）”[44]砸成了碎片。古老的宗教信仰正在慢慢地被扫除。

同时，克伦威尔更关心的是个人所能获得的丰厚利润。在

1538年2月，亨利把刘易斯修道院及其财产授予了克伦威尔，同时诺福克公爵获得了在诺福克艾克堡（Castleacre）的大量地产、126个庄园和领地的所有权，以及当地29个教区的住宅和受俸牧师推荐权[45]。克伦威尔急于解散克吕尼修道院，想为儿子格雷戈里在刘易斯建造一座新的大房子，以彰显家族地位。他聘请了曾经为亨利的假面剧布景的意大利工程师乔瓦尼·波蒂纳里[46]负责拆除修道院。这座有着长达150英尺（45.72米）的巨大中殿的修道院教堂是西欧最大的罗马教堂之一，其毁灭给英国建筑文化造成了难以估量的损失。

3月20日，波尔蒂纳里汇报了进展情况。此前，他已经描述了如何在教堂的墙壁下面挖坑，以摧毁教堂，与围攻战中摧毁城堡的方法如出一辙：

> 大人，让我来告诉您，祭坛右边的一座拱顶由4根大柱子支撑着，横跨4个教堂大厅，墙体周长为70步，也就是100英尺。所有这一切都已经在上星期四和星期五被推倒。
>
> 现在我们正在拆毁另一个更高的拱顶，由4根宽厚的支柱支撑，两端长13英尺，周长45英尺。我们的下一步工作就是推倒它。
>
> 我们从伦敦带来17个工人：3个木匠、2个铁匠、2个水管工、1个烧炉工（准备把屋顶上剥下来的铅熔化）……他们中的10个人推倒了周围的墙壁，其中有3个木匠制作支撑架来支撑被拆除的墙体，其他人则负责拆除墙壁。这些人比我们在当地找到的人要能干得多。

因此我们需要更多人力和其他物资，以及……

星期二，他们开始剥除屋顶的铅，他们非常勤勉尽责，因此节省了不少人力物力……阁下应该会对我们的进展感到满意。[47]

许多修道院建筑被拆除了；其他保留下来的也是用作农业用途。院长的房子被保存下来并改造成格雷戈里·克伦威尔的住房，称为“勋爵宅邸”。接下来的一个月，克伦威尔的儿子去看了房子：“我考察了房子和周围的环境，我和我的妻子都非常满意，我的妻子认为房子很宽敞，住起来应该会很舒适。”

当地的绅士热情且谄媚地欢迎了掌玺大臣的儿子兼继承人乔迁，“他们都出席并送了礼物，友好接待地接待了我们”。[48]

身处伦敦的克伦威尔一直为都铎家族继承英格兰王位的事情而感到担忧，因为现在他和亨利的命运是紧密连结在一起的。他总是担心残余的金雀花家族过于接近王室，这对不断老去的国王和尚且年幼的继承人构成了持续的威胁。白玫瑰约克家族的残留势力是上世纪苦难的英格兰内战的幸存者——内维尔家族（Nevills）、考特尼家族（Courtenays）和波尔家族（Poles）展开了殊死斗争，特别是自从他们在王室离婚事件中公开支持阿拉贡的凯瑟琳之后。亨利现在已经公开表态要根除白玫瑰家族，尽管有些是他的亲戚。[49]

波尔家族现在已经成为怀疑的对象，因为雷金纳德·波尔做出了叛国的行为。此人是克拉伦斯公爵（Duke of Clarence）乔治之女兼爱德华四世的侄女索尔兹伯里女伯爵（Countess of Salisbury）

玛格丽特的儿子。波尔曾在意大利帕多瓦学习，并于1527年回到英格兰，结识了当时在沃尔西家中供职的克伦威尔。他们的谈话已经预示了两人后来的恩怨。克伦威尔告诉波尔，王子和庶民不一样，他不需要受道德规范的束缚，而这明显指向亨利与阿拉贡的凯瑟琳离婚的事情。波尔后来声称，克伦威尔送给他一本尼古拉·马基雅维利（Niccolo Machiavelli）所著的《君主论》，该书主要讨论了君主应该如何管理文艺复兴时期的国家，并看似不经意地建议他阅读并消化其中的内容。[50]

可是波尔没有吸取其中的教训。1536年5月，从意大利回来的波尔给亨利写了一封题为“为了教会的统一”（*Pro Unitate Ecclesiae*）的公开信，滔滔不绝、言辞犀利地抨击了亨利对英格兰教会的独裁统治。甚至保守派的达勒姆主教卡思伯特·滕斯托尔（Cuthbert Tunstall）也告诉波尔：“看到这封信中流露出来的强烈仇恨，我的心情很沉重。”[51]滕斯托尔非常担心波尔会遭到亨利的报复，其中一则消息更使滕斯托尔“心寒……你提到自己还忍不住写了两沓手稿……希望你看在自己的名誉和尊贵家族的分上，把这些手稿都烧了吧”。滕斯托尔直言不讳地警告波尔：“看到你如此背叛君王以及我的大人，也就是你的兄长，我的夫人，也就是你的母亲会很难过。”

果不其然，亨利对此感到很愤怒，波尔家族也活在恐惧之中。索尔兹伯里女伯爵写了一封信（可能是克伦威尔的手下写的）明确告诉她的儿子：“我向你传达上帝的祝福，尽管我曾经对你的信任现在已经转变为心痛。当我从至高无上的君主那里听到消息时，已经太晚了，没能阻止你的愚蠢行为，让你如此触犯陛下。”[52]他的父亲也曾因为读了一本书中的内容而激怒国王，他对儿子说道："我悔恨无比，如果我因此失去了母亲、妻子和孩子，我宁愿从未做过这样的事情。不可思议的是，我从罗马教皇那里收到消息说，你今年冬天要和他共度，如果你选择走上那条道路，那我们只能永别了。"[53]

亨利表面上平静下来，虚情假意地邀请波尔来英格兰讨论这封信。克伦威尔很着急，不希望他们之间和好，于是他写信给波尔，意图"进一步煽动他"[54]，波尔谨慎考虑之后拒绝赴会，因为害怕叛国罪名加到自己头上。

随后，反叛亨利的求恩巡礼事件发生了。波尔于 1536 年 12 月 22 日被任命为枢机主教，第二年 3 月成为教皇在英格兰的使节。保罗三世对此次任命的原因直言不讳。波尔奉命鼓励、劝诫，甚至诱惑亨利重新追随罗马教皇。"也许国王已经被魔鬼（撒旦）所控制，因为他完全不肯动摇，除非使用武力，否则他不会恢复理智。他和他的信徒最好被消灭，否则将会对广大民众造成灾难性伤害。"[55]这位新枢机主教被派到法国，煽动法国人支持英格兰的叛乱。亨利立即要求法国将其作为叛徒引渡回国，但是他的兄弟法国君主弗朗索瓦一世既不敢得罪亨利，也不敢得罪教皇，只是命令波尔离开法国。枢机主教波尔试图在低地国家寻求庇护，但是在边界被拦住了，只能带着未完成的使命返回罗马。

他幸运地活着回到罗马。但愤怒的亨利却想将波尔绑架带回英格兰，砍掉他的脑袋，以治其叛国之罪。他告诉驻法国大使加德纳和弗朗西斯·布赖恩爵士："我们希望把波尔捆起来，送到加来，因此希望咨询你们的意见。"亨利进一步明确指示弗朗西斯·布赖恩爵士，应该“秘密安排一些人员来完成这一目标”。[56]

但克伦威尔已经发起了一项抓捕或暗杀波尔的行动。加来骑士（Knight-Porter）托马斯·帕尔默爵士于 1537 年 5 月 6 日写信汇报说，他将在第二天前往佛兰德斯，假装去那里买一匹马，并安排 6 名同伴在格拉沃利讷（Gravelines）沿海与他见面。[57] 他清楚地观察着波尔的一举一动，准备随时逮捕他，他 10 天后从图尔奈（Tournai）告诉莱尔勋爵：“您想要逮捕的这个人始终没有踏出房门，据我了解，他也没有试图出去，很多法国人维护他，我相信这些人以后会后悔不已。”[58] 除了帕尔默，另外还有 4 个人被派往低地国家去干掉波尔。[59] 波尔写信给教皇保罗三世说，如果他继续留在那个城市，“英格兰国王将会更加费尽心思逮捕我”。英格兰开出 10 万金克朗的巨额悬赏（按照 2006 年的价值折算超过 800 万英镑）——“只要抓到他，无论他是活还是死”。[60]

他逃脱了亨利的追杀和克伦威尔的搜捕，却未能防止自己的仆人迈克尔·思罗格莫顿（Michael Throgmorton）被收买暗中监视自己。在 1537 年 9 月，克伦威尔向思罗格莫顿写了一封长达 5 页纸的信，其中言辞刻薄，大加斥责。他毫不掩饰地说：

> 我认为国王赐予你极大的恩典，也赐予那个令人唾弃的叛徒，也就是你的主人，超乎寻常的宽恕，承诺宽恕他意图谋害陛下的邪恶罪行，这本应足以让他放弃顽固的恶意、盲目的背叛，或者让你忠于陛下。
>
> 我甚至不敢相信，为何如此叛逆的主人能培养出像你一样忠诚的仆人。

不，忠臣不会与叛徒同流合污，如果你曾为国王监视主人，不可能隐藏这么久。

克伦威尔继续说道：

你和你的主人都曾明确宣称自己不惧怕上帝，因此为了晋升的虚无承诺，你们蓄意反叛自己的君王和国家，为敌人效忠。他违背了诚信、真正的教义、正义、尊严，满口谎言，其罪状罄竹难书，为任何正义之士所不齿。

对于教皇保罗三世的鞭笞到此为止。然后，克伦威尔又回过头来攻击思罗格莫顿的品格："你已经让我看走眼一次了——鉴于你的人品和信用，我不会再相信你第二次……你现在坚持跟随一个仇恨君主的叛徒，效忠于一个上帝都憎恨的人，这是多么愚蠢、多么疯狂的行为！"

然后，克伦威尔把注意力转向了波尔。他的话语里充满赤裸裸的威胁意味：

现在如果那些令他如此疯狂的人说服他将充满仇恨的书稿（字里行间充斥着谎言）印刷出来，那么这些人将会因为自己的建议而被他拖下水，正如他的家族因为他的自作聪明而即将毁于一旦。我相信上帝不会赐予他多少快乐，因为他的朋友和家人正在利用他。

最可怜的就是愚蠢的波尔，或者说好听点儿，他只是缺乏智慧，因为他一人的错误竟然毁灭了如此庞大的家族。

至于枢机主教本人，他可能会对这段话感到惊讶："实在是没有理由宽恕这种叛国行为。如果要追究他这么做的原因，我实在想不到，不过很多人和我想法一样，都认为如果他被处以最残酷的死刑，那也是咎由自取。"

克伦威尔补充说：

> 我们在意大利也有很多手段来铲除叛徒。告诉他，不要以为只能按照国内的法律处决他，在必要的时候，我们也会寻求在国外采取新手段将他绳之以法。
>
> 我必将竭尽所能让你受到该有的惩罚。上帝会让你们两个付出相应的代价，除非你发誓效忠于我们，否则将面临最残酷的死刑。[61]

掌玺大臣的雄辩口才是对波尔家人和白玫瑰后裔赤裸裸的威胁，这些人现在被克伦威尔的代理人们紧密地监视着。他们是克伦威尔的死敌：埃克塞特侯爵（Marquis of Exeter）亨利·考特尼据说曾经试图用匕首杀死克伦威尔——但是他的谋杀企图失败了，因为克伦威尔谨慎地在他的上衣下面穿着胸甲。

1538 年 8 月 29 日，克伦威尔突然抓走了枢机主教最小的弟弟杰弗里·波尔爵士（Sir Geoffrey Pole），在炎炎夏日将其关押到伦敦塔中。波尔爵士被指控写信给叛国的哥哥，并干扰国王的逮捕令。[63] 克伦威尔指望他提供家人的罪证，最后果然成功了。

杰弗里·波尔胆怯地投向国王，从而挽救了自己的性命，尽管他的证言将不可避免地摧毁自己的亲人。他的举报很快就引发摧枯拉朽的变化，首先是他的大哥亨利·蒙塔古勋爵（Lord Henry Montague），他曾在1537年3月24日发表不明智的言论："我支持弟弟，也就是枢机主教的行动，但我不会选择改变英格兰，而是希望全世界发生改变。我希望我们都身在海外。英格兰已经离经叛道，颠倒上帝的律法，推翻修道院和教会，我想他们还会拆除教区的教堂。"随后，他又梦见国王已经死了，两天之后再次说出叛国的言论："国王没有死，但是他会死于非命，他的腿会毁了他，那时候我们便会欢欣鼓舞。"[64]在4月1日（愚人节），蒙塔古又很狡猾地评论道："如果有一个诚实的主人，沃尔西枢机主教应该会是个好人。"[65]

11月份，克伦威尔认为他有足够的证据，可以一举扫除白玫瑰残余势力。[66]波尔的母亲玛格丽特·索尔兹伯里女伯爵、蒙塔古、考特奈及其妻埃克塞特侯爵夫人加特鲁德（Gertrude）、德拉沃尔勋爵和爱德华·内维尔爵士都被监禁。甚至蒙塔古和埃克塞特的小儿子都被关进监狱。后来，他们还成功地在女伯爵的家具中找到了带有"基督五伤"的长袍或外衣——求恩巡礼的象征。毫无疑问，有些家族成员还肆无忌惮地与西班牙大使查普保持通信。其他人视克伦威尔为敌人，如内维尔，他一向对国王枢密院感到沮丧："上帝啊！我在他们当中就像一个傻瓜，但我一笑置之，得过且过。国王留住的都是一些无赖，让人敢怒而不敢言，如果可以，我宁愿过着平民的生活，也不愿意在枢密院苟活。"显然，这是经历了无数枢密院会议之人的肺腑之言。有些话语明显是针对新兴势力克伦威尔的："我相信流氓必将下台，世界将回到贵族的统治之下，将变得更好。国王是野兽，甚至比野兽更坏。"埃克塞特赞同他的观点："流氓控制了国王。我相信总有一天他们会遭到沉重打击。"[67] 这些话语流露出旧贵族势力对掌玺大臣的权力和地位的憎恶和嫉妒，不过，他们很快就会为此付出沉重的代价。

12 月初，这场为期 3 天的叛国审判启动。1538 年 12 月 2 日，蒙塔古在威斯敏斯特大厅接受同僚们的审判，他被指控"谋划维护、提携和帮助（枢机主教）雷金纳德·波尔，曾经的伦敦绅士和前埃克塞特主任牧师，现在是逃亡海外，试图剥夺国王王位的叛国贼"。第二天，埃克塞特在同一地点被宣告有罪，12 月 4 日，内维尔被判犯有叛国罪。毫无骨气的杰弗里·波尔爵士以及其他落入克伦威尔网中的"无名小卒"都被判犯有叛国罪[68]。埃克塞特、蒙塔古和内维尔在伦敦塔被斩首，索尔兹伯里女伯爵最终在 1539 年 6 月按照《议会法案》被囚禁在伦敦塔内，直到 1541 年 5 月 27 日在绿塔（Tower Green）处斩，享年 67 岁。[69] 蒙塔古的后嗣亨利逃脱了严密的堡垒，在 1542 年 9 月后的某个时间死去，而埃克塞特 12 岁的儿子爱德华则被关在塔里，直到 1553 年玛丽公主登基才终于得到释放。谄媚而油嘴滑舌的德拉沃尔因为太天真、太愚蠢，没有参与任何阴谋，最终通过将西苏塞克斯奇切斯特附近的哈尔纳克（Halnaker）的房产赠送给贪婪的国王，而获得王室的赦免。杰弗里·波尔因过度悔恨在伦敦塔内自杀未遂，在 1539 年 1 月 2 日获得彻底赦免，他因此捐出一块领地作为感谢[70]，但也因为深陷悔恨而变得疯疯癫癫，随后在欧洲到处游荡，最终死于1558年。

在1538年，天主教神父和贵族成员并不是唯一因信仰和行为而受到惩罚的群体。那年11月，克伦威尔和克兰默开始清理英国新兴的再洗礼派，他们在圣餐中否定上帝“圣体实在”。亨利认为，这是异端，因此，有些人必须因为相信这样的异端邪说而被处死。

打击异端势力的动机已经酝酿成熟。

这些人对国王的指责不断地刺激他的自尊心和过度膨胀的自我意识。他其实非常看重“信仰捍卫者”这个头衔，尽管现在英格兰的信仰与教皇利奥十世在1521年授予他这个荣誉称号时所定义的有点儿不一样。亨利非常需要公开展示自己的虔诚和他在信仰上的渊博知识。

也许是保守派加德纳主教选择了约翰·兰伯特（John Lambert，别名约翰·尼科尔森）作为牺牲者。

克伦威尔把威斯敏斯特宫的宴会厅布置好，为国王的宣讲做准备。他比以往任何时候都更细致，充分了解如何掌控局面。沿着墙面放着的分层木质脚手架，上面设置了观众席位，受邀的贵族和神职人员将目睹国王个人对一个广为人知的异端者的控诉。

审判的结果当然是提前预定的。

兰伯特，激进的福音派信徒，曾经是安特卫普英格兰商人社区的一名牧师，现在是伦敦的一名校长，已经在兰贝斯宫举行的一次听证会中被克兰默认定为异端教徒。

11月16日中午，国王全身上下都穿着象征着纯洁的白色丝绸，昂头挺胸地走进拥挤的大厅，身旁的护卫人员也穿着特制的白色制服。亨利庄严地坐在一顶斗篷之下，左边是以克伦威尔为首的非神职上议院议员，右边是以克兰默为首的主教们。

兰伯特被带进来，并被安排站在一个小木台上，面对国王的指控。

国王向前倾身，质问囚徒："哦，好家伙！你叫什么名字？"[71]兰伯特可能被国王的风趣幽默迷了双眼，他一开始表现并不好。他试图用别名来逃脱惩罚，但他那磕磕绊绊的解释很快被亨利打断了，亨利变得"脸色冷漠，眉毛紧锁"。他嘲笑兰伯特："我不相信你有两个名字，虽然你是我的兄弟。"

著名的剑桥国王学院校长乔治·达伊（George Day）曾解释说："这次集会根本就不是为了争论信仰，只是国王——作为最高领袖——希望在所有人面前公开谴责和反驳异端教徒。"

亨利知道套路和最终的结果。每次提到基督时，他都虔诚地摘下帽子，他问兰伯特是否相信神圣的薄饼和葡萄酒代表了上帝和圣子的肉身。兰伯特回答说，他认同圣奥古斯丁所言，"那即基督的肉身"，然后又画蛇添足地补充道："不过，得经过某种处理方式。"

国王不满意他的搪塞："回答我的问题，既不要扯上圣奥古斯丁，也不要受其他人的影响。直截了当地告诉我，你是否认为那就是基督的肉身，是还是不是？"

囚犯无处可避。"那不是他的肉身。我否定我刚才的话。"

听到这个回答之后，亨利突然屏住呼吸，避免在宴会厅中发出过大的回响，然后声音洪亮地评论道："好好地记下来，现在你要受到基督的谴责，因为他说过'这是我的肉体'。"

在长达5个小时的时间里，精心准备的主教们用无可挑剔的拉丁语抨击兰伯特的异端信仰，加德纳粗暴打断了克兰默的发言，因为他觉得大主教的“辩论苍白无力”。[72]毫无悬念地，人们用“稀稀拉拉的掌声”祝贺亨利取得胜利。他问囚犯：“你想活下来还是死去？你还有自由选择的机会。”但是兰伯特没有因为这残酷的审判而屈服，他表示希望将自己的灵魂奉献给上帝，而他的身体由国王处置。

事情从来都没那么简单。亨利耸了耸肩，对他说：“那你必须死。我不会保护异教徒。”[73]

克伦威尔走上前。他大声地宣布这个囚犯是一个不可救药的异教徒，被判处死刑。6天后的11月22日，兰伯特在史密斯菲尔德被处决，讽刺的是，这距离主教约翰·福里斯特在同一地点被烧死正好6个月。当兰伯特的腿几乎被完全烧尽时，火苗下降，两名行刑人员将他还活着的躯体抬起来，放回到火焰中。因为死亡终于免除了他的痛苦，他最后喊道：“基督万岁！基督万岁！”[74]

11月29日，两名尼德兰再洗礼教徒，一男一女，很快也在史密斯菲尔德被烧死，因为他们“反对圣坛的圣礼”，在其他地方，“一个大约22岁的大好青年”因为同样的异端信仰在埃塞克斯科尔切斯特（Colchester）被烧死[75]。

1538年11月16日，兰伯特接受审判的同一天，王室发布了一则公告，旨在禁止英文版《圣经》的购买和使用；禁止牧师结婚；驱逐再洗礼派教徒或萨克拉门托人；督促严格遵守没有被废除的宗教仪式。[76]公告中列出的前8项禁令已经由亨利亲自作注，第八条的禁令以“最终”一词开始，明确暗示公告的结束。不过奇怪的是，最后又增加了两项禁令（毫无疑问出自克伦威尔之手）。这两个当权者打击了盲目的迷信活动，并制止了人们对圣托马斯·贝克特的崇拜，并命令：

> 所谓的托马斯·贝克特不应受到崇拜，不应获得封号，不应该获得荣誉，也不应该被称为圣人，而只是“贝克特主教”。放置在国内所有教堂和其他场所中的关于他的所有画像和图片应被拆毁；从今以后，不能庆祝以他名字命名的节日；他的名字也不能出现在任何仪式、文书、歌词、收藏品和祷告中，必须删除所有书中出现的他的名字，因为因为他背叛君王，是个叛徒。

这两项额外禁令的内容在国王枢密院的宗教人士中讨论了很长时间。显然，在最后关键时刻，各方达成一致。

至于托马斯·贝克特大主教以及他曾经在宗教方面对国王稍显不满的事情，擅长政治宣传的克伦威尔不过是根据目前政治形势的需要对历史真相进行改写而已。基于一百多年前的基督教罗拉德派（Lollard）[77]的故事，他狡猾地编造了一个故事：脾气暴躁的亨利二世安排骑士们在坎特伯雷大教堂暗杀大主教，但是大主教逃过一劫。（还记得那句话吗？“谁能帮我铲除这个不听话的神父？”）[78]相反，根据克伦威尔的说法，大主教在一场普通的暴乱中惨死。正如所有效果显著的政治宣传一样，掌玺大臣的故事中掺杂了一些真相——关于贝克特的品格，这是故意留漏洞以提高其真实性。

大主教故意抵制了国王的法律，旨在纠正“神职人员的暴行”，当他的一名仆人被捕时，贝克特试图拯救他，从而爆发了尴尬的争吵或骚乱。贝克特曾经“口出狂言”，还一把拉住其中一个对手，“抓住他胸部，猛烈地摇动他，几乎把他推倒在教堂的路面上”。克伦威尔在故事中补充说：“因此，他在人群中被杀害了。”“有人说他这是殉难[79]，但是这不是事实。只有罗马主教才将他追封为圣者，为了维护自己的权威，彰显神职人员的正义。”

为什么所有矛头突然指向圣托马斯·贝克特？

3个月前，也就是8月，克兰默大主教让王室专门调查委员会检查一瓶殉难前辈的血液，他怀疑里面只是红赭石。在9月8日左右的某个时候，位于坎特伯雷大教堂三一礼拜堂的贝克特墓被盗了，因为里面有大量的黄金、白银和珠宝作为点缀。他的圣祠于1220年7月7日由大主教托马斯·兰顿（Thomas Langton）[80]建造，并于1220年7月7日捐献出来，由金匠科尔切斯特的沃尔特（Walter of Colchester）打造装饰。它包括一座由4根支柱支撑的坟墓、贝克特身穿圣衣的雕像、镶满宝石的山墙和装满圣物的棺材。这一切的上方又被一层黄金板覆盖，上面铺满了东方珍珠、红宝石、钻石、祖母绿和蓝宝石。[81]

难怪，在1538年9月，亨利和克伦威尔两人不约而同地选择他作为主要攻击的目标。这些赃物被分装到10辆牛车中，运往伦敦塔的珠宝库，供亨利私人享用。此外，根据历史学家拉斐尔·霍林斯赫德（Raphael Holinshed）的说法，当时贝克特的遗骸已经被打散——“人们在那里发现了他的骨头、头骨等，其中造成他死亡的伤口处的骨头是破碎的。在克伦威尔的命令下，这一切都在原地被烧毁。”[82] 掠夺（当时被冷漠地称为“拆除”）贝克特圣祠的工作，掌玺大臣的代理人理查德·波拉德（Richard Pollard）以破除偶像崇拜为名义花了好几天才完成。[83] 亨利特别急于获得那颗大名鼎鼎的“熠熠生辉的”宝石，那是一个硕大的红宝石，据说是法国国王路易七世于 1179 年捐献给圣祠的，亨利后来得意扬扬地将其戴在自己的拇指上。[84]

讽刺的是，威廉·佩尼森（William Penison）写给克伦威尔的一封信中记载了圣祠被拆除仅仅一周之前其壮观的风貌。

> 昨天，蒙特勒伊（Montreuil）夫人[85] 带着她的贵妇们和法国大使来到镇上，我向她展示了圣托马斯的圣祠，她对其中的丰厚宝藏感到非常震惊，认为这是无价之宝，如果不是亲眼所见，不敢相信世间还有此物。
>
> 他们在圣祠和圣托马斯的头骨前参观了超过一个小时的时间，两个地方都设有跪垫，院长取下圣托马斯的头骨，对她连说三次“这是圣托马斯的头”，让她亲吻它。

考虑到卫生问题，她拒绝了，这是个明智的决定。她也拒绝下跪，而更倾向于“看看里面的珠宝”。[86]

根据克伦威尔的命令，伦敦齐普赛街（Cheapside）北侧的圣托马斯·艾肯（或圣托马斯·阿克里）教堂和医院的祭坛上的圣托马斯神像被拆除下来。教会的彩色玻璃中有他的殉难画像，也被砸了，“不要再提到他了”[87]。同时政府档案和法律文件也被排查，贝克特的名字被笔划掉，或者用刀削掉。[87] 坎特伯雷必须改变其盾徽。圣托马斯·贝克特被残酷地从历史中抹去。.

随后，在9月份，托马斯·赖奥思利在去佛兰德斯为克伦威尔办事的路上遇到了温彻斯特主教斯蒂芬·加德纳，他作为驻法国大使刚返回英格兰，正从肯特的锡廷伯恩（Sittingbourne）去往罗切斯特，他满面春光地坐在马车上，周围是身着五彩服装的随从队伍。赖奥思利问主教的随从，加德纳如何看待“我们在这里做的事情”——指破坏贝克特圣祠。随从告诉他，在宗教方面较为保守的加德纳“不希望这样的事情发生在坎特伯雷，如果他当时在国内，他会建议在温彻斯特做这种事情”。[88]

加德纳不知道的是，他这个出人意料或者说有点儿不像他风格的回答马上就要成为现实了。在坎特伯雷的破坏行为之后，波拉德、赖奥思利和约翰·威廉斯一同前往西边的温彻斯特，打算破坏圣斯蒂芬圣祠，它的知名度仅次于坎特伯雷的贝克特圣祠，从1200年开始，这座圣祠就矗立在祭坛的后面，后来两旁又建起了博福特（Beaufort）主教和韦恩弗利特主教的小教堂。[89]他们在“星期六凌晨3点”开始工作，这么早启动无疑是因为担心当地人的反抗。波拉德和同伴计划“扫除所有腐烂的骨头”，以免被人认为“我们是为了挖掘宝藏，而不是为了驱除偶像崇拜”[90]。他们完全乐在其中。然而，这座罗马风格的大教堂下面的情况却令人大失所望：圣人坟墓上的所有宝石只不过是玻璃和石膏，不过这些盗墓者还是获得价值1300英镑（按照2006年的价值折算为49万英镑）的赃物。波拉德于星期六上午告诉克伦威尔：

> 我们在法衣室找到了名叫“耶路撒冷”的祖母绿十字架，

> 还有另一个金质的十字架、两个金圣杯、一些银盘子……以前的修道院院长把宝库的墙壁弄得太薄了（基本算是舍弃它了），以至于我们忍不住一扫而空，没有给院长留下任何装点的东西。我们发现院长们对此也很满意。[91]

贝克特圣祠的毁灭引发梵蒂冈对亨利的制裁。1538 年 12 月 17 日，保罗三世准备公布将亨利逐出教会的决议，这是其前任克雷芒七世早在 5 年前就草拟好的。决议宣布英格兰国王是一个异教徒，并呼吁国民不要对他效忠，还敦促西班牙和法国的天主教君主团结起来，使英格兰重新归顺于教皇的权威，而克伦威尔这个“撒旦的帮手”则应该被单独扔进地狱的熊熊烈火中。很明显，这个决议无法在英格兰实施，人们不敢在亨利所能触及的地方完整地宣读它，因为害怕被报复：从科德斯特里姆（Coldstream）到苏格兰边界，再到英吉利海峡对岸的布洛涅和迪耶普（Dieppe），乃至他最虔诚的基督教君主弗朗索瓦一世的疆域。[92]

罗马教皇的愤怒不仅仅局限于恶毒的咒骂：圣诞节过后两天，枢机主教波尔再次被秘密派往欧洲，鼓动各国联合起来推翻亨利这个“最残酷最可恶的暴君”。

天主教会的力量终于汇聚起来攻击英格兰以及它那顽固自负的君主。

不幸的是，英格兰及其君主都无法承受欧洲超级大国的侵略。

第九章

遥远的冲突之声

来吧，温彻斯特勋爵，现在就答复国王，大胆地说出你的真实想法！难道取悦国王不是理所应当的事吗？

——克伦威尔写给斯蒂芬·加德纳主教，1539 年 [1]

在 1539 年的最初几个月，克伦威尔一直在统筹国防力量，因为他担心法国和西班牙军队随时可能登陆英格兰海岸。查理五世和弗朗索瓦一世在 1 月 12 日签署的《托莱多条约》(Treaty of Toledo) 再次预示了即将来临的战争。根据条款，在没有获得任何一方完全同意的情况下，两个国王均不能与亨利结成联盟或达成外交协议。此外，教皇保罗三世还任命保守派的苏格兰修道院院长戴维·比顿 (David Beaton) [2] 为枢机主教，并委托他教唆苏格兰的詹姆士五世从北方攻击英格兰。欧洲各国的蠢蠢欲动使伦敦面临 3 股势力同时入侵英格兰的险境，使其处于极其不利的地位，正如忧心忡忡的赖奥思利形象地描绘的那样，现在是“人为刀俎，我为鱼肉”的局面。

亨利呼吁贵族们行动起来，指责教皇是“一个遗祸无穷的偶像，他掩饰真相，篡夺君王权力”，现在还企图摧毁英格兰的宗教，剥夺其所有的财富。亨利希望这些贵族们能够承诺每个人至少提供40名男丁，最好是弓箭手和枪手，乐观而言，最好在通告发出后一个小时内做出响应。[3]持续有谣言说，西班牙和法国都将从伦敦召回外交大使，战争一触即发[4]，就在法国人卡斯蒂永离开伦敦之前，克伦威尔特地护送他到伦敦塔附近，特意让他看看英格兰大量的装甲和武器储备。

为了凸显英国的军事实力以警醒大使，克伦威尔宣读了一份冗长的军备清单，包括：大炮、弹药、军舰和志愿军，并表示这些军备可以随时迎战。掌玺大臣后来告诉国王，他还邀请大使参观自己的个人军械库。

> 并向他展示了我所拥有的各种甲胄（盔甲）和武器，他表示叹为观止。我还告诉他，英格兰的勋爵和绅士们也都有各自的军械库，总数超过了20个，规模与我不相上下，甚至更甚于我，他对此表示惊叹，表示国王陛下的武器装备想必是全天下最强大的。[5]

法国大使取回他的通行证，第二天便离开了伦敦，他对克伦威尔所展示的英国的军事实力印象深刻：这就是克伦威尔精心策划的烟幕弹所发挥的作用。

这种军事吹嘘起到了非常好的效果，但是还需要采取一些实际措施来烘托这些虚假的实力。实际上，英格兰在很大程度上无法抵御意志坚定的强国的入侵。为了更有效地部署有限的部队，克伦威尔将英格兰和威尔士分为11个防御区域。他开始建造新的圆形炮台，这些炮台被干涸的护城河包围，其堡垒可以发射360°的火力——用现代军事术语来说就是“全面防御”。这些炮台中，有的位于肯特郡的沃尔默（Walmer）、桑盖特（Sandgate）和迪尔（Deal），用来保护英吉利海峡最狭窄的区域，有的位于苏塞克斯郡的坎伯（Camber），用来守卫南部海岸的拉伊（Rye）。前哨战朴次茅斯（Portsmouth）的海军基地也将加强实力，在赫斯特岬（Hurst Spit）和卡尔肖特（Calshot）建造炮台，以守卫索伦特海峡（Solent）和怀特岛（Isle of Wight）。被拆毁的修道院的石头有一部分被用来建造军事设施。

完成这些新的军事工程需要时间，因此，克伦威尔组织了一群工人挖掘护城河，在脆弱点建立路障，作为临时防御的手段。他还在英格兰南部和东部沿海建造了灯塔，以便在敌人登陆时发出警告信号。17岁及以上的男子被征入民兵队伍，在伦敦和南安普敦港口的外国船被扣留，如果违背指令出航则被处以死刑，在必要时被海军强制征用。在埃塞克斯郡的哈里奇（Harwich）地区，妇女和儿童被迫在港口为国防做劳役。

4月份，关于8000名雇佣兵集结在低地国家的消息传到伦敦时，战争恐慌加剧，更令人担忧的是，1539年4月9日，人们在肯特发现一支包括68艘船的强大舰队。当地的阿什福德（Ashford）以及朴次茅斯附近的海岭岛的国防部队迅速动员起来，但万幸的是，这次的警报有误，该舰队的目的地是西班牙，将援助西班牙海军在地中海地区攻打土耳其人。雇佣军最终到达波罗的海地区。

与此同时，克伦威尔还修建了宗教方面的防护墙：正式批准了《圣经》英文版本，克伦威尔坚信，这将会平息宗教争议和提升民众的道德水准[6]。他还认为这是一种得体且性价比很高的方法，可以不断向民众灌输国王是英格兰教会至高无上的领袖的观念。

克伦威尔在1538年9月向神职人员发出禁令，要求他们至少每3个月对他们的会众进行一次警告，遏制宗教迷信行为，比如向圣物或神像供奉金钱或蜡烛，通过念珠进行“毫无意义”的祷告。他还命令各教区保存自己的洗礼、死亡和婚姻登记册，并在复活节之前，在教堂“提供英文版的《圣经》，这样可以方便神职人员获取和宣读”。[7]神职人员“应该公开呼吁、鼓励和劝说所有基督教徒阅读英文版的《圣经》，并将其视为上帝的真言，每个渴望被救赎的基督徒都应该接受、相信和追随《圣经》，神职人员应该劝诫他们……以免产生误解”。

几乎不可避免地，关于保存教区登记册的规定引发了强烈的质疑，人们怀疑这是狡猾的克伦威尔推行新征税政策的前奏。不过，这个规定对今天的家族史学家和家谱学家来说是莫大的福音。在宗教禁令发出后，刘易斯·赫伯特（Lewis Herbert）从伦敦返回格洛斯特郡，不明智地复述了他所听到的谣言：所有的鸡、牛或猪都要向国王赋税[8]。1539年3月，西苏塞克斯郡霍舍姆（Horsham）的一名铁匠威廉·霍尔（William Hole）坚称，每次洗礼、婚礼或葬礼需支付15便士，[9]一个月以前，皮尔斯·埃奇库姆爵士（Sir Piers Edgecombe）“很慌张地”写信提醒克伦威尔，德文（Devon）和康沃尔的人陷入“深刻的恐惧和质疑”，认为“这项登记制度会导致他们需要支付比以往更高的税费。因此，如果国王能够消除他们的质疑，我感激不尽”。[10] 克伦威尔无奈地解释说，登记注册纯粹是为了方便行政管理：为了避免“关于年龄、家族关系、继承权、私生子、国籍等问题的各种纠纷、繁文缛节或误解”。[11] 但是，对于他带有官僚主义风范的引导，人们并不买账。

对许多神职人员来说，每季度做一次布道想必是烦人的任务。沃里克郡瓦特扣特（Whatcote）的助理牧师罗伯特·马维德（Robert Mawde）对此感到不满，他于 1539 年 3 月 2 日告诉会众：

> 以上帝之名，我已经向你们宣读千万次，你们也已经了然于心了。这就像男孩学东西或者女孩学习民谣歌曲一样简单。
>
> 以上帝之肉身发誓，我认为这些禁令颇为冗杂，但是其主旨只需两个字就能表达，而我们非常清楚其中的含义。它就像一个韵脚、玩笑或民谣。

人们很容易理解这名牧师对政府的失望，但是他的私心未免太重：“出于对这些禁令的报复，我以上帝之骨发誓，威斯敏斯特大厅中没有任何人会为区区 20 个金币（6 镑 6 先令 8 便士，相当于 2006 年的 2500 英镑）反复宣读《圣经》。”[12]

克伦威尔对此非常乐观，相信英文版《圣经》将会在 1539 年的复活节前分发到各个教区。两年前，两位印刷商——理查德·格拉夫顿（Richard Grafton）和爱德华·惠特彻奇（Edward Whitchurch）都推出了新版的英文《圣经》，因为英格兰印刷业产量非常有限，这一版本的修订版将在巴黎出版，克伦威尔慷慨地自掏腰包捐助了600马克（400镑，按照2006年价值折算为15万英镑）。克兰默大主教建议，每本售价13先令4便士，但克伦威尔认为10先令整更方便，[13] 售价对每个教区的神职人员和会众一视同仁。

然而，正当排版完成的时候，巴黎印刷商被检举到法国检察总长（Inquisitor General）处，出版工作陷入停滞，尽管克伦威尔尽力挽救《圣经》的出版和自己的捐款，但无论如何《圣经》最终不得不由格拉夫顿在伦敦完成出版。这本伟大的《圣经》的封面是一幅木刻画，主角是伟岸的亨利国王，两旁是克兰默和克伦威尔，周围簇拥着忠实的臣民，他们手握着新版《圣经》，高喊着"吾王万岁"（Vivat Rex）和"天佑吾王"（God Save the King）。然而，一直到1539年11月，该版《圣经》才得以广泛使用。[14]

毫无疑问，克伦威尔成功地安抚了亨利，而亨利同时也在海外寻求能够在关键时刻帮得上忙的朋友。他写信给乌尔比诺（Urbino）公爵盖多巴尔多·达·蒙特费尔特罗（Guidobaldo da Montefeltro，他在意大利的领地受到教皇军的入侵），鼓励他抵制罗马教皇，谴责罗马教皇是"你我共同的敌人"，他与"假先知和伪君子"为伍。[15] 然而，即便费尽口舌，亨利也未能煽动公爵。随后，他试图在德意志新教徒结成的施马卡尔登联盟（League of Schmalkalden）中寻找到一名潜在的盟友，经过多次怂恿之后，对方终于在4月份低调地派出由萨克森（Saxony）副大法官弗朗西斯·布尔克哈特（Francis Burckhardt）率领的代表团。然而，英格兰国王并不想采用路德宗的信仰——其真实意图是维护陈旧而熟悉的英格兰教会教义。在耶稣受难日，他在威斯敏斯特宫遵循改革前的仪式，从王室礼拜堂的门口前一路跪拜至十字架前，并且在弥撒期间，“国王陛下亲自”和民众一起跪拜在祭坛面前[16]——尽管他腿上的瘘管还未愈合，必须忍受巨痛。每个星期天，亨利都食用“圣餐和圣水，每天都遵循其他神圣的仪式。整个伦敦，没人敢反对他，否则将面临死刑”。国王急于表明他不是异教徒：实际上，他比罗马教皇还虔诚。

幸运的是，外敌入侵的威胁已经消失了，因为查理五世和弗朗索瓦一世显然都不愿意响应顽固的罗马教皇的呼吁，对亨利采取军事措施，也不愿意为了反对异端耗费巨资并冒着巨大的风险攻击英吉利海峡对岸的英格兰。因此，英格兰获得了暂时的安全。

4 月 28 日，新一届议会会议在威斯敏斯特召开。不过，克伦威尔因病缺席，尽管如此，他仍然仔细审查督促下议院议员，以确保他坚定支持并打算在会议期间通过的有争议的立法获得足够的支持。[17]他的第一项提议史无前例地大胆：国王有权通过公告立法，无须经过任何议会审查或批准。

在法案提交议会之前，克伦威尔曾试图在亨利面前暗算加德纳主教。主教 8 年后回忆说，他当时被传唤到了汉普敦宫，听到关于王权的提案——“国王可以根据自己的意志和意愿立法”。加德纳“安静地站着，思忖着这个提案背后的目的”。亨利看到他在沉思，“诚恳而温柔地问道：‘请回复（克伦威尔）的问题，同意还是不同意？’”“我不想答复克伦威尔大人，而是回答国王。”加德纳对亨利说，我听说很多国王的意志“被视为法律，但是如果将法律视为国王的意志，那么一切将更加明确和顺理成章”。亨利转过身来，“不再说这件事了，但是这时克伦威尔却反咬一口，对我发怒，仿佛我抢了他的风头”。[18]

加德纳的反对使克伦威尔更加下定决心推行这一措施。掌玺大臣在上议院的第一次和第二次宣读中强烈推行该法案，但是即使是他的傀儡们也反对这些规定，他不得不撤回修改。然而，新版本也被下议院否决[19]，克伦威尔不得不私下威胁法案提名者。最终，他的威胁起了作用：这个措施在6月底获得两院的批准，形成《公告法》(Statute of Proclamations)。[20]法案被包裹在悦耳而温和的言辞中：

> 突发事件确实需要迅速的补救办法，同时议会的意见可能存在重大偏见，因此，国王陛下在尊贵的议会建议下可以直接颁布法令，以保护国民利益、维护政治秩序以及管理国家，有时还可以捍卫王室尊严、促进整体国民的发展以及社会的安宁……
>
> 现规定，国王在尊贵的议会或者其他相关人员的建议下可以直接颁布法令，相关惩罚由国王陛下及其指定的议会成员或者其他相关人员决定。国王直接颁布的法令与议会通过的法律具有同等效力，任何人必须在规定时间内遵守该法令。

现代英国政府官僚想必也会将这个法案描述成纯粹的“授权措施”——在适当的情况下使用，而忽视其对议会权力的侵蚀。

毫无疑问，克伦威尔强调，（无论如何，理论上）国王的权力仍然是受限的，比如他仍然不能任意判死刑、监禁，也不能仅通过宣告就剥夺他人财产。但是，具有讽刺意味的是，任何违反该法案的人都将在威斯敏斯特专治暴徒的星室法庭（Star Chamber）接受审判，如果被判有罪，“根据法令规定，他将需要接受罚款，被没收财产，还将接受监禁”。[21]实际上，这就是专制。如今，英国政府的掌权人喜欢将未经过议会审核的内阁法令称为“亨利八世专制”。

为了加强国家对其国民生活的控制，克伦威尔进一步微妙地修改了《褫夺公权法案》：议会通过了有关叛国罪犯的处决手段——没收其财产和不动产。在1534年，没有现有的法律制度可作为处决伊丽莎·巴顿（Elizabeth Barton，所谓的“肯特圣女”）的依据，克伦威尔对此颇为不满。因为伊丽莎白的罪行只涉及言论——而口头叛国当时还没有被法律明文禁止，所以对她的审判未能成功，她和她的同伙仅仅受到《褫夺公权法案》的惩罚。

现在他抓住机会，以这个权宜之计为先例，借机对叛国罪的量刑制度做出改变。他打算以年老衰弱的索尔兹伯里女伯爵为幌子。几个月前，她的儿子亨利·蒙塔古勋爵和他的同谋因叛国罪被处决，她因此仍然处于监禁之中。[22]尽管法官一致认为这样的做法存在风险，但是克伦威尔还是如此提议，并且议会顺从地通过了。现在《褫夺公权法案》可以用来处罚叛国罪犯，而不需要经过冗长的审判。对于克伦威尔这样一个善于收买议会成员的人来说，这个法案的通过可以方便他在证据不足的情况下确保法庭起诉成功，他甚至还可以精心挑选陪审团成员。1539年6月28日，女伯爵被褫夺公权，她之所以会成为第一个受害者，是因为亨利执着于消除约克家族的威胁。[23]

具有讽刺意味的是，克伦威尔后来为此付出惨重的代价时，他才意识到将如此强大的武器授予一个无情的暴君会造成致命的后果。

与此同时，掌玺大臣也非常关注自己在整个国家治理制度中的位置。他提出了《优先权法》(Act of Precedence) [24]，重新强调了国王大臣的重要性和地位。现在，“如果首席大臣是男爵，那么他应该位于国会所有男爵之上，如果他是主教，那么他将位于所有其他主教之上”。此外，该法案还规定，教会事务副主席（还是克伦威尔）应该位于上议院的坎特伯雷大主教之上。1539年，克伦威尔的优先地位较低，仅仅是一名男爵。现在通过这个简单的法案，他的地位僭越了上议院的所有其他成员，从而引发了同僚强烈的愤怒，他们现在觉得自己降级了。这个立法是为了澄清法案的内涵，还是试图更准确地反映他对国王顾问团的重组？不，对于出身低微的克伦威尔而言，这更有可能是为了增加自豪感、影响力和地位，并且进一步向傲慢的贵族阶层彰显自己的永久权威。

同时，政治宣传活动在克伦威尔的争权行动中发挥着越来越重要的作用，他定期利用各种媒体形式来塑造和影响国民的思想：从经授权的公开讲道到小册子，从戏剧到公告，最后到引起争论的流行民谣。尽管入侵的威胁已经消退，他仍然持续宣扬国威，一方面是为了表明英格兰的决心，以便笼络驻扎在伦敦的外交大使，以及震慑外国间谍，另一方面是为了提振国民信心，宣扬爱国主义情怀。

但他没有常备的军队可供调遣。于是，他以国王的名义召集伦敦市民开展振奋人心的示威表演，以震慑任何心怀入侵或者叛乱想法的人。1539 年 5 月 8 日星期四，他们发动成千上万年龄在 16~60 岁之间的身体健壮的男子和青少年，穿着盔甲聚集在伦敦东区的麦尔安德（Mile End）和斯特普尼地区。这是一个“壮观的景象：从白教堂（Whitechapel）到麦尔安德，从贝瑟尔格林（Bethnal Green）到拉特克利夫（Ratcliffe）和斯特普尼，到处都是男人和武器，手持长矛的军队看起来像一片巨大的森林”。[25] 时值春天，早晨大约 7 点钟的时候，民兵们分 3 队向西走过城市的狭窄街道，配备了轻型的火炮，满载“石头（弹药）和火药”，一队鼓手和横笛手紧随其后。零散的长队最后在国王公园圣詹姆士（St James）转圈，并经过翠绿的田野回到霍尔本（Holborn），下午 4 点在纽盖特解散。有目击者报道说：

> 这些军队按照如下顺序排布：首先是炮手，其中 4 台大炮用车拉着，然后是长矛军队 [26]、弓箭手和钩镰兵。[27] 一家之主统一穿着白色缎面的大衣，盔甲上也点缀着白色丝绸，警察们披着白色丝绸坎肩，市议员身披带有十字架的黑色天鹅绒大衣，马鞍上挂着城市之剑 [28]……
>
> 其中有一千名炮手、长矛手、弓箭手归克伦威尔管辖，他们身穿（武装）佃户风格的坎肩，绅士们紧随其后维持队形。

克伦威尔的亲信队伍包括他的儿子格雷戈里和外甥理查德，他们骑着“骏马”，身披“上等盔甲”。[29] 这些装备一共花费了克伦威尔 117 镑 16 先令 3 便士（根据 2006 年的价值折算超过 6000 英镑），这些钱交给他的仆人亨利·哈布尔索恩（Henry Habblethorne），他可能参与了游行的组织工作，这笔费用很可能用于购买所有这些坎肩和昂贵的武器。[30] 亨利傲慢而自豪地站在威斯敏斯特宫的新门房的高处看着这些精锐的骑兵队伍经过。

> 克伦威尔给队伍都编了号[31]，共计 16500 名或更多，但是有人认为队伍已经超过 3 万人，因为他们花了好长时间才完全通过。他们 5 个人一排，于上午 9 点从阿尔德盖特（Aldgate）开始进入城市，一直到下午 5 点才完全通过，并且当最后一个队伍进入康希尔（Cornhill）时，第一个队伍已经在纽盖特休息了。

这次的游行让亨利满心欢喜，克伦威尔于 6 月 17 日安排的宣传狂欢更让他感到惊喜。这是一次超大规模的宣传活动，效果远超其预期。克伦威尔非常清楚，伦敦市民更喜欢欢快幽默的娱乐活动，而不是精心安排的智力辩论。无论如何，他向群众传递的信息是非常明确的。

他在泰晤士河组织了一次驳船战斗表演，两边的船都装备有火炮和飞镖，还有芦苇制成的没什么攻击力的箭弹。其中一艘船上挤满了衣着华丽的男人，他们扮演教皇及其手下的枢机主教们；另一艘船则代表亨利及其政府。克伦威尔建造了一个特别的舞台，横跨泰晤士河岸到威斯敏斯特宫，这样亨利和他的亲信可以纵览这场政治舞台剧。舞台被帆布覆盖着，并且“绿色的树枝和玫瑰恰到好处地点缀其间”，这样夹带着玫瑰花的水花“将飞溅到泰晤士河中坐在驳船上准备观看表演的女士和先生身上”。至于当时的人们是否喜欢这种满身溅湿的娱乐方式以及这种假斗的表演方式，只能留给后人猜测。[32] 泰晤士河两岸挤满了观众。

战斗打响了。

驳船在从威斯敏斯特大桥到国王大桥之间的河面上你追我赶。[33]

> 教皇（和他的枢机主教）抵抗英格兰的追击，双方互相发射炮火，在河面上展开了 3 回合的战斗。
>
> 到第四个回合时，他们激烈地混战在一起，但最后教皇和他的枢机主教们被击败，所有败军都被扔进泰晤士河。[34]

幸好没有一个人被淹死，因为那些参加的人都是经过挑选的，都会游泳。克伦威尔在健康和安全方面的严谨考虑令人钦佩，他还将代表国王的驳船安排在就近的地方，以便迅速从水中打捞起落水的人。天哪！这真是一出欢乐的戏剧——正如一位目击者所记录，“这是一场非常精彩的娱乐活动”，观众看得很尽兴。不过，最重要的是，这出戏的政治信号已经深入人心：这次“胜利”，尽管比较草率，但是向观众传达了国王终将战胜和废除教皇权威的信号。

这种闹剧并不是克伦威尔针对国内的敌人进行广泛的宣传运动的唯一武器。新上任的法国大使夏尔·德·马里亚克（Charles

de Marillac）也观看了泰晤士河巡游，3 天后，他愤怒地汇报说，英格兰的任何地方举办乡村盛宴或庆祝活动，都会贬损罗马教皇。显然，这表明广泛的政府举措发挥了作用。

戏剧是克伦威尔重要的宣传工具。这个想法可能是他的老朋友理查德·莫里森（Richard Morison）告诉他的，莫里森在 1537 年被任命为索尔兹伯里大教堂的受俸牧师。在写给亨利的一篇论述文中——该文章标题比较晦涩：《建议国王在全国范围内用拉丁文书写法律条文》[35]，他曾经建议撰写一些特别的戏剧

> 以生动的呈现形式，将罗马教皇、修道士、修女之流的丑陋和恶毒展现在人们面前，从而劝告他们服从于上帝和陛下的律法。对于普通百姓而言，亲眼所见比亲耳所听更具说服力、更容易产生深刻的印象。[36]

毫无疑问，这样的政治宣言会受到历史上所有伟大布道者的认可，从罗马历史学家蒂托·李维（Titus livy）到第三帝国宣传部长约瑟夫·戈培尔（Joseph Goebbels）。克伦威尔是约翰·贝尔（John Bale）等新教剧作家的坚定拥护者。[37]1534 年，贝尔被约克的爱德华·李（Edward Lee）大主教拘捕，被要求对一场备受指责的布道做出解释，但克伦威尔出手相救，使他免受任何惩罚。[38]他写了一系列的戏剧，都具有强烈的保王主义色彩，包括《约翰王》（King John）、《托马斯·贝克特的传统》（The Tradition of Thomas Becket）和《三条法律》（Three Laws），都是在 1536 年之前创作的。他撰写的关于英格兰国王的戏剧深得克伦威尔的喜爱，因

为这个金雀花王朝的君主是新教改革派心目中的崇高英雄，他在1212年被罗马教皇逐出教会，随后报复性没收了教会财产。托马斯·艾弗里（Thomas Avery）所保管的克伦威尔的个人账簿记录了一些付给剧作家和演员的费用，如1538年9月8日，“贝尔和他的同伴在坎特伯雷附近的圣斯蒂芬表演，得到我的主人（克伦威尔）给的40先令”；1539年1月31日，“贝尔和他的同伴们在我的主人面前表演，获得30先令”[39]——后者可能是克兰默大主教的家中上演的《约翰王》的表演报酬，[40]贝尔的同伴可能就是著名的“克伦威尔大人的演员团”，他们于1537至1540年之间在莱斯特和其他地方演出。

索福克约克斯福德的牧师托马斯·威利（John Wiley）写了一部谴责教皇的戏剧，他在1537年2月寻求克伦威尔的援助，但是他所在修会的牧师们激烈反对，所以现在已经“被上帝遗弃”了。他所撰写的扣人心弦的剧本写的是儿童之间的对话，微妙地影射了上帝（基督）、圣保罗、圣奥古斯丁以及一个修女，后者被命名为“无知者”，喻义很明显。他告诉克伦威尔，他写完这部寓言之后就被称为“大骗子”，因为他“反对教皇的教诲、充斥着错误思想、违背良心、背信弃义”。威利并不仅仅是一位新教剧作家中的后起之秀，他还撰写了《一个粗鲁的平民》（*A Rude Commonalty*）和《岩石上的女人》（*The Woman on the Rock*）这两部精彩的剧作，他曾写道：“因信仰而活，涅槃重生。”[42]

莫里森还发布了旨在塑造公众舆论的专题小册子。他在1539年年初撰写的《强烈谴责万恶的叛国者》[43]对克伦威尔最近屠杀的人进行了恶毒的攻击：考特尼家族，内维尔和“大叛徒波尔枢机主教，上帝讨厌他，自然遗弃他，人们憎恶他，就连野兽也厌恶他，如果它们有知觉的话”。莫里森宣称，英格兰是安全的，因为它拥有一位“尊贵的”、充满智慧的君主：“关于我们这个时代的所有神迹和奇迹，国王陛下的意见是至高无上的。”小册子在都铎王朝的老一辈中大受欢迎，迅速发行了第二版，甚至有传言称它被翻译成外国版本，不过并不是真的。[44]

一个多月的时间里，莫里森又成功地推出第二本小册子，“劝诫所有英格兰人捍卫自己的国家”，[45] 并且警告称，英国面临欧洲大陆天主教超级大国入侵的可能性越来越大。这是爱国主义的赞歌，呼吁英格兰做好防备，并蓄意用激情的方式唤起英格兰人关于昔日英雄往事的回忆：“我们可能忘记了阿金库尔战役（Battle of Agincourt），但永远不会忘记，亨利五世以如此单薄的军队征服了声势浩大的法国军队，让我们齐心协力保卫英格兰，直至永恒的安宁、和平、胜利、荣誉、财富属于我们。”在这本书中体现了政客擅长的所有宣传技巧，例如谎称对手蔑视英格兰的勇气和军事实力，并宣称这些话语出自西班牙特使查晋。这是为了唤醒读者的仇恨，怂恿英国人积极响应莫里森强硬的武装号召：“自古以来，英格兰人都是勇敢无畏的，但是我认为现在的英格兰人已经不复往日风采。在我看来，英格兰男人既没有装备（装甲），也没有武器，他们曾经是如此善良、勇敢、无畏、尚武，但这样的英格兰精神已经消失了。”

难怪他出现在克伦威尔的工资名单上：根据掌玺大臣的账簿，他曾向莫里森支付了丰厚的薪酬，依照“我主人的命令”，在 1539 年 4 月付给了他 20 英镑（相当于 2006 年的 7500 英镑），这可能是对他撰写的《劝诫》(Exhortation)所支付的报酬。[46]1537年，莫里森写信给克伦威尔："阁下，我的一切都得益于您的恩赐，因此我没有理由抱怨财富的多寡，无论日后境况如何，我的希望将寄托于您。"[47]

然而，不是所有人都接受这种政府主导的大规模政治宣传活动。法国宗教保守派的莱尔勋爵在伦敦的代理人约翰·赫西对克伦威尔解散镇上的卫戍部队，煽动民众阅读此类出版物感到不满。在卫戍部队被解散之际，赫西和克伦威尔曾进行过深入会谈，掌玺大臣指出："我的主人已经对那边的一个人断薪了，因为他表现不好。"他的这番话是不祥的预兆，后面的事态则更严重。克伦威尔严厉警告赫西：

> 我建议阁下不要干涉这么一件小事。
>
> 因为书籍所传达的信息和国王陛下所传达的信息应该要让民众周知(广为流传)，因此每个人都(阅读)这些书籍也是合情合理的。
>
> 所有这些书籍都是为了提升国王的威严，弱化教皇和他的法律。[48]

另一种宣传手段就是在全国范围内颁布印刷法规，这自然包含大量政治正确的信息和爱国主义的鼓动情绪。然而，并非所有这些政府文件都能受到人们的尊重。在沃里克郡的考文垂(Coventry)，1535年11月，4个醉汉在深夜与市长和高级市政官们发生冲突，因为他们破坏了(更准确地说，玷污了)这些印刷出来的法规。当地裁缝约翰·罗宾斯（John Robbins）当天早些时候高兴地与老朋友们——来自同一个郡的亨利·海恩斯（Henry Haynes）、来自温莎的威廉·阿普雷斯顿（William Apreston）和来自拉特沃思（Lutterworth）的罗伯特·诺特斯特福德（Robert Knottesford）聚会，并在“罗杰的小酒馆”庆祝。晚上，他们在酒馆喝得烂醉。大约 10 点钟，“由于禁酒令的管控”，他们跌跌撞撞地前往潘尼尔酒馆（Pannier Inn），在那里继续喝酒。在大量饮酒之后，他们已经失去了正常的思维与判断能力。他们离开酒馆，走进寂静而黑暗的市中心广场，走到十字路口的时候，他们突然忍不住要解手。当他们都心满意足地解完手之后，其中一名醉汉，可能是阿普雷斯顿，扯下一些贴在公告板上的公告，毫不经意地把这些纸扔给海恩斯，让他“用这些纸擦屁股”。他们也撕毁了“其他公告和法案”。第二天早上，他们恢复清醒，身上满是肮脏的呕吐物，但是记不起来他们昨晚做了什么。他们的行为在法律上显然触犯了叛国罪，命运未卜。[49]

在 1539 年春天，克伦威尔对议会的娴熟操纵达到了他掌权期间的高峰。尽管他早前承诺解散修道院运动已经结束，但是在 7 月初，一项支持解散最后一座大规模、富裕的修道院的法案还是通过了，[50] 当时坐在议会席位上的院长们没有提出任何抗议，也没有其他的反对声音。1537 年，北方的最后一座大规模修道院因受到求恩巡礼事件的牵连被解散，自此最后一抹修道院痕迹已经彻底消失在公众视野中。在 1539 年，57 座修道院被王室解散。驻扎在多塞特郡克赖斯特彻奇（Christchurch）的克伦威尔的代理人发现，这个修道院“藏有精美的珠宝和盘子，其中有一些物件可以供国王陛下使用，比如：一个小圣杯，一个巨型十字架（双层镀金，点缀着宝石和珍珠），两个漂亮的盆（双层镀金，国王的手臂涂以瓷釉），一个精致的圣体容器，还有其他镀银的宝物”。他们还发现了一座坟墓，已经初具模样，石头是从卡昂（Caen）进口的，它是枢机主教雷金纳德·波尔的母亲索尔兹伯里女伯爵准备的。“我们已经将其毁掉，所有的纹章和徽章都要拆除”——这是必要的官方行为，以消除叛国者的身份痕迹。[51]

克伦威尔的掠夺者们现在精通解散修道院的方法。一旦发现有价值的资产，如屋顶的铅，就将其熔化为锭块，便于运输，[52]钟则报废；石头作为建筑材料被卖掉。最近的考古发掘表明，克伦威尔的手下洗劫建筑材料和石头的行为是经过深思熟虑的。在考文垂和切斯特的本笃会教堂，偷出来的石头用马车通过大西门运走，这样可以方便进入当地的交通要道。在考文垂大教堂的小修道院的西面台阶上建有一个巨大的地面坡道，以便推车直接驶进中殿。车轮轧在地板上（现在被剥去了石板），再转而进入北面的拱廊，满载而归，很好地利用了早期的单向通道系统。[53]当时空荡荡的修道院教堂看起来就像建筑工地，到处堆放着建筑材料，准备出售或回收利用。

这次新的修道院解散浪潮也造成了人员牺牲。在 1539 年 9 月，在格拉斯顿伯里（Glastonbury）的本笃会修道院里，代理人搜查了修道院院长的房间，当晚发现“他在书房中秘密地收藏了一本论著，其中包含反对国王陛下与前任王后（阿拉贡的凯瑟琳）离婚的内容，还有各种赦免文书，盖有（罗马教皇）印玺的副本和包含虚构的托马斯·贝克特生活的印刷品”。[54]

尽管修道院院长理查德·惠廷（Richard Whiting）“身体非常虚弱，还带病在身”[55]，他还是被迅速带到了伦敦塔。他们“后来发现院长把钱和盘子藏在墙壁、穹顶和其他隐秘的地方”，并向克伦威尔保证，“院长和修道士贪污盗窃，偷走了大量的盘子和装饰品，足以建造一个新的修道院”。这位修道院院长因为隐藏赃物的鲁莽行为而付出了惨重代价。他被带回了格拉斯顿伯里，克伦威尔写信提醒自己在萨默塞特的韦尔斯“见证这些证据的分拣和判决书的起草”。但审判的结果已成定局：克伦威尔的另一个精干的助手“将格拉斯顿伯里的院长送到格拉斯顿伯里进行审判和处决”。在 1539 年 11 月 15 日，惠廷和两名修道士格拉斯顿伯里的托尔山（Tor Hill）被绞死后四马分尸，他的头被挂在修道院的大门上方，而身体的 4 部分分散在当地的 4 个市镇。在此前一天，前王室牧师、[56]“顽固的修士”休·库克（Hugh Cook），也就是法林登（Faringdon），在他的修道院门外因为否认国王的至高王权而遭受了同样悲惨的命运，尽管他曾每年向克伦威尔提供了略高于 13 英镑的贿赂。两名牧师约翰·鲁格（John Rugg）和约翰·恩永〔John Enyon，别名奥尼永（Onyon）〕在伯克镇因同样的罪行被绞死。12 月 1 日，科尔切斯特的院长约翰·贝奇（John Bech）也被判处死刑[57]，因为他认为上帝将会报复亨利“摧毁修道院”的行为，费希尔和莫尔都是“好人，他们是冤死的”。[58]

尽管克伦威尔为贪婪的亨利提供了新的财富来源，但是他应该已经慢慢感觉到国王在他周围宗教极端分子的怂恿下，逐渐开始反感他的宗教革命。1539 年 5 月 16 日，第三代诺福克公爵托马斯·霍华德在议会会议中站起来，宣布亨利希望通过立法在英格兰创造新的宗教条约，以“统一意见”，克伦威尔是否对这一点感到惊讶？

这些严厉的措施——被称为《六条法》(Six Articles)，或者在新教徒的眼中，就像“六条鞭子”——遏制了他们的宗教改革进程，深刻地反映了亨利对于正统观念的执着。大英图书馆现在还保留着一份国王做了大幅度修改的提案副本，[59]体现了国王当时对此事的参与度很高，而且考虑非常周到。第一个条款主要针对“圣礼派”和再洗礼教派，其规定，在弥撒过程中，基督的肉体真正存在于圣餐和葡萄酒之中，这就是所谓的上帝“无所不在”。否认这一点的惩罚是被视为异端，即使后来有悔改之意，也将被烧死。其他条款涵盖以下内容：修士和修女独身誓言的持续有效性，禁止牧师结婚，私人弥撒的延续——“善良的基督徒将弥撒视为获得上帝的慰藉和恩惠的场合”，圣餐中忏悔的重要性和圣餐的管理。

这些新措施可能是受到加德纳的启发：罪犯现在面临的严厉处罚体现了加德纳独特的残忍手法。对违法者的处罚是绞死、拖拽、四马分尸以及没收财产。任何试图离开英格兰，以逃离新条款的“铁钳”的人，在被捕后将遭受叛国罪的残酷惩罚。

已婚的牧师——当时在英格兰大概有300个[60]，不得不抛弃妻子。那些在该法律生效之后结婚的牧师将面临死刑。在新宗教法规中，牧师结婚是亨利特别厌恶的概念之一。2年后，他对法国大使德·马里亚克表示，相比教皇的集权，他厌恶牧师结婚更甚。这个考虑无关教义：国王担心，如果牧师结婚，他们的财产就可以传承给他们的儿子，英格兰将迎来一个新兴的强大的世袭阶级，而这个阶级可能有一天会挑战君主的权力。

《六条法》还修改和整合了现行的法律，以反对宗教偏离和异议。总而言之，他们将异端罪定为世俗罪行，并仔细对其做了重新界定。任何人“以口头、书面、印刷、暗号[61]或任何其他方式发布、教导、表达、肯定、宣布、争论、辩论或持有反对意见，将与其同伙和教唆者一同被判定为异教徒，需要接受审判，受到惩罚，甚至被烧死”。

这些教义的改变使得克兰默大主教感到震惊，他大胆地请求国王同意其在议会中提出反对意见。他可能不仅仅是关心这些教义对英格兰教会的冲击，更重要的原因是，他本人已经结婚了。[62]克伦威尔保持低调，不在议会中发表任何意见，因为他深刻领会了国王的意思。1539 年 5 月 19 日至 21 日，以加德纳以及正统派主教为首的上议院展开了为期 3 天的激辩，最终通过了《六条法》。亨利坚持每天出席辩论会，每次都对《六条法》表示强烈支持。一名保守派大臣奉承道：“从来没有（任何一个）君主像亨利一样在议会中表现出惊人的睿智、博学，并且拥护天主教。”[63]国王的亲自干预意味着反对是没有意义的。该法案于 6 月 28 日由王室和议会同意后[64]正式成为法律，随后议会休会。

第二天早上，亨利、克伦威尔、诺福克公爵、萨福克公爵一起在河对岸的兰贝斯宫与克兰默共进晚餐，以安抚受挫的克兰默。饭后的交谈中，掌玺大臣强力支持他的盟友克兰默大主教，特意比较了他和沃尔西的品格：枢机主教“因其傲慢和自负失去朋友，但克兰默则因其温柔与谦和俘获敌人”。诺福克嘲笑道，克伦威尔应该很赞赏沃尔西，毕竟“他很了解沃尔西，曾经也是他的手下”。克伦威尔被这番狡猾的言语惹恼了，不假思索地说，是的，他曾服务于沃尔西，但他“从来不喜欢他的举止”。此外，他还表示“自己从来不喜欢沃尔西，即使他晋升为罗马教皇，但是诺福克可能会在这方面支持他”，并补充说，如果枢机主教成为教皇，诺福克将会成为他的上将。公爵以“毒誓”反驳道，克伦威尔在撒谎。[65]

诺福克与克伦威尔近期的友谊就因为这样一场简短的交流而彻底结束了，克伦威尔因此树了一个难缠且嫉妒心极强的敌人。

福音派主教因《六条法》而深陷困境。有流传甚广的传言说，伍斯特主教拉蒂默被发现乔装出现在肯特的格雷夫森德（Gravesend），据说是想逃离英格兰，前往安全的信仰路德宗的德意志。谣言是假的，不过拉蒂默和他的改革派同僚索尔兹伯里主教尼古拉斯·沙克斯顿（Nicholas Shaxton）在当周辞去了职务，被软禁在伦敦。

克兰默把他的妻子送回德意志——正所谓眼不见为净。在当月月底，他非常不情愿地主持了一场对萨里郡克罗伊登的一名当地牧师的审判，这名牧师被指控与同居3年的妇女通奸。《六条法》生效后，该女士承认虽然与牧师有过愉快的同居经历，但他们自证没有结婚。毫无疑问，克兰默为这一法律漏洞松了一口气，只根据乱伦法判处他们监禁，而不是根据新法规对已婚牧师判处死刑。[66]

在未来几个月内，新法律引发了大规模逮捕异见分子的运动。但是，也许得益于克伦威尔努力保护潜在的受害者，例如安排他们潜逃到海外，这次运动并没有像许多新教徒担心的那样造成大规模的屠杀。亨利颁布大赦令，“1540 年 7 月 1 日之前触犯异端罪、叛国罪、重罪及其他罪行”的 500 名囚犯被释放，被监禁在伦敦教区的 200 名囚犯也得到释放，只有 3 人仍然被监禁。最终，只有 6 个人因触犯该法案而被烧死，这同样可能得益于克伦威尔的帮助。[67]

然而，克兰默游离在亨利的青睐和不满之间，因而走上一条危险的道路。《六条法》生效后，他详细撰写了反对这一措施的原因，援引各种学者的著作和《圣经》作为论据支撑，甚至还计划将这些新论据提供给国王，心怀最后一线希望（也许是徒劳的），认为自己可以说服亨利改变主意。他的长期秘书拉尔夫·莫里斯（Ralph Morice）用一个小笔记本记录下大主教的思想，乘船从兰贝斯宫出发，将文案送到下游威斯敏斯特宫国王的案头。

与他一起乘船的其他人[68]要前往萨瑟克区观看在河岸边举行的逗熊游戏，并且国王会亲自到场。

一只熊和后面的小狗一起跳入河中。船上的那些人也纷纷离开了，留下可怜的秘书独自在船上。

熊又跳回船上，小狗围绕在熊的四周，船往下沉，秘书担心自己有生命危险，此时他已经无法照顾掉进水里的笔记本了。

他被快速救出并带到岸上，开始寻找他的笔记本，却只看到它漂浮在河里。

所以他希望驯熊人帮忙捡回书籍。驯熊人确实捡起了书，但是还没来得及交回给他，笔记本就落到一位牧师手上了，牧师站在那里翻看笔记本里的内容。[69]

伊丽莎白公主家族雇用的驯熊者不识字。牧师当然可以读懂其中的内容，他很快意识到笔记本的内容违背了《六条法》。他立刻认定该作者犯有叛国罪，并拒绝将书交回莫里斯，而愚蠢的莫里斯承认这是克兰默的。随后，大主教的秘书惶恐地寻求克伦威尔的帮助。第二天，他们都去了威斯敏斯特宫，训熊者试图把书交给克兰默的敌人。克伦威尔“把书从他手中拿过来，并严厉地威胁说，他涉嫌乱动枢密院官员的笔记本”。[70]大主教由此脱离危险。

在海外，新教徒们对《六条法》的内容感到震惊。路德宗改革家菲利普·梅兰希通（Philip Melanchthon）感到非常愤怒和失望，谴责加德纳采取这样的新措施。他于1539年11月1日写信给亨利：

> 该负责任的是您的主教，而不是您。真正明智的君主能够重新审视自己的决定。请您千万不要走上反对基督的道路。您的主教们可能会假装支持您，但他们实际上却与教皇为伍……
>
> 我谴责这些主教，特别是加德纳。他们只关心自己的钱包。
>
> 的确，教会经历了一段可怕的黑暗时期，比如深陷异端的困境，罗马也是如此。现在到了最后的时刻，上帝已经在惩罚反基督者，我认为英格兰正在做出示范。但是您的主教们仍然在谋划保留偶像崇拜的恶习，这些条款就是罪证。[71]

他恳求："我建议您再想一想。否则，您的主教们将摧毁教会，而基督将会做出审判。"萨克森选帝侯约翰·腓特烈（John Frederic）对亨利受到某些主教的蛊惑感到震惊，"这些人心怀鬼胎，内心深处对罗马教皇满怀崇敬"。[72]不过，他们的呼吁在伦敦没有得到回应。

《六条法》严令禁止与德意志施瓦马尔登联盟结成联盟。但是除了宗教以外，还有更多的途径来获取外国支持，克伦威尔再次回到亨利迎娶新娘的问题上来。克兰默不确定以政治为目的的婚姻是否完全合适，他问克伦威尔，如果亨利与真心相爱之人结婚，这样能否给他带来安慰呢？克伦威尔拒绝了这个意见，他现在满脑子都是外交意图。

在被瓦卢瓦王朝和哈普斯堡王朝的新娘候选人拒绝之后，他很现实地看到，只有一个合适的外国候选人：安妮，克利夫斯公爵（Duke of Cleves）的姐姐，或者如果实在不行，还可以考虑他的妹妹艾米莉亚（Amelia）。克伦威尔热情地告诉国王，他听说克利夫斯的安妮非常有魅力，"容貌、身材及其他各方面都鹤立鸡群"。此外，更关键的是，她远胜于米兰公爵夫人，正如"金色的太阳远比银色的月亮耀眼。"

亨利对克伦威尔出乎意料的赞美之词感到震惊。他完全不相信这种天花乱坠的外交辞令，仍然想要实际确认对方的容貌。在此事上，他的谨慎是正确的。英格兰特使想要看看两位克利夫斯公主的真面目，但是她们保守、厚重的服装扑灭了他们的幻想。他们抱怨说，这样"怪异的习惯和服饰"，让他们"无法看到她们的脸，也看不到她们的身材"。威廉公爵的大法官对特使的鲁莽举止感到震惊："为什么？"他那敏感的神经被彻底激怒了，"你想看见她们赤身裸体吗？"画像是最得体的解决方案，但当地最好的画家卢卡斯·克拉赫纳（Lucas Cranach）生病了，因此在1539年7月，年轻的汉斯·荷尔拜因被派往迪伦（Düren），奉命为这两个女孩画像，他获得13镑6先令8便士的经费来购买羊皮纸、画布和油画涂料。

他于8月底回到伦敦，亨利看到他所画的安妮的画像似乎很高兴，艾米莉亚却被遗忘了。克伦威尔巩固了自己的有利条件，9月24日，威廉公爵的特使抵达英格兰就婚姻条约谈判，承诺安妮可以"按照自己的意愿自由地结婚"。克伦威尔仔细衡量后在10月6日迅速签署条约。

毫无疑问，克伦威尔松了一口气，终于解决了国王迎娶新娘的问题。

亨利也很憧憬未来的新娘，下令准备一场豪华的婚礼，以彰显国王"陛下"*这个响亮的称号的尊贵。126名仆人被分配给新任王后，包括6个贴身侍女，其中一个是伊丽莎白·克林顿（Elizabeth Clinton），现在更名为贝茜·布朗特（Bessie Blount），她之前是亨利的情妇。

---

* 亨利八世是第一个经常使用"陛下"（Majesty）作为称呼的英国君主。另外他也不时使用"殿下"(Grace)。——编者注

第十章

国王的婚姻枷锁

阁下，如果不是为了取悦世人、保家卫国，我绝不会做这样的凡间俗事。

——亨利八世在与克利夫斯的安妮结婚之前于格林尼治宫写给克伦威尔，1540 年 1 月 6 日[1]

1539 年 12 月 11 日上午 7 点左右，克利夫斯的安妮从杜塞尔多夫（Dusseldorf）出发，取道安特卫普，抵达加来，随之而来的包括 263 名侍者和 228 匹马。她抵达这座当时由英格兰控制的城镇[2]的排场同当年示巴女王（Queen of Sheba）来到英格兰时一样宏伟壮观。亨利的未来王后由威廉·菲茨威廉爵士、南安普敦伯爵、威廉·霍华德勋爵（Lord William Howard）在加来城外 1 英里（1.61 千米）的地方正式迎接，并由亨利家族的 30 名绅士陪同。作为英格兰的海军上将，南安普敦伯爵在脖子上佩戴了一个“镶嵌着价值连城的宝石”的黄金口哨，以彰显身份地位。[3]英格兰随行人员由 400 名贵族、骑士和佃户陪同，他们穿着华丽的新大衣，外面套着深红色锦缎和蓝色天鹅绒。这些穿着华丽的随从也包括格雷戈里·克伦威尔，[4]他享受着岳父西摩家族的荣耀，其随行队伍由赫特福德伯爵（Earl of Hertford）爱德华领衔，爱德华最近被任命为加来和吉尼斯（Guisnes）的防御指挥官。格雷戈里的父亲回到英格兰后政务缠身。

蜿蜒的迎亲队伍终于到达加来的灯笼门（Lantern Gate），对面等待着的是喜气洋洋、身穿华服的商人队伍以及由士兵组成的迎亲队列。市长满怀自豪地走上前，谦恭地向安妮慷慨赠送了100马克（相当于67英镑，按照2006年的价值折算为2.6万英镑），加来的当地商人在此基础上增加了"100枚金币"（100英镑，以现代的价值折算为5000英镑），作为献给王室的礼物。[5]随后，观众停下来，欣赏萨克森公爵为安妮安排的由13个小号手演奏的军乐。其中，还有"一个小号手同时敲打着两个像鼓一样的东西，看起来风格迥异"。英格兰观众对这些定音鼓备感新奇。在所有的音乐表演结束之后，观众们参观了亨利的两艘停泊在城墙外港口的军舰。"狮子号"（*Lion*）和"全赢号"（*Sweepstake*）[6]将带领着大型船队将新娘护送到英格兰，安妮兴高采烈地"赞扬"了这些军舰。[7]这两艘船都装饰着100条由丝绸和黄金制成的横幅和彩带，甲板上站着200名欢欣鼓舞的炮手和水手。南安普敦伯爵当天晚上向亨利汇报道："陛下的船只已经装备完毕，站在桅杆顶端，侧支索、桁端的人员和礼炮的发射都安排妥当。"[8]

不过，南安普敦伯爵没有告诉当时在格林尼治庆祝圣诞节的国王，军舰发射的150发礼炮发出了雷鸣般的响声，升腾起一大团浓烟，以至于"看不清对面安妮的队伍"。这是个不祥的预兆，伯爵将尊贵客人带入一个持续进行的奢华宴会，然后用都铎式大男子主义口吻得意地宣布："我精心布置了一个地方，安妮王后以及她身边的随从可以安心待在那里。"可怜的安妮先是受到震耳欲聋的礼炮的惊吓，后来又被火药烟雾熏得差点儿窒息，最后还要面对加来军队的混战，他们试图将彼此推下马，然后赤膊上阵，殊死搏斗。然而，南安普敦伯爵却告诉亨利，"一切处理得当"。

此外，安妮可能从来没有见过大海，更没有坐船航行过。即使在天气晴朗的情况下，到英格兰 25 英里（40 千米）的航程也会吓倒一个来自德意志内陆小国的女士。除了穿越英吉利海峡的危险之外，她和随行女士还担心大海的空气和水雾可能会损害她们的肤色。[9] 当然，最糟糕的情况是，强风推迟了安妮离开加来的时间。南安普敦伯爵很清楚，亨利急于见到新任妻子，一旦愿望得不到满足，他可能会大发脾气，于是他急忙假惺惺地向国王解释这个延期："陛下，凭借您的善良和智慧，应该理解无论是风还是大海都是不受人的意志控制的。对此，我们无能为力。即使全能的上帝复活，凭借其强大的力量，也无法控制风浪。"

在等待天气变好的时间里，为了消闲，克利夫斯的安妮学会了玩纸牌游戏，因为她知道这个游戏（赌博）是她未来的年老丈夫最喜欢的晚间游戏。南安普敦伯爵教她玩计分纸牌（cent，后来被称为皮奎特纸牌），[10] 他评论说，尽管她不懂英语，"但她玩得很尽兴，她是我见过的最优雅和聪慧的贵族女士"。她还想了解亨利的就餐礼仪——"英国人就餐的方式和礼仪"。[11] 南安普敦伯爵在写给亨利的信中，试图避免提及未来王后的外表或品性，反而多此一举地补充道："坦白地说，她在我们所有人面前所表现出的处事方式、习惯和仪态都是无可挑剔的，完全配得上公主的称号。”

12 月 19 日，还在城里的格雷戈里奥·克伦威尔报告说：“天气还是太糟糕了，仍然无法渡海，尽管有一两名乘客跃跃欲试。在布洛涅附近，一艘荷兰人的大船已经迷失了方向；几大包西班牙羊毛和白色肥皂漂到英国海岸，这些物品将被海军上将留用。”[12] 对于每一个参与此事的人来说，这段时间是艰苦而漫长的，大风和雨水继续冲击着安妮在加来的名叫“切克”（The Checker）的住所。

英国最有经验的两位船主威廉·冈松（William Gonson）和威廉·斯佩特爵士（Sir William Spert）奉命在加来海边观察天气。终于，他们报告称，台风已经消停，于是，在寒冷的 12 月 27 日，安妮和她的随从们起程前往迪尔。他们于中午潮汐时出发，由 50 艘装饰华丽的船只护航，于当天下午 5 点安全抵达英格兰领土。萨福克公爵查尔斯·布兰登（Charles Brandon）迎接新娘及其随行，在迪尔新建的炮台碉堡里进行了短暂的休息后（毫无疑问，这是为了让随行侍女为她暖暖身子，整理妆容），然后她被护送到多佛城堡，再次踏上航程。

在肯特的最北端，坎特伯雷西城外的奥古斯丁修道院的浩大翻修工程已经完成，刚好迎接安妮的到来[13]。修道院院长的前住所被改造成一座豪华的王宫，内部南侧新增了一系列建筑物。自 10 月 5 日以来，翻修工作夜以继日地进行着，包括贴上新的国王的装饰纹章和安妮的白色天鹅徽章。木炭作为燃料，加大火力，以充分烘干天花板和墙壁上的石膏。[14] 12 月 29 日，最后一名工人退场 8 天之后，新娘只在这个舒适的新宫殿里睡了一晚。人们希望新鲜的油漆气味没有影响到她。

2 天后，这位新娘由华丽的队列簇拥着抵达罗切斯特的主教宫殿，然后在那里度过新年，最后她将抵达格林尼治，亨利将于1540 年 1 月 3 日在那里迎接她的到来。

不过，那只是计划。还在格林尼治的普林森舍宫（Palace of Placentia）[15] 的亨利越来越不耐烦了，迫切希望看到她的真容，于是他做出了一个冲动而大胆的决定。他抛开了克伦威尔设定的乏味的王室礼仪，召集了 5 位他最信赖的枢密院绅士，悄悄赶往罗切斯特，他和他的亲信身披彩色的斗篷作为掩护。他们的突击之旅称得上是一个大胆而浪漫的行动，并体现了骑士的勇敢精神。骑行在寒冷的肯特乡村小路上，冰冷的风刮着他的脸，昔日的回忆涌上心头，亨利感觉自己就是一个充满激情、沉醉于爱情的年轻小伙子。

与此同时，他的新娘正和侍女们一起打发着乏味的时光，她们用低沉的低地德语聊天，在加来等待的无休止的暴风雨天气中，英格兰人觉得德意志口音鼻音太重，一点儿也不好听。在新年的下午，她坐在寝室的窗边，面无表情地看着楼下的庭院里一只熊被猎犬狠狠地撕咬。在观看人群的欢呼声和呼喊声中，以及猎犬的愤怒咆哮声中，她惊讶地发现，气喘吁吁、浑身汗水的安东尼·布朗爵士（Sir Anthony Browne）突然闯进房间，他是国王的御马官，刚从格林尼治风尘仆仆地赶过来。

突然，浪漫烟消云散。

这位侍从深鞠躬后，目光注视着新王后。他后来回忆道，他仔细观察后，“感到非常沮丧，心里在哀叹，因为眼前的这位女士与之前听说的相去甚远”。[16]

不幸的是，他还未来得及让国王做好心理准备，国王就紧随其后到达了。国王带着两名同伴在一片欢呼声中走进了房间。

安妮一定想知道这个48岁的男人是谁。她很害羞，于是故意表现得沉迷于楼下的逗熊游戏。

亨利第一眼看到他的新娘，“就感到非常惊讶和沮丧”。[17]

荷尔拜因的肖像画中的美人在哪里？克伦威尔承诺的害羞而感性的公主在哪里？

她看起来比24岁的年纪大很多，脸色严肃，肤色暗黄，鼻梁臃肿，脸上布满了天花留下的疤痕。她看起来很无聊，更糟糕的是，还有点木讷和寒酸。她的德意志侍女们的装扮非常平淡无奇，穿着甚至比女主人还土气。

安东尼爵士马上观察到国王胖乎乎的脸上已经“露出难色”，知道他不喜欢“她的长相”。[18]亨利的欲望就像浴缸中的水一样流失殆尽，他心中的爱意在温暖的房间中蒸发了。他用刚学会的20个德语词汇礼貌而僵硬地和未来的新娘寒暄，拿起一件精心挑选的装饰华丽的貂皮围巾作为新年礼物送给安妮，让她围在脖子上，然后暴躁地走出她的房间。[19]

这个被抛弃的德意志公主感到十分困惑，她在想刚刚目睹的一切是不是一种特殊的英格兰王室求爱仪式。第二天早上，亨利的礼物被送到安妮处，明显表现出他的“冷淡态度”。

亨利赶回格林尼治的路上并不像来时那样愉快。“非常麻烦”，他问他的朋友约翰·罗素爵士：“这个女人你认为怎么样？你认为她像你说的那样端庄和美丽吗？我希望你告诉我真心话。”

对于任何臣子来说，这都是一个很难回答的问题。约翰爵士胆怯地说，他认为她不符合预期，因为“她的皮肤是棕色的”。国王喊道：“唉！我应该信任谁？我向你保证，在我看来，她根本不像你们所展示给我看的那样，对于此前大家对她的称赞，我为你们感到羞耻。”亨利咆哮道：“我不喜欢她！”[20]这是个不祥的预兆。

人们可以猜想到，当1月2日亨利返回格林尼治的宫殿时，克伦威尔将遭受何种程度的呵斥。这名都铎国王的臭脾气是远近闻名的，而且他的愤怒可能发泄在肉体上。1538年6月，常驻爱尔兰的王室委员之一乔治·波利特（George Paulet）在讨论克伦威尔时说道：“国王每周两次（骂他是流氓），有时候还会猛打他的头，当他的头被打得颤抖起来，像一只狗一样时，国王会兴高采烈地走进一个大房间里，摇头晃脑，俨然一副傲视群雄的模样。”[21]也许此时，不幸的掌玺大臣已经被暴怒的君主狂扇了耳光。当然，亨利处于紧绷的情绪之中，很容易崩溃。看了新王后第一眼后，他可能会感到失望、不满和沮丧，但现实情况是，多亏克伦威尔的考虑，这桩婚姻对他的国家有重要的外交利益。另外，留给他解决这个问题的时间也不多了：婚礼计划在1月6日主显节（Twelfth Night）举行，这是宫廷中的传统狂欢节。不过，那一年普拉森舍的宫殿的走廊里，没有了昔日的欢笑声。

克利夫斯的安妮和她的随从们终于在1月3日星期六延期抵达伦敦东南部的布莱克希思（Blackheath）的射手山（Shooters Hill）。一顶“金帛”制成的巨大帐篷支在小镇中心，周围环绕着大大小小的帐篷，“帐篷里已经为新任王后和她的随从准备好了篝火和香水”。[22]周围的灌木和枞树被特意清理掉，开辟了一条通往宫殿公园门口的全新道路。人群已经聚集在这个 3 英里（4.83 千米）长的开放空间中：一边是来自威尼斯、热那亚与佛罗伦萨的西班牙和德意志商人；另一边是伦敦的商人、市长和高级市政管们。掌玺大臣精心组织了这次活动，除德意志人外的所有外国人都统一穿着天鹅绒的骑马长袍和插着白色羽毛的红色帽子。一共有超过 3000 人参加，克伦威尔作为仪式的主持人，“看起来像个忙碌的邮差，和助手们忙前忙后”。[23]

大约中午时，亨利出现了，他穿着一件紫色天鹅绒的外套，“有点儿像女装”，上面点缀着钻石、红宝石和珍珠做成的大纽扣，外面套着金帛夹克。[24]还有 100 名骑士出席了仪式，包括诺福克和萨福克公爵、坎特伯雷大主教和其他主教，他安静地从射手山朝着帐篷营地走过去。安妮从精工雕刻和镀金的马车上下来，走进帐篷里取暖。随后，她走出帐篷，在仆人的帮助下骑上一匹“温顺而美丽、装饰华丽的马”，走向她的新郎。

一般情况下，亨利会喜欢这样隆重的盛宴。但是今天他没有心情欣赏这些艳俗的装饰，一心想着如何在众人面前强颜欢笑。他摘下帽子，“带着新郎的浓情蜜意和君主的风范，在众人的欢呼声中，招呼、欢迎和拥抱她，而她也以女性温婉的方式回应国王，赞美和感恩之词不绝于口”。[25]然后，亨利和她谈了“一小会儿”——无疑是很短的时间，因为他实在对她喜欢不起来，加之她也不会说英语——最后，在响亮的小号声和安妮随行队伍的滚滚铜鼓声中，他们骑上马，隆重地并辔骑回宫殿。

之后，在宫殿内，克伦威尔仍然惴惴不安，因为国王还在气头上。亨利就像一个被宠坏的孩子一样，因为没有收到圣诞礼物而闷闷不乐，他不断抱怨新娘的丑陋相貌，并要求克伦威尔迅速找到办法阻止即将举行的婚礼。

但是一切都太晚了。

国外形势决定了这场以外交为目的的婚姻必须继续下去。查理五世已经抵达巴黎，打算前往尼德兰的根特平息叛乱。作为弗朗索瓦一世的老朋友，他受到热烈欢迎，并在罗浮宫住了 8 天，享受了各种宴席和娱乐活动。由教皇支持的两个欧洲大陆强国之间的新军事联盟的形成已经势在必行。克伦威尔明确地指出，英格兰有可能遭到彻底孤立：与克利夫斯的联盟，总比没有更好。

所以，为了找到一个合适的新娘来做“遗孤”的继母，亨利现在陷入困境中，他不得不迎娶一个被他（不客气地）称为“佛兰德斯的梦魇”的女人。他粗暴（大吵大闹）地认为这桩苦难的婚姻是克伦威尔造成的。掌玺大臣亲自推荐她为候选王后，还曾赞美她的美貌；他促成英格兰与克利夫斯联盟以对抗西班牙。克伦威尔应该承担所有责任。

国王抱怨不断，复仇的欲望喷涌而出。

在这场不情愿的婚礼举行之前，亨利就满怀怨恨，“对一切极度不满意”，向克伦威尔抱怨“君主在婚姻中的困境”。他坚称，君主比穷人更悲惨，因为“君主只能被迫结婚，而穷人常常有自己选择的自由”。他疑惑地问克伦威尔：“除了违背我的意志之外，还有别的补救方法吗？难道我只能被困在婚姻的枷锁里？”[26] 但是国王在心里已经有了答案。

1 月 6 日星期二上午 8 点，托上帝的鸿福，英格兰和爱尔兰国王、信仰和英格兰教会的守卫者和至高领袖亨利八世与克利夫斯的安妮的婚礼如期举行。安妮站在一楼的王后密室旁，俯瞰着普拉森舍宫殿的教堂。[27]

她披着长长的头发，这是当时未婚女性的象征，“金色的王冠上点缀着大量宝石和珍珠”，周围环绕着草本迷迭香，这是爱和忠诚的象征。她的长袍由银丝制成，点缀着“硕大的东方珍珠”和“尼德兰风格”的珠宝。

安妮“举止端庄，神情哀愁”[28]，在走向密室的路上在画廊遇到亨利时，行了3次屈膝礼。他面色庄严而阴沉，穿着黑毛镶边的金丝长袍，上面装饰着银色的花朵，外面披着镶嵌着大钻石的深红色缎面斗篷。

坎特伯雷大主教托马斯·克兰默忠实地为这对不情愿的夫妇举行了结婚仪式，新娘是奥弗斯坦伯爵（Count of Overstein）给英格兰的赠礼。亨利心中涌起关于与心爱的简·西摩在同一个地方举行婚礼的回忆，但是此情此景无法让他高兴起来。安妮的结婚戒指刻有她的箴言：“上帝保佑我。”她的确需要上帝的帮助，才能获得幸福的婚姻。

这对夫妇携手来到国王的密室里，共同聆听弥撒，然后喝一点儿用于庆祝的希波克拉斯酒和红酒以提神，最后共进晚餐。随后，还有更多宴会和餐饮，让亨利暂时不去想后面会发生的事情。

不出所料，婚礼之夜的两人相对非常尴尬。在就寝之前，安妮能够应用在加来学到的技能与国王玩扑克牌。王室婚礼最开头的公开暖床仪式被冷漠地取消了，最后这对夫妇艰难地爬上一张特制的大床，上面写着H和A两个大写字母。床头雕刻着一个充满性诱惑的天使图案，其中一个明显怀孕了。[29]现在，在这些欲望和繁殖的象征之下，安妮不得不忍受这个肥胖的新郎，以及他那支支吾吾的说话风格、笨拙的动作和呼噜声。

第二天早上，亨利遇见克伦威尔时，已经明显表现得很不高兴了："我已经摸到她的肚子和乳房了，我可以判断，她应该不是处女，我对此感到非常震惊，因而没有意愿和勇气采取进一步行动。我没有碰她。"[30]

经过 4 个不情愿的夜晚，国王还是没有圆房。此外，即使他每天晚上（或者至少每隔一个晚上）和妻子在一处就寝，他也不打算圆房。在这些日子里，他显然没有脱下那件庞大如帐篷的晚礼服。16 世纪的王室婚姻没有秘密可言，亨利可以自由地与枢密院绅士中的亲信讨论最私密的婚姻问题，主要是托马斯·赫尼奇爵士（Sir Thomas Heneage），他们就像"粪便男仆"一样照顾他私人的需求。侍从后来证实："国王经常和她在一处就寝，他曾经抱怨说自己不相信她是处女，因为她的乳房和其他身体部位很松弛。此外，由于她身上有一股难闻的气味，他没有兴趣和她圆房。"[31]

安妮努力尝试着使自己看起来具有魅力。婚礼后的第一个星期天晚上，在格林尼治举行的一场盛大的马上长枪比武中，她按照"英格兰的风格打扮自己，头戴法式头罩（一种美丽的头饰），整体显得非常好看"[32]。当时的年代史编者忠实地记录道："她很好地展现了自己姣好的面容，让每个人都赏心悦目。"[33]亨利除外——这件时髦的衣服没有改变亨利对她的冷漠态度。

由于王后迟迟未能怀孕，她身边直率的英格兰女官变得不耐烦。简·罗奇福德夫人认为，坦白是唯一的补救办法，于是有一天对安妮说："我觉得您依然是处女。"一段尴尬的沉默后，安妮天真地回答说："我每天晚上都和国王在一起，怎么可能还是处女？"她还描述了他们单纯的睡前仪式："他上床睡觉时会亲吻我，并拉着我的手对我说'晚安！亲爱的'，早上也亲吻我，跟我说'再见！亲爱的'，这还不够吗？"埃莉诺·拉特兰夫人（Lady Eleanor Rutland）犀利地对她说："夫人，这样是不够的，否则我们就要很久才能迎来全国最渴望的约克公爵。"

王后非常困惑：她还能做什么？她的母亲是玛丽亚公爵夫人（Duchess Maria），一个固守道德观念的古板天主教徒，不曾告诉她这些事情。拉特兰夫人热切地建议，她应该和亲爱的"洛妈妈"（Mother Lowe）聊聊，她负责管理德意志女仆加特鲁德和凯瑟琳的福利、道德和身体。安妮很震惊，甚至感到很羞耻："玛丽，呸！呸！真不害臊，那是上帝的禁区。"她哭着描述自己现在与丈夫的关系（或者没有关系）："不，我很满意，其他的一概不知。"[34]嫁给这样一个恶心、肥胖、肮脏，还比自己大了23岁的男人，难怪她不想进一步探索性爱的乐趣。

亨利最信赖的王室医生之一约翰·尚布雷医生建议他不要"强迫自己"，以免让自己的性功能"出现障碍"。[35]国王欣然接受这个明智的医学建议，在与王后共寝4个月后，停止与她同床。对亨利来说，4个月已经足够了。

这似乎是个棘手的问题。国王失去激情是因为安妮身上"难闻的味道"吗？这可能是由于她饮食过于丰盛导致的。还是因为国王依然不喜欢她的外表？还是亨利在施展阴谋诡计：他已经秘密计划以未圆房为理由快速废除他的第四次婚姻？但是，无论他心气多么高傲，都无法忽视这样一个痛苦的事实：自己年事已高，身体每况愈下——他很快就会失去生育能力。也许是为了自己的私利，避免熄灭未来迎娶新娘的希望，国王非常急于打破关于自己性无能的传言。他向威廉·巴茨医生坚称"自己能够与别人做爱——只是不能与她"。[36] 这些令人咋舌的个人言论在王室圈子里被故意传播开来，不仅可以平息侍从们暗中讨论的猥琐流言，还可以让一些外国大使有所耳闻，让亨利有机会与别的外国公主结婚。

与此同时，安妮和她的女侍从通过玩牌和骰子打发时间，还自己刺绣垫套——她非常擅长针线活。她还培养了对音乐的热爱，组建了自己的乐团，成员还包括巴西诺（Bassano）的犹太人家庭，这是克伦威尔在威尼斯为她找到的，并被安置在解散的伦敦宪章馆（London Charterhouse）。那个春天，他们给英格兰带来了一种新乐器——小提琴。安妮王后的一些同胞，厨师舒伦贝格师傅（Master Schulenberg）及男仆英格尔伯特（Englebert），都是她的家庭成员，这样她至少可以保留自己的文化传统。安妮还养了一只宠物鹦鹉，帮助她消磨无聊的时间。不久之后，那些为了获得慷慨支持而巴结她的英格兰贵族和绅士开始远离她，因为他们听说国王不喜欢这位新任王后。

亨利用微妙和报复的方式表达对王后的厌恶。原本计划于 2 月 2 日在威斯敏斯特修道院举行的加冕仪式突然被取消了。1540 年 2 月 4 日，亨利把他的新任妻子带到了威斯敏斯特，但不像以往那样由蜿蜒的队伍护送穿过隆重装饰的伦敦街道，而是乘坐驳船沿着泰晤士河过来。伦敦的 12 艘船只护送着来自格林尼治的护卫，由镀金的驳船领衔，上面挂满横幅，国王和他最亲近的贵族坐在上面，紧随其后的是另一艘载着仆人和卫兵的驳船，再后面是安妮和她的仆人乘坐单独的船只。当队伍开始划船的时候，船上发射礼炮，通过伦敦塔时，“一千多发礼炮发出雷鸣般的响声”。[37] 最后，王室成员们上岸，进入威斯敏斯特宫。

亨利已经卸下与王后婚姻生活的一切伪装。他开始寻找其他女人的宽慰，以缓解他的痛苦，满足他对爱的渴望。

第十一章

无力回天

克伦威尔大人：如果您采纳我的拙见，您应该在向陛下献言时，告诉他应该做什么，而不是他能做什么，这样你才能成为真正忠实的仆人和值得信赖的顾问。因为一旦狮子知道自己的威力，就没有人能够约束他了。

——托马斯·莫尔爵士给克伦威尔的忠告，1532 年 5 月[1]

1540 年 4 月 17 日，国王论功行赏授予克伦威尔埃塞克斯伯爵爵位，这又给他闪闪发光的履历增添了一个重量级头衔——英国掌礼大臣（Lord Great Chamberlain of England）。[2] 掌玺大臣现在把控着 6 个传统国家要职中的 2 个。[3]

第二天，星期天，在威斯敏斯特宫举行的仪式上，克伦威尔正式成为一名伯爵，王室的掌礼大臣威廉·桑兹勋爵（Lord William Sandes）授予他这一头衔的专利证书，上面盖着深黄色水漆印章。随后，国王步履蹒跚地走去王后的房间里吃饭，公爵和伯爵们则退下，到议事厅用餐。在那里，传令官、高级纹章官克里斯托弗·巴克高声宣布，克伦威尔的最新头衔如下："埃塞克斯伯爵、英国副摄政兼掌礼大臣、掌玺大臣、财政大臣、特伦特河以外地区的巡回法官（Justice of the Forest）。"新任伯爵迅速将手伸进钱包，赏给巴克10英镑小费，还大方地支付了这身为这个场合特意定制的长袍的费用。[4]

对于克伦威尔的敌人来说，亨利出乎意料的慷慨赏赐似乎是一个警告信号，意味着他仍然受到王室的保护和欣赏。虽然前几天他已经把秘书职务一并交给了长期以来的门徒托马斯·赖奥思利和拉尔夫·萨德勒，[5]他的权力并没有减少，[6]只是降低了秘书的管理职能，因为掌玺大臣的职务将变得更重要。[7]

尽管如此，克伦威尔却意识到，宫廷中的宗教保守派和老派贵族们早已看不惯他，并在酝酿复仇，已经下定决心要让他下台。克伦威尔怀疑自己终有一天会遭遇不测，就像十多年前的前任主教托马斯·沃尔西一样。两年前，克伦威尔曾悄悄地聚集他的家仆，并提醒他们，"时局险恶，希望勤勤恳恳、谨慎行事，否则一时的差错就可能引来杀身之祸"。他还给了唱诗班的每个男孩10英镑，把他们送回父母的身边，离开这个是非之地。[8]毫无疑问，他也谨慎地将一些财富转移给直系亲属，以防止他下台后，这些财产将不可避免地被没收，从而导致他们生活窘迫。

对于克伦威尔来说，经过过去几个月的阴谋和危机，最后成功幸存的喜悦比以往更强烈。最终，他凭借令人艳羡的、登峰造极的权力和地位击碎了敌人推翻他的企图。北方枢密院（Council of the North）秘书约翰·尤维达尔（John Uvedale）油腔滑调地写信给他，"恭贺克伦威尔获封如此高贵的头衔"[9]。毫无疑问，还有更多人给他寄送贺信，因为这些人感觉到克伦威尔仍然深受王室的青睐。不过，宫廷中流传着一些阴谋论，在安妮·博林被捕之前，亨利也曾慷慨地赠予她礼物，由此声称国王这次的奖赏可能预示着克伦威尔的毁灭。[10]

在3月12日星期五，68岁热血沸腾的第二代埃塞克斯伯爵亨利·鲍彻（Henry Bourchier）因在赫特福德郡的布罗克斯布姆（Broxbourne）骑了一匹没有经验的小马而不慎坠亡，于是他的职位自然空缺下来，后来由克伦威尔填补。自1526年12月起，掌礼大臣的职务一直由第十五代牛津伯爵约翰·德·维尔（John de Vere）担任，他也在鲍彻逝世后一周在埃塞克斯的府邸死去，享年约50岁。[11]

实际上，国王的慷慨行赏确实预示了克伦威尔的灭亡，但这并不是亨利错综复杂的阴谋中的一环。这个新职位大约设立于1139年，并且在过去几个世纪一直由英格兰的贵族家庭沿袭，如德·曼德维尔家族（de Mandevilles）和德·博亨家族（de Bohuns），而国王（可能无意识地）将这样的要职授予克伦威尔，最终彻底激怒了满腹愤恨的贵族阶层，加深了他们复仇的决心。几乎每个人都非常憎恨他，不仅因为他出身低下，还因为他牢牢掌握了国家权力且深受王室青睐。这些新授予的头衔仿佛在他们的伤口上撒盐，侮辱他们的自尊，威胁他们的地位，因此他们势必铲除他，现在只是时间的问题。

摧毁他的最后导火索就是被遗弃的亨利的第四任妻子——脸上布满痘疮、身上散发异味的克利夫斯的安妮。

宗教保守派领袖诺福克和加德纳已经为亨利（连带克伦威

尔）设计了一个微妙的美人计。1540年3月，在位于伦敦市南部的泰晤士河畔的萨瑟克区的建于14世纪的宏伟哥特式宫殿里，加德纳大主教举办了一场声势浩大的晚宴。亨利毫不犹豫地受邀赴宴。当他在加德纳的宴会厅[12]中看到彩色的灯光透过直径13英尺（3.96米）的玫瑰窗映衬着曼妙的芭蕾舞者时，突然注意到一名18岁的赤褐色头发女孩穿着时尚的法国服饰，在众多年轻侍者中嬉笑打闹。他被女孩身上散发出来的青春活力和美丽所吸引。他日渐发福的身体受到了意外的震动：第一次意料之外的爱情悸动发生在他的晚年。

这次邂逅可能不是偶然。这名轻浮放纵的女孩名叫凯瑟琳·霍华德（Catherine Howard），[13]是最近逝世的埃德蒙·霍华德爵士的女儿，也是诺福克公爵的侄女。[14]她于1539年12月第一次进宫，担任现在不受待见的外国王后克利夫斯的安妮的女傧相。现在的人可能会认为她太胖，也不时髦，可能算得上是个荡妇，自负而又轻浮。按照控制狂魔诺福克和斯蒂芬·加德纳主教的安排，她的任务就是利用美色诱惑悲伤、怨恨而沮丧的亨利。无论是否刻意为之，她完美地演绎了自己的角色。

像所有成功的计谋一样，他们的计划简单而精妙：如果克伦威尔不能帮助亨利摆脱自己不爱的妻子，他毫无疑问很快就会成为受挫的国王泄愤的对象。但是如果他成功地打发掉克利夫斯的安妮，亨利就可以自由地迎娶轻浮的凯瑟琳。如果单纯、顺从的凯瑟琳能成功地成为王后，他们在宫廷中的权力和影响力将极大提升，并且可能推翻位于权力顶峰的克伦威尔。在这样有利的条件下，加上这样一个耽溺于美色的君主，他们也许可以阻止可恨的宗教改革在全国蔓延，甚至他们可能还在威斯敏斯特和格林尼治宫殿黑暗的走廊里密谋与罗马教廷修复关系。这可能只是微不足道的拉皮条勾当，但胜算却很大：加德纳和诺福克十分了解，他们的君主难以抗拒漂亮的脸蛋。国王在温彻斯特府邸初见翩翩起舞、闪闪发光的凯瑟琳·霍华德，“就深深地迷上了她”，对于逐渐衰老且倾慕她的君主而言，她就是一朵“没有刺的红玫瑰”。[15]

的确，老糊涂是最容易糊弄的，尤其当他是至高无上的君主时。深夜里，除了昔日辉煌而英勇的回忆、赌博或者与男伴打牌以外，没有什么可以安慰他！

对于亨利来说，没有什么东西是他得不到的。在接下来的一个月里，复活节之前，亨利厚着脸皮送给凯瑟琳和她擅长拍马屁的家族大量昂贵的珠宝和礼物，而克利夫斯的安妮已经被彻底边缘化，只能绝望地目睹这一切发生。克兰默的秘书拉尔夫·莫里斯表示：“国王对这位女士的爱非常强烈，好像他从未爱过别的女人一样。”[16]

随着他日益痴迷于凯瑟琳，他对“佛兰德斯母马”的不满也越来越强烈。克伦威尔再次感到伦敦塔的阴影笼罩着自己。理事会新任秘书之一的托马斯·赖奥思利表示：“我对大人迟迟无法摆脱新任王后感到懊恼。”他提议克伦威尔——“看在上帝的分上”——迅速制订一些计划来实现这一目标，并悲观地预测，如果亨利持续陷入悲伤和苦恼中，他们终有一天会遭到报复。克伦威尔无奈地耸耸肩，回答说：“是的，但又能怎么办呢？”[17]除了这个棘手和危险的问题之外，他的劲敌加德纳凭借滔滔不绝的口才已经获得国王的信赖。现在，掌礼大臣感觉自己被敌人包围了。

3月底，单纯的赖奥思利可能希望缓解克伦威尔和加德纳之间的仇恨，为他们安排一场私人晚宴来讨论他们之间的分歧。这是一场两个权势人物之间的有趣交锋：一方是狡猾、诡计多端且可憎的高级神职人员，另一方是马基雅维利式的大臣。经过4个小时的谈话，他们得出结论："他们都心怀真诚的态度，愿意既往不咎，从此结为亲密的盟友，同时赖奥思利也和主教结为朋友。"[18]

克伦威尔明白，尽管双方都明确了盟友关系，但是加德纳还是可能会出其不意地让他垮台。他必须加强防御，如有可能，甚至要先发制人，对围攻他的敌人发起攻击。

他的第一个武器就是亨利的虚荣心和热衷于表面荣耀的心理。克伦威尔一直想为亨利组建一支富有魅力的全新保镖队伍，现在队伍已经成形，雇佣条款及条件也已经敲定。那年1月，50名"长矛手"或"侍卫"[19]手持战斧首次现身于在格林尼治举办的克利夫斯的安妮迎亲活动中。他们是从贵族的年轻儿子和高级绅士[20]中精心挑选的人才，刻意模仿15世纪以来一直保护法国国王的二十侍卫。其中4名长矛手是"掌玺大臣的人"，包括一匹黑马——"约翰·波尔蒂纳里"（John Portinary），他可能是一名意大利军事工程师，他在1538年3月受雇于克伦威尔，曾粗暴且高效地拆除了刘易斯小修道院。这支新军队在亮相的时候想必统一身穿天鹅绒和金帛制作的制服，上面点缀着银色饰物，脖子上还戴着厚重的金链。但是这样的亮相在王室眼里不过是空洞、虚浮的表演，刻意迎合国王众所周知的自负、虚荣心理。在危险的求恩巡礼事件之后，亨利需要从军事力量中获取额外的安全感，以保证王位的安全。事实上，每个侍卫都发誓，"成为国王亨利八世和他的继承人真正的、忠诚的臣民和仆人，勤勉而忠诚地效忠王室，任何情况下，我们都不会投向他人，而只忠于国王陛下，以誓言、徽章、承诺或其他方式为证”。[21]

对于克伦威尔在宫廷中的敌人而言，亨利对宗教改革的质疑可能是对付克伦威尔最致命的利器。2 月 29 日，大斋期的第三个星期天，前奥古斯丁修道院院长，也是克伦威尔的朋友罗伯特·巴恩斯（Robert Barnes）[22] 在大教堂旁边的露天讲坛保罗十字架布道反对加德纳。[23] 他告诉他的会众，如果他和温彻斯特主教“都在罗马，花多少钱都不能保命”，但加德纳就没有这样的担忧，“他只需简单哀求一下就可以了”[24]。此外，他嘲讽地将主教称为“在花园里种植病株的园丁”[25]。这个双关语惹怒了一向严肃的温彻斯特主教。果然，加德纳做出了强烈的反击，强迫巴恩斯向他道歉。“面对巴恩斯两次请罪，恳求他的原谅”，主教唯一的回应就是先放他一马。

再诚恳的悔罪对于这位高级神职人员而言都是不够的，他向国王投诉了巴恩斯，法庭迅速传唤巴恩斯到汉普敦宫为自己辩解。他的同党——伦敦东区斯特普尼的福音派牧师威廉·杰罗姆（William Jerome）以及曾于 1532 年在牛津险逃异端罪惩罚的托马斯·加勒特（Thomas Garret）[26] 也被传唤到宫中。两人最近都发表了煽动性的布道，反对正统的宗教教义。巴恩斯谦卑地向国王请罪，但是亨利无视了他，蹒跚地走到枢密院墙壁旁边的小讲坛上，虔诚地向耶稣受难像施屈膝礼，并激动地说：“不要向我请罪。我是一个凡人，请向造物主——真理的缔造者请罪。[27]”他“大声谴责”他们，并命令三人在 3 月底都必须在城北斯皮塔佛德

（Spitalfields）的圣玛丽教堂（St Mary's Church）的特别布道中公开忏悔他们的信仰。约翰·沃洛普爵士告诉虔诚的天主教徒莱尔勋爵亚瑟·金雀花（Arthur Plantagenet），“我们已经放弃了自己下流的观点，坦白地说，我认为在国王陛下的威严下，所有的基督徒不久都将会说‘英格兰国王是唯一完美的信仰’，愿上帝拯救他”。[28]

即使这样，加德纳还不满足。下个星期六，国王下令逮捕了他们，并将他们监禁在伦敦塔中，尽管加德纳事后否认，但似乎很明显，他就是幕后推手。在监狱里，他们都意识到异教徒的命运，于是他们撤回早期的忏悔，坚持自己的最初信仰。对于温彻斯特主教而言，他们的垮台对克伦威尔的地位和权威造成了重大打击，因为他与这些不法分子存在致命的关联。同时，这也重新激起国王对圣餐礼仪变革的愤怒，并使得他越来越不能容忍在英格兰教会中存在非正统和异端教徒。[29]

4月10日，法国大使德·马里亚克报道说，现在克伦威尔和克兰默“乱了手脚”。他预言，

> 在几天之内，这个国家的很多事情都会发生巨变，国王开始重整大臣，召回那些他曾经拒绝的人，贬低那些他曾经提拔的人。
>
> 克伦威尔现在对那些被召回的人战战兢兢，因为这些人都是被他排挤出局的，对他完全没有好感——其中包括温彻斯特主教、达勒姆主教、巴斯主教，这些富有学识和经验的人现在都被召回枢密院。

这位特使听到“权威消息”称，达勒姆主教卡思伯特·滕斯托尔是一个德高望重的人物，不久将代替克伦威尔成为代理主教，而巴斯和韦尔斯主教约翰·克拉克（John Clerk）将成为掌玺大臣[30]：“总之，代理主教的头衔不会留给（克伦威尔），他自己的人都如此断言。如果他还能保住原来的头衔和权威，那只是因为他非常勤勉地处理事务，但是他在管理事务方面比较粗放，而且在没有事先咨询国王的情况下，他什么也不能做。”[31]

第二天，星期天，得意扬扬的加德纳在保罗十字架前布道，但是他的话激怒了“三四个在教堂院子里听布道的仆人”，从而引发了一场打斗，他的布道被打断了。[32]

这场思想战争的另一条战线在加来展开，许多宗教改革者在1539年6月《六条法》生效后逃到那里。克兰默和克伦威尔都对他们的呼声睁一只眼闭一只眼：另一个“眼不见为净”的案例。但是负责守卫英格兰城镇和城堡的莱尔勋爵已经密谋好几个月，意欲推翻克伦威尔。他最近向国王的御马官安东尼·布朗爵士投诉，称克伦威尔对宗教改革者的纵容使得加来地区几乎无法落实《六条法》。由于意识到掌礼大臣的巨大权力，他结尾说道：“我恳求您，对这件事情保密，因为如果让掌玺大臣知道或者听到，我们就会前功尽弃。”[33]他万万没想到，竟然一语成谶。

诺福克得意扬扬地向伦敦报告了莱尔勋爵的担忧，于是克伦威尔被迫于4月初任命一个由苏塞克斯伯爵罗伯特·拉德夫特（Robert Radcliffe）领导的六人委员会调查加来的“圣餐”事件。他们以极快的速度启动了调查，并于4月5日就该镇“关于宗教的巨大分歧”问题向亨利汇报。他们不仅发现了一个异端分子的老巢，其中包括一位名叫威廉·肯尼迪（William Kennedy）的人，他说“在这个城镇里还有20多人同意他的观点”，还有其他令人不安的信息，比如，英属帕莱地区（English Pale）莱斯拜克（Rysebank）的上校乔治·卡洛爵士（George Carew）在大斋节期间吃肉，加来地区议会成员托马斯·布鲁克（Thomas Brooke）也这么做，还有一个议员“没有别的借口，因为他有非常严重的腹绞痛，所以没有参加任何弥撒、晨祷、晚祷”。[34]

3天后，国王回复枢密院，对调查结果表示惊讶，“你们只给这些人定罪。似乎你们打算驱逐信件中提到的4个人，其中一个就是布鲁克，而他似乎曾在你们面前傲慢地吹嘘自己”。亨利敦促他们严厉执法：布鲁克此前一年因反对《六条法》而被囚禁在伦敦塔，但是通过在伦敦街头游行中负荆请罪，面向众人忏悔，而保住性命。国王冷漠地指出，“一两个人被执行死刑应该比驱逐更多的人更具有震慑力。想想布鲁克的这些异端邪说和吃肉的行为会多大程度上让他重新回到之前的异端信仰。因此，我们希望你们能够基于新规（《六条法》）对他采取更严厉的谴责，不论是将其视为叛徒还是异端，必须立即将布鲁克处死”。

至于乔治·卡鲁洛爵士，“我们保留对自己对这件事的裁决。如果你认为他是一个邪恶的人，并且针对他的所有指控都是真实的，那么将他送来伦敦，并附上一份针对他的证据”。[35]

随后，对异教徒的政治迫害意外地陷入了混乱，最终很快就不了了之了。调查人员发现，莱尔勋爵的牧师格雷戈里·博托尔夫（Gregory Botolph）不仅在罗马投靠了叛国的波尔枢机主教，还在密谋一项有利可图却行不通的计划——夺取加来。博托尔夫现在已经到了格拉沃利讷的王冠旅馆（Crown Inn），并且正在秘密地与加来教区神父克莱门特·菲尔波特（Clement Philpot）通信。此外委员会还发现，莱尔勋爵授予这位神父护照。

一旦有人敢说出“波尔”这个名字，亨利立即就会变得多疑且暴躁。4月17日，他马上写信给王室委员会委员们，狡猾地指示他们“让菲尔波特写信给神父格雷戈里，暗示他有机会获得一个采邑，并且要求他为了这个目标立即改邪归正。让菲尔波特亲手写信，并把它寄给神父”。[36]

此外，他把莱尔勋爵召唤到伦敦，任命苏塞克斯伯爵在莱尔勋爵不在时继续管理加来。菲尔波特顺从地按照要求给博托尔夫写信，承诺让他掌管加来的阿德恩（Ardeme）教区，每年俸禄20英镑，并暗示他们将在那里会面，他还补充安慰道：“那里有一位好医生，并为你的马提供马厩和干草。面包、饮料、奶酪、鸡蛋应有尽有，其他的你都不用操心。”[37] 博托尔夫没有接受国王的橄榄枝，于是英格兰驻根特大使理查德·佩特（Richard Pate）不得不杜撰了一个关于他亵渎教堂和盗窃的故事，让尼德兰人以此为借口逮捕他。但他们拒绝将这个离经叛道的神父引渡回英格兰。

身处伦敦的克伦威尔此时要对棘手的宗教问题发起主动出击。他已经从短暂的疾病中恢复过来了。4月12日，新一届议会召集的第一天，克伦威尔以国王的名义发表讲话，向上议院的世俗和宗教领主以及下议院议员们强调了亨利的臣民对宗教问题“达成共识”的重要性。他知道

在这件事情上，很多人煽风点火、混淆视听。一些人鲁莽

放纵，另一些人深深迷信于古老的腐败行为，让虔诚的基督徒都感到无奈。

有些人被称为天主教徒，其他人则被称为异教徒；人们的精神信仰无法互通，尽管在国王的极力支持下，他们手中的《圣经》已经被翻译成他们都能理解的文字。

然而，双方都对《圣经》产生了严重的误解，他们学习《圣经》不是为了引导自己的信仰，而是为了证明自己的信仰。

由于深受宫廷中喋喋不休的宗教争议的困扰，亨利委托克伦威尔传递了一则明确的信息：国王不倾向任何一方，也不偏袒任何一人，只希望看到“纯粹而真诚的基督教义”。[38]

克伦威尔强调，国王热切想看到大教堂和教区教堂继续举行“体面”的宗教仪式，“真正利用这些仪式教导会众，以此消除任何陋习，平息任何关于《圣经》的争议”。此外，亨利坚决“严惩所有违法者，无论他/她是谁”，并且坚信“基督、基督的福音和真理终将取得胜利”。因此，掌玺大臣要求上议院设立“主教委员会”[39]来调查和纠正陋习和“严正教会的威严”——但这些对于克伦威尔而言只是空头支票，因为他没兴趣烧死那些否认基督存在于圣餐中的异教徒，也无意将肆意结婚的牧师送上绞刑台。[40]因为，这样的处决将触碰保守派关于宗教改革的底线，最终招致灭顶之灾。现在，狡猾的他故意提供明显的证据，证明自己正在采取行动敦促人们遵守国王众所周知的坚定支持的传统——古老的圣餐仪式。

他出乎意料地以宗教问题为武器成功地使了一个伎俩，但是他不知道，当自己在威斯敏斯特对国会慷慨陈词的同时，诺福克和加德纳正在泰晤士河下游的格林尼治宫和亨利密谋，逐步将其置于死地。

掌玺大臣迅速转移到亨利的另一个痛点：国库的庞大开支。克伦威尔已经对王室的组织展开了一项广泛的改革，王室在 1539 年出现财政赤字，而现在再次接近危险的赤字警戒线，原因是领取养老金的人数增加以及高达 7000 英镑的额外工资，[41] 一定程度上是由于雇用长矛手造成的。[42]

4 月 22 日，掌玺大臣向众议院提出了一个令人吃惊的建议：废除英国的耶路撒冷圣约翰骑士团，同时国王个人对他们的大量土地、财产和财富进行征收。

这是一次猖狂而巧妙的贿赂行为——克伦威尔利用亨利的钱包保住自己的地位。早些时候，他通过解散修道院获得丰厚的利润，也是同样的道理，而这一次也是时机正好成熟，可以解决这一残余的宗教问题。[43]

但是圣约翰骑士不存在任何过度淫乱或腐败的问题：这些骑士团成员身穿独特的黑色长袍，佩戴着白色的马耳他十字架，他们生活清白，对信仰充满热情，无可指摘。

克伦威尔挑选了唯一站得住脚的控诉：他们否认王权的至高无上。对他来说，这是一个屡试不爽的伎俩。但是，当他向下议院提出议案时，却受到直白而激烈的反击。[44] 经过 3 天激烈的辩论，克伦威尔在议会中的亲信们终于击败反对者。这项解散法令在 5 月初批准通过。

他快速没收骑士团的资产，为亨利提供丰厚的回报。一份被毁坏的账目表显示，在该法案生效的短短几天内，他们从伦敦北部克莱肯威尔（Clerkenwell）的圣约翰教堂一共没收了 959 1/2 盎司（27.2 千克）镀金板和 1093 1/2 盎司（31 千克）的金包裹，掠夺了共计 588 镑 6 先令 8 便士的现金（按照 2006 年价值折算为 22 万英镑），以及“教堂法衣室的装饰品”。大部分的战利品立即被卖掉，包括葡萄酒、3 辆马车和 4 匹役马。[45] 威廉·韦斯顿爵士（Sir William Weston），英格兰最后的大修道院院长，因为所热爱和所奉献之地被解散而感到极度震惊，在“解散法令”生效那一天猝死了。

宫廷中，人们正在威斯敏斯特宫殿的庭院里欢快地庆祝为期 5 天的五朔节（The May Day）。[46]5 月 2 日，掌玺大臣的外甥理查德·克伦威尔获封爵位。招待会在斯特兰德大街（Strand）[47] 附近的曾属于达勒姆主教的豪华伦敦宫殿达勒姆宫（Durham House）举办，狂欢者们“享用着丰盛的美味佳肴，每一餐的开始都伴随着吟游音乐，每一餐的结束都击鼓以示警告，为这个国家的伟大荣耀而干杯。[48] 庆祝活动的尾声，在达勒姆宫开设一场奢华的宴席，向伦敦市民开放，让他们满怀羡慕地见证这个荣耀的时刻。这将是克利夫斯的安妮作为王后的最后一次公开露面。亨利不由自主地给比赛中的每一个挑战者 100 马克（超过 67 英镑）和一座可以“永远”居住的房子，这些都来自从骑士团中掠夺的资产。[49] 虽然国库赤字得以改善，但是看见亨利依然如此挥霍无度，克伦威尔还是捏了一把汗，尽管其中一个受益者是他的外甥。

尽管宫廷中笙歌夜舞，但是克伦威尔却没有假期，他一直盘算着如何填补国王的钱包，以此确保自身的安全。5 月 3 日，他向上议院提出了一项新的税收法案[50]——“从十五分之一税和什一税中获取补贴”，5 天后这条法案通过成为法律。[51] 这些都不是常规的税收，通常只在紧急情况下提出，例如用于国防费用或对外敌的防御。但克伦威尔非常清楚地知道如何操纵议会，让他们服服帖帖。法律的序言就是其政治谄媚的最佳范例：

> 下议院议员是选拔出来替国民发声的代表，他们见证了上帝通过开放和展示《圣经》来将恩惠普照于我们，还记住了一些长期被忽视的错误，这都是因为险恶之人——罗马教皇的欺骗，他导致我们互相心生怨恨，因此我们希望对罗马主教进行严厉的处罚，以宣泄我们的仇恨。
>
> 为了表明我们摆脱了教皇的控制，宣扬基督及其福音，我们将为国王陛下对上帝的福音以及我们的国土进行维护、宣传、巩固和保护。[52]

于是，亨利的臣民纷纷慷慨解囊。为确保获取大量的捐助，克伦威尔强调国王陛下正面临严重的财政负担。该法案的引言部分描述了国王最近对林肯郡的叛乱进行的军事镇压以及维持 3 个枢密院（威尔士边界地区、北方和西方）的费用；上一年为抗击“假想入侵”的海军军备费用；用于防卫法国境内的英属帕莱土地和在苏格兰边界建造两座堡垒的费用；最后，在南部沿海从肯特到康沃尔郡新建的炮兵堡及武器装备的费用。如果这一切还不够，那么财政赤字的原因还可以归咎于“修复威斯敏斯特大厅以及废除罗马主教的权威”。

从来没有立法者如此急于怂恿自己的选民将辛苦赚来的现金捐给国王。法案的规定晦涩难懂，很少下议院成员能够完全理解，克伦威尔利用这一点进一步怂恿他们，如果他们不忠实地执行这些措施，亨利就会感到非常烦恼。[53]于是，他们顺从地照办，对双重征税法案投了赞成票，首先征收个人收入总额的4/15至1/10，一共征收4年，其次，按财产价值，每英镑财产征收1先令（5便士）的税费，英国境内的外国人按两倍征收，每年一次，一共征收2年。[54]

人们会认为，对于这些意外之财——从骑士团手上掠夺而来的财富以及新税收征收获得的额外收入，亨利会感到满心欢喜。事实证明不是这样的：他一贯是情绪的奴隶，现在正烦心于其他更重要的事情。

5月9日，国王刚从精彩刺激的比武中回过神来，他在威斯敏斯特召唤克伦威尔，命令他

> 解决一项至关重要的协议，因为这关乎民众的信心，你的荣耀以及所有爱国和忠诚的臣民内心的安宁，深处此地的你应该会更明确地感知和理解这一点。你绝对不能失败，因为我们特别信任你。[55]

国王手头要处理的事就是他与安妮不幸、无爱的婚姻，更加紧迫的是，希望摆脱与她的兄弟克利夫斯的威廉公爵之间的联盟关系。根据这项协议，如果威廉公爵遭到查理五世的攻击，他可

以获得英格兰的军事援助。现在西班牙要求威廉公爵放弃海尔德兰（Gelderland，现代荷兰的一部分），否则将面临入侵。亨利从来没想过要为了一个德意志小公国与强大的西班牙开战，即使领主是他的姻亲兄弟，于是他命令克伦威尔必须让英格兰摆脱这个尴尬的外交束缚。两天之后，克伦威尔在宫中写信给英格兰驻西班牙大使，并告诉查理五世，如必要，英格兰与克利夫斯的联盟可以作废。

由于再次受到威胁，克伦威尔再次变得暴虐。莱尔勋爵于5月份抵达伦敦，5月19日晚10点，因叛国罪遭到逮捕，并被送往伦敦塔。虽然表面上他的神父的丑闻是造成他垮台的原因，但更可能的原因是，他是爱德华四世的非婚生子，因为克伦威尔毫无疑问纵容了“白玫瑰”家族的开枝散叶，而这一直是亨利的心病。随后，掌玺大臣回过头来关注英格兰的主教们及其宗教信仰。他突然逮捕奇切斯特主教、王室礼拜堂院长、前任驻法国大使理查德·桑普森，更重要的是，他是加德纳最重要的盟友，他被指责否认王权至高无上，并且与叛徒枢机主教波尔通信。桑普森虽然是国王的密友，但是也在5月31号被送往伦敦塔，亨利没有立即去拯救他。尼古拉斯·威尔逊博士（Dr Nicholas Wilson）是国王的牧师之一，也是一位“伟大的神学家”，也因为“赦免一些否认王权至上的叛国者”而被监禁。[56]

6月1日，德马利亚克大使向法国国王弗朗索瓦一世报告：

> 其他的主教们都感到很不安，有些是害怕被发现犯有同样的罪行，还有一些是因为他们对一些宗教问题存在分歧，

因为持相反观念的双方总是互相残杀。

对于这一次逮捕风波，议会一直坐视不管，不知什么时候能结束，每天都会出现新的指控。[57]

同一天，德·马里亚克告诉法国王室统帅安内·德·蒙莫朗西："一位可靠的消息人士称，他从克伦威尔那里听说，还有5位主教将遭到逮捕，但是现在还不清楚名单，除非他们最近动摇了克伦威尔大人的权威，使得大人非常苦恼。"[58]大使补充说："事情已经发展到克伦威尔的党派与温彻斯特主教的党派不共戴天的地步。虽然两人都是国王面前的红人，但是似乎形势更利于克伦威尔，因为温彻斯特的密友王室礼拜堂院长已经下台了。"

还有传言称，驻法国大使约翰·沃洛普爵士逃到了罗马，不过后来被证实子虚乌有。德·马里亚克汇报："昨晚，克伦威尔派出国王的秘书来问我是否有任何关于沃洛普的消息。"

萨德勒写信给克伦威尔，向他汇报自己与亨利关于奇切斯特主教的谈话。秘书说，桑普森曾经

否认控告他的主要论据。国王陛下说得很少，但是他希望他下台，并且认为通过审查，可以找到足够的证据将他定罪……

国王很满意萨福克公爵正在使用主教的骡子，如果主教的财务被没收，那就将骡子送给国王作为礼物。[59]

6月7日，还在伦敦塔的桑普森写信给克伦威尔，否认自己

试图复兴“教会的旧习和传统”。他说，明智的加德纳最近敦促他“按照国王的命令来遵守仪式，没有充分理由就不要破坏规矩”。温彻斯特曾表示，主教们对圣餐礼仪态度一致——“许多旧传统必须保留，例如为死灵祈祷，为婴儿施洗”。他赞扬亨利的善良，并感谢克伦威尔，因为他“盛赞国王是伟大的君主”。[60]

克伦威尔重获安全。

但是他没有料想到，恶毒的温彻斯特主教斯蒂芬·加德纳会给他致命一击。

6月8日星期四的某个时间，亨利向奥德利大法官秘密指示，起草议会法案，宣布克伦威尔摧毁了国王的宗教目标。

第十二章

叛徒乞求宽恕

这些我亲手制定的法律旨在取悦君主
或赋予自己更自由的权力
甚至以各种方式打击我的对手
（不可避免地造成许多恶果）
现在这些曾经被我用计谋铲除的敌人
也用同样的手段迫害我

——迈克尔·德雷顿（Michael Drayton），
《克伦威尔的生平》，1609 年

克伦威尔被逮捕一事，既残酷又突然。在 1540 年 6 月 10 日，星期六，晚餐后不久，当议员们正在威斯敏斯特宫召开枢密院会议时，卫队长安东尼·温菲尔德爵士逮捕了克伦威尔。

作为这个导致宿敌垮台的套圈的设计者，诺福克想必正沾沾自喜。当掌玺大臣走进房间，准备在枢密院桌子的首位落座时，诺福克大喊："克伦威尔！不要坐在那里，那不是你的位置，叛徒不允许和绅士同桌。”

克伦威尔对他的侮辱感到震惊，但他不动声色，冷静地回答说：“我不是叛徒。”

他还来不及说下一句话，温菲尔德就带着6名戟兵迅速大步踏进房间，抓住他的手臂，当着他的面明确地宣布（显得有点多余）：“我逮捕你了。”

“为什么？”克伦威尔问道，作为律师的他在脑海里迅速地搜寻自己被捕的依据。“你以后会知道的。”队长简洁地回答道，同时他的戟兵押着囚犯往前走。

但这不是普通的囚犯。他要求见国王，但他们粗暴地回复说：“这不是合适的时候。”他想必已经意识到，自己永远不会再有机会见到亨利，一旦被关进伦敦塔，无论如何挣扎，都只能是死路一条。

克伦威尔很快变得气急败坏和绝望。他气得脸通红，灰色的眼睛喷出怒火，他扯下帽子，把它狠狠地摔到石地板上，神情极度沮丧和无奈。他那臭名昭著的神秘面具被揭开，现在满脸是惶恐和挫败。他像被猎捕的动物一样瞪着诺福克，大喊道：“这就是我效忠君主的回报吗？”他转过头来面对其他议员，然后看着他们的脚，问道：“请你们摸着良心告诉我，我是叛徒吗？”

他的话语在拥挤的房间里引起轩然大波。回想起曾经被迫害的经历，他们对克伦威尔的仇恨喷涌而出，对他破口大骂。有人回答说：“是的！”有人喊道：“叛徒！叛徒！”其他人也跟着喊起来，用拳头捶打桌子，掀起一阵富有韵律的咒骂声。有一个人的咒骂声盖过所有喧嚣：“让他接受自己制定的血腥法律的审判。

在这些法律面前，许多无辜的言论被视为叛国。”

面对同僚的愤恨和指骂，克伦威尔重新恢复了平静。他深吸了一口气：“我从来没有想过冒犯你们，但如果这就是我的待遇，我愿意放弃所有的赦免机会，只要求国王不要让我忍受长久的痛苦。”

如果他认为这些话能够缓和大家的情绪的话，那么就太低估对手对他的血海深仇了。毫无疑问，有些人甚至想在枢密院会议厅内直接刺死他，但考虑到亨利严禁任何人在王室宫殿内采取任何形式的暴力，才不得不放弃这种大快人心的复仇方式。

温菲尔德也许害怕出现这样的血腥场面，于是转身快速地把这名囚徒带走，但是诺福克却打算对他的猎物进行最后的侮辱。“队长，请停下，”他突然拦住队长，“叛徒不能佩戴嘉德勋章。”他走到克伦威尔旁边，从他脖子上撕下了闪闪发光的乔治十字勋章，克伦威尔之前的朋友南安普敦从他的官袍上扯掉嘉德勋章。克伦威尔震惊地站着，说不出话来，像布娃娃一样被拉扯着，贵族们撕破了他的衣服。[1]

最后，他们成功了，气喘吁吁地回到自己的位置，克伦威尔则被从河边的一个小门带出了宫殿。一艘在那里等待的小船把他带到伦敦塔。他身后的诺福克仍处于兴奋之中，他梦寐以求的理想——摧毁克伦威尔——终于心满意足地实现了。在沃尔西之后，另一个自命不凡的新贵又垮台了。

在炎炎夏日中，超过300名无知的克伦威尔的支持者在宫外焦急地等待主人结束会议，然后给他们下发指示。最后，他们被告知要立即离开，因为现在他们唯一的衣食父母已经被关进伦敦塔。[2]

在几千米外的议会大厦中，上议院大法官奥德利宣布克伦威尔垮台的消息，震惊了整个上议院，当天下午一共2位大主教、18位主教和33位贵族成员出席。[3]与会者名单包括加德纳和诺福克，后者到处奔走，庆祝这一喜悦的时刻。下议院随后休会了一天。仅仅几个小时之前，克伦威尔还以议会最高领袖的身份坐在他们面前，现在他的权力和影响力已经完全消失了。

但政府得继续运行下去：南安普敦被任命为新任掌玺大臣。

德·马里亚克听到克伦威尔被捕后一个小时内，急忙写了一封信寄给法国国王。他清楚地描述了英格兰贵族对克伦威尔的蔑视，他的信件内容反映了这种偏见：

> 这可能被认为是一件微不足道的私事，因为他们只不过是将一个曾经被推上高位的人物拉下台，所有人都觉得他罪有应得。
>
> 然而，考虑到公共事务因此发生了彻底的改变，特别是克伦威尔主导的宗教改革，这件事情显得举足轻重，值得汇报。

一名“宫廷的绅士”迅速来到特使的住所，带来国王的密件。德·马里亚克对克伦威尔的垮台并不感到惊讶，他被告知，由于“无知的百姓对此众说纷纭”，亨利希望法国大使知道确切的真相。在信中，国王真诚希望“想尽办法将宗教引回正道”，亨利认为克伦威尔与“坚持错误观念的”德意志路德宗教会关系过于密切。

国王身边的一些重臣曾经警告他说，克伦威尔正在违背他的意愿，触犯法律，甚至“背叛自己，他希望压制老传教士，扶持新传教士”。这个问题已经亟待解决——“国王竭尽全力也无法阻止”，而更重要的是，克伦威尔的党派“羽翼渐丰，以至于国王不得不服从新的教义，即使对他使用武力，也无济于事”。[4]这封信件的字里行间都体现了加德纳的阴谋诡计，尽管这表面看起来像是亨利的亲口指示。

送别亨利的特使之后，德·马里亚克写信给法国治安官，他指出，继奇切斯特主教被捕之后，克伦威尔的党派势力达到巅峰，但是现在“他们似乎被推翻了”，只有坎特伯雷大主教托马斯·克兰默还站在他这边，“不敢开口说话”。

这位一贯精明且消息灵通的法国大使的判断是错误的，他严重低估了克兰默矢志不渝坚持道义的勇气。

第二天，大主教慷慨激昂地写信给亨利，以复杂的笔触为他的朋友求情。对于克伦威尔被视为叛徒，他表示很震惊和悲伤，因为他曾如此受到国王的青睐，而且“不惜得罪所有人来为国王服务”，他是一位

> 智慧、勤勉、忠诚且经验丰富的大臣，在这个国度甚至没有哪位君主可以与之比拟。他非常警惕，以保护陛下免受奸臣的伤害，极少人能够在他面前掩盖自己的想法，他一眼就能看穿对方的心思。如果尊贵的君主约翰、亨利二世和理查二世能有这样一位卓越的大臣，我想他们绝对不会被背叛和推翻。

这些比喻似乎不是很恰当，因为亨利绝对不会将自己与英格兰早期不受欢迎或不幸的君主相提并论。尽管如此，克兰默不顾一切地支持克伦威尔：

> 我将克伦威尔视为朋友，但是我爱戴他，主要是因为我认为他比任何人都更忠于国王陛下。但现在，如果他是一个叛徒，我很遗憾曾经尊敬或相信他，对于他的叛国罪被及时发现，我感到很欣慰。不过，我想再次表达我的悲伤，如果您不信任他，那您还能信任谁呢？唉！我为陛下感到忧心忡忡，我不知道您还可以信任谁。
>
> 但是，我每天都不断地祈祷上帝能够再赐给您一位像克伦威尔那样优秀的大臣——品格高尚、效忠陛下、竭尽全力保护陛下免受危险，这就是我所看到的克伦威尔。[5]

这是对保守派（加德纳和诺福克）的一次勇敢的旁敲侧击，他们现在在宫中的地位达到巅峰，正加紧步伐终结克伦威尔的宿命。但是，国王像以往一样，对其他平凡的事情更加感兴趣——克伦威尔的积蓄。

一向贪婪的亨利迫不及待地想掠夺即将垮台的大臣的财富。克伦威尔被捕后的两小时内，国王派遣王室财政大臣托马斯·切尼爵士（Sir Thomas Cheney）带领 50 名弓箭手，来到大臣府邸奥斯丁修道院。一大群人聚集在修道院外，高兴地看着价值 1.4 万镑的可动资产，包括金银盘子、修道院和教堂的权杖、圣餐杯及其他战利品，被快速盘点，然后放到马车上，伴随着人们的嬉笑声，运往亨利在威斯敏斯特的珍宝库。[6]据估计，这些战利品与克伦威尔府中的现金，按2006年的价值合计为600万英镑左右。德·马里亚克嘲讽道，对于“这样一个出身低下的恶棍”来说，这笔财富确实太多了。[7]

那天晚上，伦敦的众多市民在街上点燃了篝火，以庆祝克伦威尔的垮台，克伦威尔从伦敦塔的窗户里看到了在昏暗的街道上闪耀着橙色和红色的火花，听到了暴徒的呼喊声。

同时代的编年史家爱德华·霍尔相信，许多人对克伦威尔的垮台感到遗憾，但是

> 更多人对此感到欣喜，特别是曾经的宗教人士（修道士），他们特地在那天晚上设宴庆祝，许多人希望他要是在7年前垮台就好了，但有些人害怕他会逃亡，想到这一点就忧心忡忡。其他人则一无所知，一味地相信他，为他感到遗憾，并真诚地为他祈祷。有一部分神职人员极其憎恶他，因为他藐视高级神职人员的权威。[8]

切尼爵士袭击他家之后，人们还未停止对克伦威尔的财物的掠夺。亨利的书记员理查德·鲁奇利（Richard Rugeley）和戴维·文森特（David Vincent）以及尼古拉斯·布里斯托（Nicholas Bristow）受雇整理克伦威尔的“东西”——这个词听起来是多么的轻蔑。亨利的王室“协调员”——可恶野蛮的马夫约翰·盖茨（John Gates）则负责监督他们。他们花了6天时间用马车将战利品运往汉普敦宫、格林尼治宫、伦敦塔，每天收取20便士的费

用，账目记在副宫务大臣的名下。一贯务实的亨利将部分家具安排给克利夫斯的安妮使用。[9]克伦威尔的猩红色和紫色天鹅绒嘉德长袍，全部都镶嵌着白鼬毛边，也全都于8月10日被送到汉普敦宫的宫务大臣手里。[10]

在克伦威尔的所有财物中，他和德意志路德宗教会之间的信件——可能是由诺福克的代理人栽赃的——很快就被勤奋的搜查人员发现。据德·马里亚克几天后报告，亨利看了这些信件的内容后，感到非常愤怒，"不想再听到有关（克伦威尔）的任何消息，希望赶快忘记这个英格兰最卑鄙的人"。克伦威尔的爵位、头衔和房产都被剥夺，现在他还被贬为"牧羊人托马斯·克伦威尔"——暗示了他的卑微出身。他那些没那么值钱的财产分配给了仆人，这些仆人被要求不能再穿戴代表他的制服和徽章。[11]

克伦威尔被捕后，国王枢密院致函英格兰驻法国大使约翰·沃洛普爵士，重申逮捕克伦威尔的正式理由，和对德·马里亚克的说法一致。他们说，虽然亨利在宗教问题上信任克伦威尔，但是"他唯利是图，完全违背了陛下神圣的意图，秘密、间接地将事情推向极端"。[12]这样巧妙的说辞也传达给了爱尔兰、加来以及威尔士和北方枢密院的主席。

听到克伦威尔垮台的消息之后，皇帝查理五世立即下跪感谢上帝。据说，法国国王弗朗索瓦听到消息之后开怀大笑，并告诉他在伦敦的特使：

沃洛普通知我克伦威尔先生已经被逮捕，我对此感到欣喜不已，鉴于我与好兄弟（亨利）的亲密友谊，我同时也感谢上帝……

我终于有机会感谢上帝，让亨利知道像克伦威尔这样险恶的人曾经犯下多少错误和罪恶，他就是迫害亨利的朋友及忠臣的罪魁祸首。

他会知道，摆脱这个邪恶之人可以多大程度上促进国家的安宁，以及教会、贵族和人民的福祉。[13]

在伦敦塔里，负责看管克伦威尔的是王室内廷监察官兼治安官威廉·金斯顿爵士。克伦威尔应该依稀记得，就在十几年前，正是金斯顿负责在中部地区逮捕沃尔西。随着亨利无情地摧毁另一个重臣，历史重演。

同时，宫廷中的保守派正在努力确保克伦威尔无路可退，只能被送上绞刑台。有些人仍然担心，他可能会以某种方式逃过一劫，然后对敌人进行报复。枢官院的领导成员，包括沾沾自喜的诺福克，不断逼问克伦威尔，并传达了国王的指示，要求他回答对他的指控。

6 月 12 日，克伦威尔给亨利写了一封文采飞扬的信。他尽量避免对叛国罪的指控提出任何反对意见，因为这与国王的言论相抵触——现在不是进一步激怒亨利的好时机。他写道：

微臣拜见英明的陛下，我听说您现在很高兴，因此我应该写下我的悲惨境况，因为这是您的善良、仁慈和权威以及不朽的上帝、圣三位一体给您的回报。

我被指控犯有叛国罪，但是我认为自己从来没有做任何让您不满意的事情，也没有做过或者说过任何罪恶的事情，上帝可以为我作证，我相信上帝可以向陛下揭示真相。

亨利很了解他的指控者——“上帝原谅他们！”但是，克伦威尔一直致力于“维护您的荣耀，保障您的生命安全，增强国家的繁荣，保障您的健康和财富，增进您的幸福安康”，倘若“我有半句假话，那么就让上帝惩罚我吧”。接着，克伦威尔尝试恭维国王，他提到了一个很能触动这位都铎君主内心本能的问题：财富和权力的积累。

上帝也知道，为了履行最艰巨的任务，我付出了多少努力，历经了多少艰辛，倘若我拥有神一般的能力，我必定会不遗余力地帮助陛下永葆青春和富足。上帝还知道，我费尽心思让您变得更富足，正如您让民众变得更富足一样。基督也了解，我不顾一切让您成为至高无上的君主，让天下的人都臣服于您。

国王曾经是

对我最慷慨的君主，但是比起主人，您更像是我的慈父。您无时无刻不给予我最严厉和神圣的忠告。如果我因此有所冒犯，我请求您的宽恕。您如此伟大，面对您的善良、宽容和慷慨，如果我背叛您，那么我宁愿承受千刀万剐。

他将灵魂奉献给上帝，将身体和资产献给亨利，以投其所好。至于英格兰人：

我穷尽自己的智慧、力量、知识、努力为人民服务，纵然我常常目中无人，只效忠于陛下，但是倘若我曾做过任何不公正或错误的事情，我相信上帝会见证这一切，而世人没有资格对我做出审判。至于我是否按照规定来履行自己的义务，我请求陛下的宽恕，因为我介入的事情数不胜数，实在是无法一一求证了。

克伦威尔着重解释了国王对他的不满——“在过去 14 天里，我会想起一件很私密的事情。我记得这件事，但从来没有对外透露过。”

这个秘密就是亨利不喜欢他的新婚妻子——乏味的克利夫斯的安妮，并且计划摆脱她。克伦威尔被指控曾向理查德·里奇爵士以及迈克尔的兄弟兼枢机主教波尔的私人秘书乔治·思罗格莫顿爵士（Sir George Throgmorton）披露了这个秘密。[14]

您在房间里告诉我您不喜欢王后之后，我告诉过您，她经常想和我说话，但我不敢和她说话，您以为我会接近她，告诉她我的想法。

但是一直没有机会，于是我和她的内廷宫务大臣谈话——在这一点上我请求您的宽恕——想办法让她变得更讨人喜欢、更时髦，这样也许能够使陛下得到安慰，同时也可以对曾经

> 让陛下感到不愉快的那个错误做出弥补。当我重申这个建议之后，内廷宫务大臣和其他枢密院员来到威斯敏斯特征求我的同意，即让（德意志）侍女返回克利夫斯。
>
> 这就是您之前向我透露的秘密，我从来没有对外人透露过，除了遵从您的命令，在上个礼拜日早上告诉了海军上将（威廉·菲茨威廉，第一代南安普敦伯爵）[15]。我发现他也愿意帮您寻求补救方法，让您感到满意和慰藉，同时也对陛下的不幸婚姻感到遗憾，看到您如此苦恼，他也感到万分悲痛。为了让您感到满意，他愿意付出生命代价来实现这个目标。我誓死让您感到满意，否则我愿意下地狱。

在讯问过程中，克伦威尔还被议员们指控雇用大量随从——自从“玫瑰之战”以来，这被严令禁止，以防止在英格兰境内组建私人军队。[16]克伦威尔有理有据地否认了这项指控。他坚决否认“除了家仆以外，还雇用其他随从”的说法，因为这违背了他的意愿。他虚伪地声称，“太多自称是我朋友的人来请求我帮忙，我不得不接收他们的孩子和朋友”。如果在这一点上有所冒犯，他现在请求宽恕。

克伦威尔谦卑地承认自己是悲惨的罪人，对不起上帝和国王，并且衷心希望亨利和爱德华王子健康长寿。他在信件的结尾写道：“您最卑微的仆人和囚犯以及最悲伤的臣民怀着悲痛的心用颤抖的手于星期六在伦敦写成。”[17]奇怪的是，他忽略了“伦敦塔”这一信息——仿佛不愿写下他被关押的监狱的名字，也就是他毁灭的象征。

亨利对这封激情洋溢的请求信的反应，史书没有记载。他很可能已经看透了诺福克和加德纳编造的叛国罪指控，但是真正触动他那无可救药的虚荣与傲慢的可能是这项精心挑选的指控：克伦威尔曾经对外透露国王婚事的秘密。实际上，这名无辜的大臣一直在寻求谨慎的方式来摆脱凯瑟琳·霍华德对国王的诱惑，比如鼓励克利夫斯的安妮在对她不感兴趣的国王面前表现得更性感一些，当然这是个致命的错误。他意识到她需要学习一些性诱惑的技巧。但现在，亨利只想摆脱这个说话带有厚重鼻音、身上散发“异味”、令人厌恶的德意志王后。克伦威尔过于深入国王的家务事，于是亨利永远无法原谅或者忘记他的罪恶。

还有其他未证实的报道称，克伦威尔最近的行为激怒了国王。约翰·沃洛普爵士（前掌玺大臣的敌人）告诉亨利，他曾听到来自国外的消息称，克伦威尔打算谋取王位，并且计划求娶玛丽公主。[18]

在克伦威尔给国王写信 5 日后，诺福克和加德纳在上议院提出了一项剥夺克伦威尔公民权及财产的法案。[19]

该法案的措辞非常直接。国王曾将克伦威尔从“非常基层的官职”提拔至埃塞克斯伯爵，赋予他“数不胜数的礼物”，现在经“许多具有高贵荣誉、神圣信仰和超凡决断力的人士”证明，他已经沦为亨利统治时期“最虚假和腐败的叛徒和骗子”。他“利用自己的职权，肆意将各类人物判定为犯有叛国罪，同时还让许多其他人笼罩在叛国罪审判的阴影之中”。

此外，他还“为了钱，允许出口货币、玉米、谷物、豆类、啤酒、皮革、牛油、铃铛、金属、马匹等商品，这严重违背了国王的意愿”，还在“国王不知情的情况下任命要职”。

然而，所有这一切只是克伦威尔连篇累牍的罪名的开端。这项向亨利宣读的议案继续指出，克伦威尔是“国内少数几个品格最低劣的人之一”，他还曾经公开表示“陛下是一个可憎之人，并号召所有臣民都唾弃陛下”。贵族已经宣泄了他们对克伦威尔的仇恨。以下是加德纳对他的私人报复：

> 他是一个可憎的异端者，不遗余力地在忠诚的民众中播撒叛乱的种子，并且偷偷将大量错漏百出的书籍散播到各个郡，其中很多书籍是在海外印刷的，旨在亵渎圣餐仪式，破坏其他由国王通过议会宣布的宗教条例，还提倡将上述部分书籍翻译成英文。尽管译者已经反馈这些书籍公开反对圣餐仪式，但是克伦威尔看过翻译版之后，竟然声称这些异端邪说被翻译得很恰当。

克伦威尔还“坚定地认为每个基督徒和神父一样，都可以成为圣礼的牧师”。作为亨利在宗教事务方面的副摄政，负责“纠正错误，匡正宗教信仰”，克伦威尔在国王不知情的情况下就授权异教徒传教和布道，还以国王的名义指使各郡的治安官释放大量异教徒。克伦威尔在接到有关异教徒的投诉后，通过“狡猾的手段和编造的借口”为他们辩护，并排挤这正直的控诉者。

随后，诺福克和加德纳对克伦威尔做了最后的指控，这是压倒骆驼的最后一根稻草。1539 年 3 月 31 日，在伦敦圣彼得勒波尔（St Peter le Poer）教区，诺福克和加德纳根据《褫夺公权法案》宣布，克伦威尔“傲慢地”捍卫了罗伯特·巴恩斯（Robert Barnes）

这样的改革派传教士：

> 即使国王可能会后悔，我也绝不会。就算国王和全体人民后悔，我也会坚持到底。我将手握利剑，面对国王和其他人，并举起他的匕首说："要么用这把匕首刺穿我的心脏，如果我在这场战斗中存活下来，如果我能再活一两年，我也不会因为害怕国王的权威而退缩。"
>
> 他最后用伟大的誓言表明自己的立场，举起他的右臂补充道："我一定会这样做。"

克伦威尔在贵族中的敌人最后补充说道：

> 他通过贿赂、勒索和虚假的承诺，获得了无数的金钱和宝物。他的暴富遭到贵族阶层的蔑视、嘲笑和憎恶，并让其他人惦记他的房产。1540 年 1 月 31 日，他在圣马丁田间的圣马丁教区以"极其傲慢、刻意、邪恶、叛逆"的口吻说道，"如果领主们能够协助他的话，他会给予他们最丰厚的回报和最荣耀的地位"。

依据《褫夺公权法案》，克伦威尔应该按照亨利的指示，以异端或叛国的罪名被处死，并且没收其从 1539 年 3 月 31 日起所获的或持有的财产。[20]10 月 29 日，该判决"在下议院休会之前获得全票通过"。[21]

在另一封给亨利的信中，克伦威尔抗议利用《褫夺公权法案》

针对他的行为。他听说：

> 我的罪行受到诚实和可信的证人的证实。尊贵的上议院和虔诚而谨慎的下议院一致给我定罪，剥夺我的权利。
>
> 崇高的君主啊，当我听到他们的判词时，我始终认为，自己是您的臣民，生来就应该遵守法律，并且认为只有真正诚信的人才能进行法律的审判，并且这些审判应该让全国民众听到和认可。

但是他接着自嘲道："即便如此，法律就是法律，不容辩驳。"尽管亨利曾一度心软，似乎曾拨款给他改善在监狱的待遇，但是克伦威尔还是感觉到自己气数已尽。他现在主要关心的是家人的安危："主啊，我谦虚地跪求崇高的陛下饶恕我可怜的儿子、他善良的妻子以及他们可怜的孩子，还有我的仆人，我请求您看在基督的分上宽恕他们。"[22]

但对亨利而言，克伦威尔在一些未竟的事业中也许还能发挥作用，譬如如何结束国王那无爱的婚姻而避免造成过多的外交损害。国王作为上帝的代理人认为主教们完全有理由废除他们的婚姻关系——但需要证据证明他们没有圆房，更重要的是，还要证明他从未同意这门婚事。

由于瘟疫的暴发威胁到伦敦，安妮于 6 月 24 日被送到萨里的里士满宫，以享受"健康、清新的野外空气"，国王明确答应她会在两天内与她会合。宫里的任何人都清楚这只是一个虚假的承诺：亨利非常恐惧这种疾病，一听到关于瘟疫袭击首都的消息，他就胆怯地躲在后面，让侍臣充当先锋，千方百计找出脱离险境的方法。实际上，他希望支开王后，以便解决这个棘手的婚姻问题，而不激怒德意志人。

他还需要合理的论据来提起诉讼。亨利不喜欢文书工作，因此很少关注细节，除非这件事情对他很重要。因此，他派诺福克、奥德利和新任海军上将约翰·罗素勋爵去看望被关在伦敦塔里的落败大臣，并要求他提供可用于支持废除这桩婚姻的法律依据。亨利亲手写下 5 个关于这桩婚事的问题，希望获得克伦威尔的回答，但事实上，这些问题只是克伦威尔为国王辩护的模板，亨利只要求克伦威尔复述这一切。他的最后一个“问题”：“毫无疑问，克伦威尔最清楚国王多少次说他憎恶她（安妮）。”[23]

代表团郑重要求克伦威尔，如实写下他所知道的一切，否则他会“在可怕的审判日受到上帝的惩罚，而且还将面临灵魂和良知受到谴责的极端危险”。他很快同意并重复抄写了这些问题：“我以性命发誓，所有这些条款都是真实的，这些文字是我（亲手）写的，并由秘书（赖奥思利）带给国王陛下。”

6 月 30 日，克伦威尔坐下来写信给亨利，阐述了克利夫斯的安妮的悲惨婚姻历程，“以上帝为证，在我的认知范围内，我说的话句句属实”。

他描述了亨利骑马去罗切斯特会见新娘的浪漫事迹，以及格林尼治的婚礼筹备，“当时我问陛下是否喜欢安妮小姐？您回答说，（我觉得）内心很沉重，不开心，‘她根本没有你们所说的那么美丽’，并补充说道，‘如果当初知道她的长相，就不会迎娶她来英格兰’”。亨利“长叹一声”，向克伦威尔提出一个简短而尖锐的问题："有什么补救办法？"克伦威尔左右为难，不知如何是好，"他感到真的很抱歉"，"所以以上帝为证，我当时就预料到这段婚礼将面临很艰难的开端"。第二天，国王见到新娘的外表后，向克伦威尔发难："我的大人，她不像你们说的那么好看，无论他们怎么说，我觉得她和我听到的不一样。"克伦威尔回答说："说实话，我认同你的说法。"但又吞吞吐吐地补充道："不过，我认为她举止典雅。"

枢密院成员被召集起来，寻找阻止这场即将到来的婚礼的方法。克伦威尔以律师的敏锐目光，聚焦到安妮和洛林公爵的儿子弗朗索瓦之间的旧婚约上，不过这个婚约在1527年就被废除了，当时弗朗索瓦12岁，安妮10岁。然而，陪同安妮的克利夫斯大使却让大家"不必担心这件事"，他向英格兰的侍从们保证，该婚约从未生效。他们甚至愿意让自己作为人质，直到所有"释疑文件"被送到英国。[25] 此时，亨利心中积聚着满腔怒火——都铎君主典型的坏脾气。他在私人房间里喊道："我还是不满意！"他开始用言语威胁身边的人。国王告诉克伦威尔："如果她没有大老远来到英格兰，如果我的国家和人民没有为此大费周章地做准备，如果不是担心国家动乱，也就是将他的弟弟送入（查理五世）皇帝和法国国王的虎口，我永远不会与她结婚。"

婚礼当天，亨利曾经事先在格林尼治宫的接见厅告诉克伦威尔："阁下，如果不是为了满足全世界和我的国民的期待，我一定不会接受这样荒唐透顶的事情。"显然，此时已经埋下了对克伦威尔不利的种子。

第二天早上，星期二，一个好色而没脑子的首席大臣赶到国王的私人房间询问婚礼之夜的情况。

> 我发现陛下不如我所期待的那样高兴，我想问您是否喜欢王后。陛下清醒地回答："正如你所知，我之前就不太喜欢她，现在我更讨厌她，我已经摸到她的腹部和乳房，从而可以判断，她应该不是处女。这给我造成了极大的冲击，以至于我不想也不敢采取进一步行动。我完全没有碰她，就离开了。"

克伦威尔看到国王"如此不开心，自己也感到很难过"，亨利随后再次强调，他"永远不可能对她的肉体感兴趣"。在婚后的早期阶段，国王每天晚上或每隔一个晚上都不情愿地和她一起睡觉，但是他坚称"她仍然是个处女，就像刚出生一样，并且处处照顾她"。在1540年的大斋期，安妮感到很沮丧，因为曾经幻想的美好婚姻将会化为灰烬，难怪她开始"变得越来越固执和任性，这再次证明他们从未有过肉体接触"。复活节后的圣灵降临周，在格林尼治的私人会议厅里，亨利对自己的命运感到"万分悲哀"，抱怨说自己"永远不可能再有孩子，以告慰天下"，并向克伦威尔保证，"我向上帝发誓，我从来不认为她是我的合法妻子"。

随后，大臣告诉国王，他会竭尽全力"安慰陛下，解决陛下的烦恼，上帝为证，我对陛下的情况感到十分遗憾"。

克伦威尔就此结束了这封长信，最后恳求亨利"原谅我如此字斟句酌，只要上帝和陛下愿意，我这个悲惨的囚犯随时可以赴死"。

事到如今，克伦威尔只能保持道德上的坚毅，同时夹杂着悔恨之心。随后，他陷入极度恐惧、绝望和怯懦："然而，虚弱的肉体驱使我不断恳求您宽恕我的罪行，在此情况下，基督会拯救、保佑和保护您……您最悲惨的囚犯和窘困的奴隶怀着沉重的心情用颤抖的双手在6月的最后一个星期三写于伦敦塔。"在长达半页的空白之后，他在信纸的底部边缘写着"cri de coeur"，意为"我敬爱的君主啊，我再次恳求您宽恕我"。[26] 信的末尾署名"托马斯·克伦威尔"。

亨利命令他的秘书拉尔夫·萨德勒给他读了3次这封长信。据说，他显然被身陷囹圄的大臣的话语触动了，感动得像小孩一样抽泣。但这些鳄鱼眼泪并不能挽救克伦威尔。7月5日，国王向上议院提出了一项大赦法案，但是不包含赦免那些"反对圣餐仪式、触犯叛国罪和谋杀罪"的人以及触犯其他罪行的人。在赦免例外名单中，克伦威尔的名字位列第一。[27]

他已经向君主提供了最后的效忠服务。面对神职人员评议会（Clerical Convocation）对其婚姻合法性的调查，亨利现在对自己的证据胸有成竹，并且狡猾地利用克伦威尔的困境来增加可信度。在宣读证词时，国王声称自己所言皆属实，没有"图谋不轨，也没有仇恨或不悦"。亨利"从一开始就希望克利夫斯的安妮女士的朋友可以首先取消旧婚约"，"国王陛下非常介意这件事情，如果事先知道婚约的存在，他绝对不会迎娶她到英格兰，也不会让她进入这个国家"。[28] 但是，当她到达格林尼治后，

第二天，我向埃塞克斯勋爵说了一些话，我相信他愿意为我作证。

> 毫无疑问，他现在已经依据议会法案被判处死刑，所以他不会希望自己的灵魂受到谴责，而是坚持说出真相。我不仅在那天说过这样的话，直到婚礼当天，甚至后来很多次，我还都坚持同样的观点——我不同意这桩婚事，因此我不愿意也不能和她圆房。

亨利大胆地宣称，这个真相就是："我从来没有爱过这个女人，也不想和她结婚，即使她以处子之身嫁给我，我也不想和她发生肉体关系。"他的结语说道："这是我简短、真实、彻底的声明"，并在落款写上表示"亨里克斯国王的字母缩写'H.R.'"。[29]

国王的证据毫无悬念地得到他的随从的支持。另外，他的首席医生威廉·布茨作证说，国王实际上有能力与新娘圆房。[30]

7月9日，首先，加德纳发表了一篇"清醒"的开幕辞，其中表达了自己希望国王结束这段婚姻的立场，随后，包含2位大主教、16位主教和139位学者在内的神职人员评议会在威斯敏斯特修道院的会议室宣布废除亨利的第四次婚姻。4天之后，议会通过了他们的决定。[31]

亨利的老搭档萨福克公爵、南安普敦、理查德·里奇爵士和他的秘书赖奥思利爵士一同前往里士满宫正式通知安妮：她与国王的婚姻被废除，同时她也不再是英格兰王后。她安静地听着他们彬彬有礼地宣读决议，同时她的口译员逐句逐词地翻译着，"连神情都与她保持一致"。[32]有人说，她听到这个消息后就晕倒了，但若果真如此，那也可能是她突然陷入极度恐慌，担心自己会面临安妮·博林那样的可怕命运，因为她现在也是被亨利八世抛弃的妻子。不过，她很快镇定下来，因为情况并非如此。

7月11日，安妮写信给亨利（可能是赖奥思利指使的），她说“虽然这件事情对她来说是非常困难和伤痛的，但是由于她对亨利神圣的品格怀有崇高的敬意，同时她认为上帝所代表的真理胜于世俗的感情”，所以她完全尊重神职议会的决定，

> 我们之间伪装已久的婚姻是无效的，因此我不能也不会自称为您的妻子。
>
> 考虑到在过去一段时间里，陛下与我保持着纯洁的关系，我恳请陛下将我视为您最谦卑的仆人或妹妹，我将对您感激不尽。[33]

她最后署名“克利夫斯的女儿，安妮”。

被废除固然是对她的自尊和女性魅力的侮辱和否定，虽然表面淡定自若，但实际上她绝对不是一个反应迟钝的傻瓜。她现在用一种得体的方式来回避亨利的间歇性关注，并且保护自己所剩无几的尊严。至于她的身份，她现在仍是英格兰的第一夫人，除非亨利册封新王后或者两位公主伊丽莎白和玛丽之一登基。她被允许保留所有的衣服、珠宝和金盘，以及与其级别和地位相匹配的仆人规模——15个德意志仆人。她将获得很多的土地和房产，讽刺的是，其中一部分是从克伦威尔那里没收而来的，并且每年能够获得高达500英镑的津贴，按照2006年的货币价值折算为22万英镑。总而言之，国王承诺，只要她保持沉默和安静，她就会受到很好的照顾。

不过，亨利还是担心她会突然改变主意，并且对他置她的弟弟克利夫斯的威廉公爵于不顾一事感到不满。他于7月13日给萨福克写信，说“女人的诺言都是善变的”，并命令他再次到里士满去看望“这个新认的妹妹，并要求她写信通知她的弟弟”，然后将信件翻译成英文寄给他，以便了解信件的内容。

他的担心完全是徒劳的。5天后，安妮再次致信国王，承诺永远做“陛下最谦卑的妹妹和仆人”。她还信守承诺，按照要求向威廉写信：“我相信上帝对所发生的一切都很满意，而我自己既没有犯错，也没有遭受任何伤害。”安妮表示自己的身体“完好如初”，同时认为亨利一直都是“最亲切、仁慈、友爱的父亲和兄长”。“国王就像你一样尊重、关心和保护我，我本人、我的亲戚或朋友都对此感到很满意，乞求你不要在和解方面为难他。”[34]她还表示愿意留在英格兰——亨利希望她处于他的控制中，“如果上帝愿意，我希望在英格兰度过余生”。

威廉公爵也急于找到妥善的外交和解方式，同时“对自己的姐姐没有受到伤害感到很欣慰”，亨利也不用担心这件事会造成外交动荡，现在可以高兴地将全部爱意倾注在凯瑟琳·霍华德身上。

这一切都进行得有条不紊。他曾经耗费6年艰苦而危险的岁月才摆脱阿拉贡的凯瑟琳，转而追求安妮·博林，如今只花了6天的时间就结束了另一段没有感情的婚姻，摆脱了克利夫斯的安妮。

在几天之内，亨利收到了越来越多好消息，其中有一则振奋人心的指控：克伦威尔在履行法律职责时一直在为自己敛财。法国国王告诉他，在1539年，克伦威尔曾对皮卡第行政长官勒西厄尔·德·罗什波（Le Sieur de Rochepot）的船只缉获法国商船一案做出判决。该船被判为奖赏，据称克伦威尔从中获得经济利益——通过出售该船套现。7月14日，克伦威尔最后一次写信给枢密院，坚决否认这些说法："我没有参与奖赏的分红，也没有人向我做过这样的承诺，亲爱的大人，我绝对没有从中受贿，上帝可以为我作证。"[35]

7月26日，赖奥思利搬到了克伦威尔的府邸——奥斯丁修道院。在5月份，当枢密院开始调查他涉嫌在温彻斯特参与财产欺诈一案时，赖奥思利选择背叛他的导师和金主。在这里，我们可以感受到加德纳的又一个阴谋的微妙之处：故意给那些了解掌玺大臣底细的人施加压力。于是，调查突然在6月停止了，赖奥思利重新获得支持，还将获得丰厚的回报。[36]

现在距离克伦威尔的死期只有几天时间了。

他的敌人仍然不确定他将以何种方式赴死。德·马里亚克相信（或希望），他会被架在木栏上，然后被拖着穿过街头去往泰伯恩刑场，在那里被绞死，然后被四马分尸。这就是叛国者悲惨的下场。

诺福克的言语中透露着他对此的期待：克伦威尔的死亡将是"英格兰历史上最惨烈的"。他可能指的是亨利卑劣的决定——同时处决沃亨格福德勋爵（Lord Hungerford）沃尔特和克伦威尔，前者因被控强奸自己的女儿，聘请魔法师预测亨利的死期，以及雇用一名支持求恩巡礼叛徒的神父而被判处死刑[37]。让他们同时出现在绞刑台上就是故意在最后时刻羞辱克伦威尔。

在7月28日，执行当天，天亮不久，克伦威尔平静地叫人送来早餐，他异常安静地吃着。不久，门外传来沉重的敲门声，伦敦的两名治安官威廉·拉克斯顿爵士（Sir William Laxton）和马丁·鲍斯爵士奉命将他带到绞刑台上。[37] 他现在知道，得益于亨利的怜悯和特殊恩典，他将在塔丘简单地结束生命。

当他出现在夏日明媚的阳光中时，他不由得眨了一下眼，对周围严密的安保措施感到震惊。显然，国王和他的新顾问班子担心人群中会有众多家臣冲出来拯救这名即将赴死的大臣。当天早上，有一千名戟兵在现场值守，他们排成阵列，无面甲的头盔、布满铆钉和装饰着缎带的武器以及铮亮的斧头在太阳下闪闪发光。[38]

在去往刑场的路上，克伦威尔遇到了沮丧、精神错乱的亨格福德，他们将一同走上绞刑台。他试图安慰这名不幸的、语无伦次的男爵，让他放宽心：

> 你不必害怕。如果你诚心为自己所做的一切感到忏悔，那么你就会得到宽恕，基督会原谅你的。
>
> 所以不要感到沮丧，虽然我们吃的早餐不太丰盛，但是请相信耶和华的慈爱，我们一定可以愉快地享用晚餐。[39]

他这番温柔的话语也许无法为亨格福德提供任何慰藉，但是有人猜测，他说这些话更多的是为了给自己打气，以便在围观者面前展现出平静而勇敢的形象。克伦威尔决心让自己得体地死去。有些人声称，如果他在处决时不承认自己的罪行，就可能会遭受异端罪的刑罚——被烧死而非被斧头直接砍死。[40]

在伦敦塔中的绝望日子里，他反复斟酌临终时的公开发言（如果国王真的允许他发言的话）。他不奢望为自己辩解或寻找借口，也不想对他的贵族敌人进行最后的打击。克伦威尔已经一只脚踏进属于叛徒的无名坟墓，所以他现在只想防止王室报复他的亲人，特别是他的儿子格雷戈里，同时极力表现自己对宗教的虔诚信仰，以免被指控为异教徒。

当他迈着坚定而自信的步伐走上位于伦敦塔墙以北开阔空地中的撒满秸秆的木质绞刑台时，他冷漠地注视着坐在专属高位的老对手和外交敌人西班牙大使尤斯塔斯·查普。两人想必四目相对过，但他们彼此问候的微笑背后暗藏着不同的感情：西班牙大使的内心想必充满蔑视和得意之情；而克伦威尔则在想，除了神以外，应该没有人可以阻止大使对他的惨死感到幸灾乐祸了。

他已经将临终之言记在脑海中，经过台阶走上拥挤的绞刑台，然后向前走到木围栏前，看着台下林立的士兵和密密麻麻直指天空的刀戟。

人群异常安静，克伦威尔平静而淡然地说：

> 善良的人们，我来这里是为了赴死，而不是为自己辩白，很多人都误会我了。如果我为自己申辩，我就是个可怜虫、小气鬼（悲惨之人）。
>
> 根据法律规定，我罪该万死，因此我感谢主耶和华判处我死刑。
>
> 因为自我掌权以来，我就是个罪人，冒犯了主耶和华，因此我诚恳地乞求他的宽恕。

克伦威尔停了下来，凝视人群中的各种面孔。他应该看到了一些沾沾自喜的敌人和一些忧心忡忡的仆人。他赶紧说道："很多人都知道，我酷爱四处旅行，但是水平不高，却身处高位。"

他寻求王室赦免，但是语气很"随意和冷漠"：[41]"自我进宫以来，对君主多有冒犯，为此，我恳求陛下的宽恕。我恳求大家与我一起向上帝祈祷，希望陛下原谅我。啊！圣父，原谅我吧！啊！救世主，原谅我吧！啊！圣灵，原谅我吧！啊！圣三位一体，原谅我吧。"

克伦威尔急切否认一个广泛流传的谬误——他是路德宗教徒：

> 现在我向你们祈祷，明确表示我至死都是天主教徒，从未怀疑过自己的信仰，也没有质疑过圣餐仪式。[42]
>
> 许多人诽谤我，声称我一直是异端的支持者，但这不是真相。
>
> 但是，我承认，正如上帝通过圣灵给予我们的指示那样，魔鬼一直在诱惑我们——而我受到了诱惑。

他重申了自己的中心思想，以确保没有人质疑他的宗教信仰和忠诚：

> 请大家见证，我至死都信仰圣洁的天主教。
>
> 我衷心地希望你们为国王陛下祷告，祝愿他长命百岁，国家繁荣昌盛，在他之后，他的儿子，也就是顽皮可爱[43]的爱德华王子将长期统治你们。
>
> 我再次希望你们为我祷告，只要我还有一口气，我的信仰就不会动摇。

这些话将被印刷出来，经过官方的许可，被广泛传播。

另外一个目击者报告了克伦威尔给予靠近绞刑台的侍者的一些忠告：

> 先生们，你们都应该从我这里得到警示。正如你们所知，国王将我从一个穷小子提拔成为一个伟大的绅士。尽管已经掌握国家大权，我还不满足，渴望更高的地位。如今，我的骄傲已经受到惩罚。
>
> 我认为自己罪有应得，因此我敦促你们要学会珍惜自己的优势，永远不要让贪婪或骄傲蒙蔽双眼。
>
> 请效忠你们的国王，因为他是世界上最好的君主，他知道如何嘉赏臣子。

他的话被神智错乱的亨格福德打断了，他一遍又一遍地呼唤刽子手快点处决自己。

然后，克伦威尔跪在稻草上，与造物主交流："耶和华啊！希望我的眼睛无法睁开时，我灵魂还可以看见你。耶和华啊！希望我的嘴巴无法张开时，我的心灵还能呼唤：'圣父，我将灵魂托付给你。'"

他站起来告诉绞刑台周围的人："为君主、议员、神职人员以及百姓祈祷。我再次乞求你们为他们祈祷。"[45]

克伦威尔最后环视四周，看到他的老朋友老托马斯·怀亚特爵士[46]站在拥挤的人群前排。他高喊："温柔的怀亚特，再见，为我祈祷。"怀亚特在安妮·博林垮台后被监禁，他听到克伦威尔的声音后立刻泪流满面。“别哭了，”克伦威尔补充说，“如果他们逮捕你时，我能够感到愧疚，就不会落得现在的下场。”

话音刚落，他告诉刽子手：“如果可能的话，请一斧砍断我的头，让我少受一些痛苦。”[47]这是一个很渺茫的希望。这个刽子手名叫古雷亚（Gurrea），他是“一个穷酸、残忍的恶棍”，过了一会儿，他开始行刑：有些人称他是特意被派上场的，因为他恰好缺乏经验。他的斧头很可能没砍中克伦威尔的脖子，而是大力地砍到头骨后面。又有一种更悲惨的说法是，两个刽子手“对着克伦威尔的脖颈和头部砍了近半个小时”。[48]

傲慢的萨里伯爵亨利·霍华德——克伦威尔的劲敌诺福克的儿子冷笑道：“这个立志屠杀贵族阶层的虚伪乡巴佬终于死了。这些暴发户恣意妄为，不给贵族留活路。”他幸灾乐祸地要求剥夺克伦威尔的公权——这是克伦威尔亲自设计的对付叛国者的武器，最终却导致了自己的垮台：“现在他已经一无所有了。”[49]

亨格福德很快被处死了，两具尸体被抬回伦敦塔，埋在城堡内圣彼得教堂的无名坟墓内。[50]具有讽刺意味的是，克伦威尔的尸体被埋在距离王后安妮·博林的坟墓几英尺的地方，而他曾是安妮垮台的幕后推手。

两名叛国者的头颅——克伦威尔的头颅已经面目全非——被挂在伦敦大桥上的枪柄上。

在克伦威尔被执行死刑的同一天，亨利在萨里的韦布里奇（Weybridge）附近的奥特兰兹宫（Oatlands Palace）举行私人仪式，迎娶了凯瑟琳·霍华德。此时此刻，年老的国王欣喜若狂。

尾声

如果回顾他从平民到掌玺大臣的发迹史，我们不禁怀疑，他的成功究竟归因于运气还是勤勉。

——拉斐尔·霍林斯赫德，编年史家[1]

在克伦威尔被处死之后，伦敦掀起了空前的政治宣传热潮——传单满天飞，言论攻击不绝于耳。一首关于托马斯·克伦威尔的民谣被迅速传播，内容包含16首打油诗，每一节都重复最后一行。它如是开头：

大人和小孩都很兴奋地说
那个虚伪的叛徒托马斯·克伦威尔
终于被送进地狱
让我们用歌声欢送恶魔[2]

它如是结束：

上帝用尽全力拯救亨利国王
以及可爱的爱德华王子
还有所有尊贵的领主
让我们用歌声欢送恶魔
让我们用歌声欢送恶魔
此时此刻，热烈欢送恶魔[3]

很快，有人掀起几次反抗运动，为克伦威尔鸣不平，但是都是小心翼翼地进行，以避免遭到国王的直接或间接的批评。一首由托马斯·史密斯（Thomas Smyth）所作的“一首抨击恶毒污蔑者的民谣”[4]暗中传到亨利以及宫里一名福音派教徒耳中。这首歌谣包含 18 节，开头是这样的：

虽然克伦威尔爵士是一个叛徒
但我敢说，国王陛下
已经赦免了他的重大罪行
而你们这些咒骂死者的人才应该受到谴责
你们才是恶魔

他的确触犯了法律
但也很快受到法律的惩罚
他体面地结束了自己的生命
而你们这些咒骂死者的人才应该受到谴责
你们才是恶魔

对于他的一切罪行

他已经请求上帝和陛下的宽恕

然而茫茫人世间

没有人能够像他一样坦诚认罪

你们才是恶魔[5]

同时，亨利表现出对宗教僭越者一视同仁的态度。克伦威尔死后2天，3名福音派成员罗伯特·巴恩斯、托马斯·加勒特和威廉·杰罗姆被带出伦敦塔，因异端罪被烧死于史密斯菲尔德。除了他们之外，还有3名天主教徒理查德·费瑟斯通（Richard Featherstone）、托马斯·阿贝尔（Thomas Abel）和爱德华·鲍威尔（Edward Powell）被送往泰伯恩刑场，他们因否定王权至高无上而被绞死，然后被四马分尸。被羊圈木栏杆拖走时，他们激烈讨论着，他们之中谁是真正的殉教者。[6]

这件事情反映和概括了亨利统治后期在制定和实施宗教政策方面变幻莫测的态度。至于克伦威尔花了多少心思来说服这位英国史上最固执的君主，尚无定论。克伦威尔的问题在于，国王在处理棘手的宗教问题上有许多不同的想法。亨利指责克伦威尔勾结路德教派，试图在英格兰推广激进的新教教义，这只不过是一种政治宣传手段，或者是斯蒂芬·加德纳的疯狂想法。当然，克伦威尔在15世纪30年代的确对路德教派感兴趣，并认可其信徒。但没有证据表明，他否认圣体实在，或者比亨利宫廷中其他福音派人士更希望进一步推动新教的普及。

克伦威尔真正做到的是，于1539年组织将《圣经》翻译成英文，从而让更多普通民众可以直接了解自己的宗教信仰。尽管亨利对英文版《圣经》的影响感到紧张，并试图限制其推广，但在1541年，他还是要求各教区购买英文版《圣经》，否则将对其实施罚款。克伦威尔还通过抨击神像、朝圣者和圣祠，消除了当时侵蚀天主教的大部分迷信行为。

不过，他的最高成就在于政府管理。他改革了英国王室和行政机制，为今天的美国国务院制度奠定了基础。他对亨利的忠诚是不容置疑的：他所有的创新措施和惩罚手段都是为了维护都铎王朝。50年前，他也许曾听过粗暴的父亲谈论玫瑰战争引发的骚乱。克伦威尔下定决心，要让他管理下的英格兰永不因贵族权力纷争而分崩离析；因此，他通过向贵族分配修道院财产来确保他们的忠诚。修道院私有化带来的成果也催生了新兴的绅士阶级，他们成为确保英格兰繁荣与和平的关键阶层。

按照现代的眼光，克伦威尔看似专制、残忍和恶毒，并且操纵议会、歪曲正义，但他的目的总是维护国王和王室的最大利益，至少他自己认为是这样。当然，克伦威尔自己最大的算盘是取悦专制的亨利，从而获得越来越多的权力和致富的机会。他一心一意追求自己的政策目标，无暇施舍怜悯或者聆听内心的良知。毫无疑问，托马斯·克伦威尔会赞赏20世纪的极权主义国家。许多这些国家的统治者也会以克伦威尔的动机来为自己的行为辩护。不过，克伦威尔无法以“只是听从命令”为借口为自己脱罪。实际上，虽然很多时候都是亨利发号施令，而克伦威尔只是执行之人。

他享有（几乎）绝对的权力，用老话来说，他不可避免地参与贪污腐败。他的辩护者指出，都铎时期普遍存在贿赂行为，但克伦威尔的腐败性质远超正常范围。他的贪婪永无止境，除了不敢盗窃国王的财富以外，他无所不用其极。截至其生命结束之际，他的财富和房产超过了除国王和“继承祖业”的诺福克公爵之外的所有人。这最终导致了他的毁灭。作为贵族们亲手扶植的新兴权贵，克伦威尔的喧宾夺主又引发了贵族们的嫉妒和仇恨，最终成为他们迫害的对象。

出乎意料的是，克伦威尔的垮台并没有牵连他的家人，也许是因为他曾谦卑地表达自己的忏悔，或者因为国王内心深处隐约对这个忠诚的仆人与他休戚与共满怀感激。

在其父亲死后 5 个月，格雷戈里仍然被授予爵位。1540 年 12 月 18 日，他被封为克伦威尔男爵，第二年，又被赐予莱斯特郡的莱顿修道院和土地，以及他父亲的一些土地。在亨利于 1547 年 1 月去世之前，他还不断获得房产赏赐，而当亨利的儿子爱德华六世加冕时，格雷戈里是在典礼中被授予爵位的 40 人之一。

格雷戈里的妻子伊丽莎白在她的公公克伦威尔被判为叛徒后，怀着遗憾的心情向亨利写了一封信，感谢他的“仁慈和善良”。

> 感谢您（陛下）的仁慈和善良。尽管我的公公犯下严重罪行，但您也慷慨地宽恕了我可怜的丈夫和我。我公公的滔天罪行使我们陷入极端贫穷，但是因为您的帮助而得到极大的缓解。
>
> 我长久以来一直渴望向您表达最真诚的感谢，同时也希望陛下继续待我们以仁慈。
>
> 我再次谦卑地恳求陛下仁慈地接受我最卑微的诉求，一

如既往地对我可怜的丈夫和我施以怜悯和仁慈，我们永远不会冒犯您，永远为您祷告，愿上帝保佑您长盛不衰。

您最忠诚的女仆

伊丽莎白·克伦威尔

在过去 10 年里，格雷戈里都是议会成员，并且表现不俗。1551 年 7 月 4 日，他因患上与母亲一样的“汗热病”而死于莱顿。3 天后，他的遗孀与后来的第二代温彻斯特侯爵[7]约翰·波利特（John Paulet）结婚。

格雷戈里的继承人在他去世的时候尚未成年，但后来娶了他继父的女儿，最后于 1592 年 12 月去世。

男爵爵位一直延续到克伦威尔的玄孙，即另一个托马斯·克伦威尔，他在 1624 年 11 月获封莱卡尔子爵（Viscount Lecale），20 年后升为阿德格拉斯伯爵（Earl of Ardglass）。1687 年 11 月 26 日，第四代伯爵去世，至此克伦威尔的血脉断绝。[8]

克伦威尔的外甥理查德爵士曾在 1531 年将自己的姓氏从威廉斯改为理查德，他从修道院解散中获益匪浅。他在 1518 年和弗朗西丝·迈尔芬（Frances Myrfin）结婚，育有两个儿子。他一直担任亨利枢密院绅士，直到于 1544 年 10 月 20 日去世，年仅 32 岁。他创立了家族纹章，后来这个家族中出现了另一个英国护国主——奥利弗·克伦威尔（Oliver Cromwell）。

处于这场激烈的政治旋涡中的其他人：奇切斯特主教理查德·桑普森曾因卷入克伦威尔垮台前的权力风波而被关进伦敦塔，后来因为克伦威尔被捕而获救，最终于 8 月份被赦免。理查德·里奇爵士一生都在躲避报复，最终于 1567 年寿终正寝。在亨利于 1547 年去世后不久，斯蒂芬·加德纳被关进监狱，在爱德华六世统治的大部分时间里，他因煽动叛乱和无法推动宗教统一而身陷囹圄。玛丽一世登基后，主张让英国回归天主教，于是加德纳成为御前大臣。他于 1555 年 11 月 13 日死于威斯敏斯特宫；在亨利垂死之际，诺福克被判叛国罪，但在国王死后逃脱死刑。他一直被监禁在伦敦塔里，直到玛丽一世登基，后于 1554 年平静地寿终正寝。1556 年 3 月 21 日，克兰默被玛丽作为异端教徒烧死，但是他留下一本脍炙人口的著作——《公祷书》(Book of Common Prayer)。

1935 年，托马斯·莫尔和费希尔主教都被教皇庇护十一世追封为圣徒。天主教加尔都西会殉教的教士们也于 1970 年被封为圣徒。

凯瑟琳·霍华德在 1542 年 2 月 13 日被斩首，因为她公然与人通奸。克利夫斯的安妮死于 1557 年，她是亨利的妻子中，也是英格兰所有国王和王后中，唯一被埋在威斯敏斯特修道院的。

最后不得不说到这名肥胖的黑衣大臣一生所服侍的亨利。传说，每当嗜赌如命的国王打出杰克牌（knave，字面意思是“无赖、恶棍”）时，都会高呼：“我有克伦威尔。”

而讽刺的是，他在 1538 年 5 月对法国大使说，克伦威尔是“一个好管家，但不擅长处理国王事务”。如果他尚存良知，也许会后悔说出这样轻蔑的话。

在失去这名残酷、左右逢源的大臣兼不择手段的英格兰外交官的辅佐后，他开始感到忐忑不安和孤独。亨利曾自信地认为只有自己具备统治英格兰的卓越能力和手段，但他的自信迅速消散。国王从来都缺乏对待繁杂政务的耐心，于是很快就心生厌倦，不到一年的时间里，他就对处死克伦威尔感到追悔莫及。

他越来越感到痛苦和愤怒，又一次苦苦地抱怨说，他的国民们“十分难以管理，他打算很快让他们陷入贫穷，使他们没有勇气也没有力量来反对他”。

他的枢密院议员大多关心自己的口袋是否充盈，而不是为他效忠，更可恶的是，他们“以轻浮的借口、虚假的控诉，怂恿他处死了自己最忠实的仆人”。[9]

克伦威尔应该会对自己意外获得这么高的评价感到欣慰，并对敌人的溃败感到沾沾自喜。

年表

约1485年	克伦威尔出生于萨里郡普特尼。
1491年	
6月28日	亨利出生于格林尼治宫，是亨利七世和妻子约克的伊丽莎白的第三个孩子。
1502年	
4月2日	亨利的哥哥亚瑟王子15岁时因结核病死于拉德洛城堡。当时他已经与阿拉贡的凯瑟琳结婚5个月。
1503年	
12月28日	克伦威尔在法国军队服役，他们在意大利加利格里阿诺战役中被西班牙人击败。
1509年	
4月23日	亨利登基，时年17岁。
6月	亨利和哥哥的遗孀阿拉贡的凯瑟琳结婚（6月11日），并于6月24日举行加冕仪式。
1511年	
1月1日	亨利和阿拉贡的凯瑟琳的儿子亨利王子诞生，但于2月22日夭折。
约1512年	克伦威尔在安特卫普工作，担任英格兰商人在低地国家的秘书。
1516年前	克伦威尔与普特尼布工的女儿伊丽莎白·威克斯结婚。儿子格雷戈里出生。

1516 年	
2 月 18 日	亨利和阿拉贡的凯瑟琳的女儿玛丽公主诞生于格林尼治宫。
1520 年	克伦威尔向枢机主教沃尔西提供法律建议，并向贵族成员提供财务建议。
1522 年	
10 月 11 日	教皇利奥十世将亨利八世封为“信仰守护者”。
1523 年	**克伦威尔在沃尔西的帮助下成为议会议员。**
1524 年	克伦威尔考入格雷律师学院，成为沃尔西的律师和顾问。
1525 年	
1 月 4 日	克伦威尔奉命调查 5 座小修道院，以盘点它们的财富，并成为沃尔西镇压修道院的代理人。
1526—1569 年	摧毁 29 座“朽烂”的大大小小的修道院，为枢机主教沃尔西在牛津和伊普斯威奇创办两所大学筹集资金。
1527 年	
10 月	克伦威尔从安东尼·达西手中购得位于埃塞克斯的托尔斯汉特达西（Tolleshunt D’Arcy）庄园。他自此开始积累土地和财产。
1528 年或 1529 年	克伦威尔的妻子伊丽莎白去世，可能死于“汗热病”。他的两个女儿，安妮和格雷斯，可能死于同样的流行病。
1529 年	
7 月 12 日	克伦威尔立下遗嘱，他的儿子格雷戈里成为主要受益者。他的外甥理查德·威廉斯也是受益者，其随舅父改姓为克伦威尔，是奥利弗·克伦威尔的曾祖父。
10 月 9 日	沃尔西垮台。
11 月 3 日	克伦威尔成为汤顿议会议员。
1530 年	克伦威尔开始为亨利八世服务，担任议会管理人和特设法律顾问。
12 月 29 日	枢机主教沃尔西去世。

1531 年

1 月　克伦威尔宣誓就任国王枢密院的初级成员。

1 月 24 日　神职人员评议会向亨利提供 10 万英镑，乞求赦免 15 名触犯蔑视王权罪的神父。

1532 年　克伦威尔被任命为土地验收总干事和监督员，负责管理之前隶属于沃尔西的位于牛津的前“枢机主教学院”。

3 月　下议院通过《反对教会管辖陈情书》，旨在反对教会干预政治。

4 月 14 日　克伦威尔被任命为国王的珠宝库管理人（他先与约翰·威廉斯爵士共同担任该职位一年，自 1535 年 4 月 24 日开始与拉尔夫·萨德勒共同担任该职位）。

7 月 16 日　克伦威尔被任命为令状保管书记官。又被任命为王室监护法院主事官。

1533 年

1 月 25 日　亨利与安妮·博林秘密在威斯敏斯特结婚。安妮于 6 月 1 日加冕为王后。

3 月　《禁止上诉规约》通过，为英国宗教改革奠定了基础。

3 月 30 日　托马斯·克兰默被封为坎特伯雷大主教。

4 月 12 日　克伦威尔被任命为财政大臣。

5 月 23 日　克兰默宣布亨利与阿拉贡的凯瑟琳离婚。

8 月 8 日　克伦威尔被任命为布里斯托尔刑事法院法官。

9 月 7 日　亨利与安妮·博林的女儿伊丽莎白公主诞生于格林尼治宫。

9 月 12 日　克伦威尔被任命为威斯敏斯特修道院主事。

1534 年

2 月 27 日　克伦威尔被任命为赫特福德城堡和赫特福德伯里的联合治安官兼当地公园管理员（Keeper of the Park）。

3 年 23 日　首项《继承法案》通过。

约 4 月 15 日　克伦威尔被任命为亨利八世的首席秘书。

4 月 20 日　“肯特圣女”伊丽莎白·巴顿及其同党被处决。

9 月　克伦威尔被任命为伯克利城堡的联合治安官以及伯克利公

园管理员；赛务大臣（Master of the Game）以及欣顿树林（Hynton Wood）和红树林（Red Wood）的管理员。

10月8日 克伦威尔被任命为大法官法院记录官，他担任此职务至1536年7月10日。

10月12日 教皇保罗三世接任克雷芒七世。

11月 《至尊法案》通过。

11月3日 《叛国法案》通过。

1535年

1月1日 克伦威尔被任命为宗教场所的代理主教和总监察员。

1月21日 亨利下令对英国和威尔士的教堂、修道院以及神职人员进行一次全面调查。

5月4日 3名天主教加尔都西会教士、1名布里吉特会神父以及另一名神父因拒绝承认亨利拥有至高权力而被处决。

5月14日 克伦威尔被任命为萨伏依庄园（Manor of Savoy）管理员以及米德尔塞克斯恩菲尔德的地方长官。又被任命为剑桥大学的校长。

5月16日 克伦威尔被任命为米德尔塞克的埃德蒙顿（Edmonton）庄园和塞斯伯里（Sayesbury）庄园的管理员和地方长官。

5月20日 教皇保罗三世任命罗切斯特主教约翰・费希尔为枢机主教。

6月19日 3名天主教加尔都西会教士因反对王权至上而被处决。

6月22日 托马斯・莫尔爵士因触犯叛国罪而被处决。克伦威尔被任命为剑桥大学高级管理员以及监察员。

1536年

1月7日 阿拉贡的凯瑟琳死于金博尔顿城堡。

1月24日 亨利在格林尼治因比武受伤。5天之后，安妮・博林因受该消息的刺激而流产男胎。

3月 《解散小修道院法案》通过，由克伦威尔监督实施。

4月24日 设立土地没收法院，以管理解散修道院事宜。

5月11日 克伦威尔被任命为圣公会索尔兹伯里教区布卢伯里

	（Blewbury）的受俸牧师。
5月17日	罗奇福德子爵因被判定与姐姐——王后安妮·博林乱伦而被处决。克兰默颁布令状，宣布亨利和安妮的婚姻无效。
5月19日	安妮·博林被法国刽子手处决。
5月30日	亨利八世在威斯敏斯特迎娶第三任妻子——简·西摩。
6月9日	克伦威尔被任命为埃塞克斯瑞特庄园（Manor of Writtle）主管和公园管理员。
6月	第二项《继承法案》通过。
7月1日	克伦威尔被任命为掌玺大臣，日薪20先令。
7月9日	克伦威尔被任命为奥克姆男爵。
7月18日	克伦威尔被任命为国王在宗教事务方面的代理主教和代理执政者。克伦威尔获封爵士。
10月2日	林肯郡、约克郡、兰开夏郡、威斯特摩兰郡、坎伯兰郡掀起反叛运动——“求恩巡礼”，诺克福作为“高级元帅”镇压了此次叛乱。

1537年

1月	约克郡又掀起反抗运动，但是很快被镇压。
8月26日	克伦威尔获封温莎嘉德骑士。
9月	克伦威尔被任命为萨默塞特的韦尔斯大教堂的主任牧师。
10月12日	亨利和简·西摩的儿子爱德华王子诞生于汉普敦宫。
10月24日	简·西摩王后去世，克伦威尔开始为国王寻找新任王后。
11月	克伦威尔被任命为和平专员（Commissioner of Peace），负责维护约克郡（西区）、康沃尔、牛津郡、林肯郡（霍兰）、威尔特郡、多塞特郡、格洛斯特郡、赫特福德郡、萨福克的和平。
12月3日	克伦威尔被任命为埃塞克斯的黑弗灵阿特鲍尔（Havering-atte-Bower）的荣誉主管，房屋、公园、南门、宫殿、森林、街区的管理者和收租人。
12月21日	克伦威尔被任命为肯特郡和威斯特摩兰郡的和平专员。

12月30日	克伦威尔被任命为特伦特河北部所有王室森林、公园、建筑、街区的管理者兼首席法官，负责管理王室森林的猎鹿活动。
1538年	
5月22日	约翰·福里斯特被判为异教徒，在史密斯菲尔德被处死。
9月	坎特伯雷的托马斯·贝克圣祠被掠夺和摧毁。克伦威尔向神职人员发出禁令，并命令他们保留教区登记册。
11月2日	克伦威尔被任命为怀特岛首领，王室土地和怀特岛的管事、检验官、财产管理人和执行官，以及怀特岛卡里布鲁克城堡（Carisbrooke Castle）治安官。
11月16日	王室颁布禁止购买和使用英文版《圣经》的公告。
11月22日	约翰·兰伯特被判定为异教徒，在史密斯菲尔德被处死。
12月9日	埃克塞特、蒙塔古和内维尔因叛国罪被处死。
12月17日	教皇保罗三世准备颁布将亨利逐出教会的诏书。
1539年	
1月4日	克伦威尔被任命为肯特利兹城堡的治安官。
1月12日	弗朗索瓦一世和查理五世签署《托莱多条约》。
5月8日	伦敦自卫队集结。
6月	议会通过《公告法》。
6月28日	王室颁布《消除异见法案》(《六条法》)，旨在打压新教徒活动。
7月	主要宗教场所的解散运动开始。
10月6日	亨利八世与克利夫斯的安妮之间达成婚姻协议。
11月14日	雷丁院长因否认王权至高无上被处死。
11月15日	格拉斯顿伯里院长因触犯叛国罪被处死。
12月20	克伦威尔被任命为雷利、埃塞克斯的荣誉主管，瑞利和罗奇福德百区（Hundred of Rochford）的执行官，还被任命为伯克郡雷丁的王室总务官。

1540 年

1 月 6 日	亨利八世和克利夫斯的安妮在格林尼治宫结婚。克伦威尔被任命为前弗内斯（Furness）修道院的看管人。
4 月 17 日	克伦威尔被封为埃塞克斯伯爵，并被任命为掌礼大臣。
6 月 10 日	克伦威尔在威斯敏斯特的枢密院会议上被捕。
7 月 9 日	神职人员评议会解除亨利八世和克利夫斯的安妮的婚姻。
7 月 28 日	克伦威尔在塔丘被处死。亨利八世和凯瑟琳·霍华德在萨里郡的韦布里奇附近的奥特兰兹宫结婚。

1547 年

1 月 28 日	亨利八世于凌晨两点在威斯敏斯特宫去世。

人物表

亨利·都铎（1491—1547） 英格兰、法兰西国王，爱尔兰领主，信仰守护者和英国教会最高领袖。

阿拉贡的凯瑟琳（1485—1536） 亨利的第一任王后，西班牙阿拉贡的斐迪南和伊莎贝拉的最小孩子，神圣罗马帝国皇帝查理五世的姨母。1501 年 11 月 14 日，与亨利的哥哥亚瑟王子结婚，但亚瑟王子于 1502 年 4 月 2 日去世，她 16 岁成为寡妇。1509 年 6 月 15 日，与亨利结婚，并于 6 月 24 日加冕为王后。在 1510—1518 年间，她生有 6 个孩子，其中只有玛丽幸存下来。她与国王未能生出男性继承人，导致亨利决定离婚。1536 年 1 月 7 日，因心脏癌死于金博尔顿城堡。

安妮·博林（约 1501—1536） 亨利八世的第二任妻子，托马斯·博林爵士（后来的威尔特郡伯爵）的第二个女儿。她的姐姐玛丽是亨利的情妇。安妮未婚先孕，并于 1533 年 1 月 25 日与国王秘密结婚。她于 9 月 7 日生下伊丽莎白公主，但未能生下任何男性继承人。1536 年 5 月 19 日被处死。

简·西摩（约 1509—1537） 亨利的第三任王后，于 1536 年 5 月 30 日与国王在威斯敏斯特宫结婚。1537 年 10 月 24 日，于汉普敦宫诞下爱德华王子后，因产后发热和败血症去世。

克利夫斯的安妮（1515—1557） 亨利的第四任王后。1540 年 1 月 6 日与国王在格林尼治宫结婚。1540 年 7 月 9 日，被神职人员评议会取消婚姻；1540 年 7 月 13 日，被议会取消婚姻；随后一直享受津贴。1557 年 7 月 16 日死于切尔西，被埋在威斯敏斯特修道院。

凯瑟琳·霍华德（1522—1542） 亨利的第五任王后。1540 年 7 月 28 日，与国王在萨里的奥特兰兹宫结婚。1542 年 2 月 13 日，因叛国罪名在绿塔被斩首。

玛丽公主 后来的玛丽一世（1516—1558）。亨利和他的第一任妻子阿拉贡的凯瑟琳的第四个也是唯一幸存的孩子。1553 年 7 月 19 日，宣布继任为女王。在英国恢复天主教的地位。1554 年 7 月 25 日，与西班牙国王卡洛斯二世（神圣罗马帝国皇帝查理五世）的儿子腓力在温彻斯特结婚。1558 年 11 月 17 日，因卵巢癌或胃癌死于于伦敦圣詹姆士宫，无子女。

伊丽莎白公主 后来的伊丽莎白一世（1533—1603），亨利和他的第二任妻子安妮·博林的女儿。1558 年 11 月，玛丽去世后伊丽莎白继任为女王，将新教确立为国教。1603 年 3 月 24 日，因肺炎和牙齿脓毒症死于里士满，终身未婚。

爱德华王子 后来的国王爱德华六世（1537—1553），亨利和简·西摩的合法男性继承人。1547 年 1 月 31 日，在伦敦塔宣布就任国王。1553 年 7 月 6 日，在格林尼治宫死于结核病。

亨利的新娘候选人

洛林的安娜（1522—1568） 曾结过两次婚，第一次是在 1540 年和奥兰治王子雷内·德·沙隆（Rene de Chalon）结婚，后于 1548 年嫁给克罗伊领主兼阿尔斯霍特公爵菲利普·赫尔佐克（Philip Herzog von Croy-Aerschot）。

克里斯蒂娜（1522—1590） 丹麦国王克里斯蒂安二世（Christian Ⅱ）的女儿，米兰公爵的遗孀。1541 年与巴尔公爵（Duc de Bar）弗朗索瓦结婚，1545 年成为洛林摄政。

路易丝·德·吉斯（1520—1542） 1541 年与希迈王子（Prince de Chimay）查理·德·克罗伊（Charles de Croy）结婚。

玛丽·德·吉斯（1515—1560） 1534 年嫁给第二代朗格维尔公爵奥尔良的路易（Louis d'Orleans）。路易死于 1534 年。1538 年，她成为苏格兰国王詹姆士五世（1512—1542）的第二任妻子，后生下未来的苏格兰女王玛丽。她的女儿在法国期间，她于 1554 年成为苏格兰摄政者。

瓦卢瓦的玛格丽特（Margaret of Valois，1523—1574） 法王弗朗索瓦一世和他的第一任妻子克劳德的女儿。1559 年，与萨伏依公爵埃马纽埃尔·菲利贝尔结婚。

玛丽·德·旺多姆（1515—1538）

勒妮·德·吉斯（1522—1602） 死于圣皮埃尔·德·兰斯（St Pierre de Reims）女修道院。

外国统治者及其大使

弗朗索瓦一世（1494—1547） 法国国王，1515 年在兰斯加冕。最后死于巴黎西南 30 英里（48 千米）的朗布依埃（Rambouillet）城堡，并由儿子亨利二世继承王位。

弗朗索瓦一世驻亨利宫廷的大使：

路易·德·佩罗，西厄尔·德·卡斯蒂永 大使，1537 年 11 月至 1539 年 1 月。

夏尔·德·马里亚克（约 1510—1560） 1539—1543 年任大使。后来担任瓦讷（Vannes）主教（1550）、维也纳大主教（1557）。

查理五世（1500—1558） 西班牙国王和神圣罗马帝国皇帝，亨利八世的第一任妻子阿拉贡的凯瑟琳的外甥。1516 年，继承西班牙王位。1556 年，将王位禅让给儿子腓力（英格兰女王玛丽一世的丈夫），隐退到尤斯特修道院，两年后去世。

查理五世驻亨利宫廷的大使：

尤斯塔斯·查普（卒于 1556） 1529—1538 年首次担任大使；1540—1545 年再次担任大使。

王室家族和亨利政府

第一代萨福克公爵查尔斯·布兰登（约 1484—1545） 1542 年，担任苏格兰边界地区的总督。1544 年，指挥英军入侵法国。1541—1544 年，担任国王宫内大臣（Lord Steward）。1545 年 8 月 22 日，死于萨里吉尔福德（Guildford），葬在温莎圣乔治教堂。

安东尼·布朗爵士（卒于 1548） 1539—1548 年担任王室御马官。

托马斯·切尼爵士（1485—1558） 1538 年被任命为五港同盟总督，1539 年担任王室司库。在爱德华、玛丽和伊丽莎白统治时期继续担任该职位。

托马斯·克兰默（1489—1556） 坎特伯雷大主教。1556 年，负责监督和筹备第一本《祷告书》的出版。1556 年 3 月 21 日因为承认教皇拥有至高无上的权力和坚持天主教教义，在牛津被烧死。

南安普敦伯爵威廉·菲茨威廉（卒于 1542） 海军上将。1542 年在指挥诺福克先锋队远征苏格兰的过程中死亡。

温彻斯特主教斯蒂芬·加德纳（约 1483—1555） 在沃尔西死后，一直担任亨利八世的秘书，直到 1534 年 4 月 15 日。后来担任驻法国大使。因为煽动叛乱和无法推进宗教统一，在爱德华统治时期的大部分时间（从 1547 年起）他一直被监禁。1553 年，在玛丽一世统治时期担任御前大臣。1555 年 11 月 13 日，死于威斯敏斯特宫。

第三代诺福克公爵托马斯·霍华德（1473—1554） 士兵、伯爵、元帅和英格兰高级财政大臣。1536—1537 年，镇压求恩巡礼叛乱；1542 年，指挥英格兰军队攻打苏格兰。1544 年，担任英格兰军队中将，率领部队入侵法国。因触犯叛国罪被判处死刑，但因亨利八世崩逝而逃过一劫。此后，一直监禁在伦敦塔，直到 1553 年玛丽登基。1553 年，在诺森伯兰地区接受审判。

理查德·里奇爵士（约 1496—1567） 1536 年，担任下议院发言人。1536—1544 年，就任“土地没收法庭”的大法官，监管解散修道院的收入。爱德华加冕时授予他男爵爵位。1548—1551 年，担任御前大臣。他曾签署公告宣布简·格雷女士（Lady Jane Grey）为女王，后面又变换立场，宣布玛丽为女王，最后晋升为枢密院议员。他曾在“反宗教改革运动”中在埃塞克斯大肆迫害新教徒，后来伊丽莎白登基后取消他的枢密院成员身份。

约翰·罗素爵士（约1486—1555） 1537—1539年，担任王室监察官。1540—1542年，担任海军上将；1542年、1547年和1553年，担任掌玺大臣；1550年，被授予贝德福德伯爵爵位。

拉尔夫·萨德勒爵士（1507—1587） 克伦威尔的仆人和秘书。1536年，成为枢密院的绅士，并于1540年成为国王的两位联合首席国务大臣之一（另一位是赖奥思利）。他后来被封为骑士，并成为枢密院成员。他在玛丽统治期间从官场退隐。1572年、1584年，伊丽莎白登基之后，先后担任关押苏格兰女王玛丽的监狱的监狱长。

托马斯·赖奥思利爵士（1505—1550） 1547年，成为亨利八世的首席秘书之一。1540年，被封为赖奥思利男爵。1544年，担任御前大臣。1544年7月，被封为南安普敦伯爵。1547年，因非法使用印玺被剥夺职位，并被罚款4000英镑，软禁在伦敦的家中。1548年，恢复枢密院的职务。1550年，失去枢密院成员资格。

克伦威尔家族

埃塞克斯伯爵托马斯·克伦威尔（1485—1540） 掌玺大臣和宗教事务代理主管。1540年7月28日，因叛国罪在塔丘被砍头。

伊丽莎白（约卒于1528年） 克伦威尔的妻子，普特尼的布工亨利·威克斯的女儿。为克伦威尔生下两个女儿——安妮和格蕾斯，但是她们年轻时就夭折了。她还有一个儿子格雷戈里。

格雷戈里·克伦威尔（1513—1551） 1540年12月18日，被封为克伦威尔男爵。他父亲的许多土地返回给他。1551年7月4日，死于汗热病。

理查德·威廉斯，改姓克伦威尔（约1512—1544） 1531年，改姓。1540年，成为亨利枢密院的绅士。1538年，负责修道院解散工作。他还是奥利弗·克伦威尔的祖先。

殉难者

罗伯特·巴恩斯（1495—1540） 新教殉难者。1539年，他被派到德意志负责调查克利夫斯的安妮的婚姻情况。曾讲道攻击加德纳。1540年7月30日，因触犯异端罪被烧死。

威廉·埃克塞默（约卒于1535年） 伦敦卡尔特修道院的修道士。1535年6月19日，因否认王权至高无上而被处死。

约翰·费希尔（1469—1535） 罗切斯特主教。1528年，在亨利离婚过程中担任阿拉贡凯瑟琳的顾问。因拒绝宣誓承认王权至高无上，于1535年6月22日被处死。

约翰·福里斯特（1471—1538） 曾就读于牛津大学，并于1491年成为一名修士，最后成为英国方济各会修士。曾担任阿拉贡的凯瑟琳的忏悔神父。1538年5月22日，因异教徒身份被烧死。

托马斯·加勒特 1540年7月30日，因异端罪被烧死。

约翰·霍顿（约1488—1525） 伦敦卡尔特修道院院长。1535年5月4日，因否认王权至高无上被处死。

威廉·杰罗姆（约卒于1540年） 伦敦东区斯蒂芬教区的牧师。1540年7月30日，因异教徒身份被烧死。

约翰·兰伯特 别名约翰·尼科尔森。因否认"圣体实在"——基督的肉体存在于圣餐中，在公开审判后于1538年11月22日被烧死。

罗伯特·劳伦斯（约卒于1535年） 诺丁汉郡的加尔都西会修道院院长。因否认王权至高无上，于1535年5月4日被处死。

汉弗莱·米德尔莫尔（约卒于1535年） 伦敦卡尔特修道院的修道士。1535年6月19日，因否认王权至高无上而被处死。

托马斯·莫尔爵士（1478—1535） 帮助亨利八世撰写关于"七圣礼"（Seven Sacraments）的书籍，以反对马丁·路德。1525年，担任兰开斯特公爵领事务大臣。沃尔西沦陷后，担任御前大臣。1535年7月6日，因拒绝宣誓承认王权至高无上被处死。

塞巴斯蒂安·纽迪盖特（约卒于1535年） 前枢密院的男侍从和绅士，因为国王离婚案退出宫廷。1535 年 6 月 19 日，因否认王权至高无上被处死。

奥古斯丁·韦伯斯特（约卒于 1535 年） 林肯郡艾克斯霍姆的加尔都西会修道院修道士。1535 年 5 月 4 日，因否认王权至高无上被处死。

托马斯·沃尔西（约 1473—1530） 1515—1529 年间，担任约克的枢机主教、御前大臣、教廷使节和亨利的首席国务大臣。1529 年 10 月 9 日，因被控触犯《蔑视王权罪法令》而被没收财产。后因触犯叛国罪被捕，于 1530 年 11 月 29 日死于莱斯特。

注释

序言

1　富勒所著图书第 231 页。

2　休姆（Hume）所著图书第 98 页。

3　休姆所著图书第 98—99 页。

4　除了弗朗西斯·沃尔辛厄姆爵士，伊丽莎白一世的主要国务大臣。关于他的非凡人生，请参阅罗伯特·哈钦森所著《女王的超级间谍：弗朗西斯·沃尔辛厄姆和拯救英格兰的秘密战争》（*Elizabeth's Spymaster: Francis Walsingham and the Secret War that Saved England*），2006 年，伦敦。

5　参见埃尔顿（Elton）所著的《革命》（*Revolution*），第 6—7 页。雷金纳德·波尔（1500—1558），理查德·波尔爵士和玛格丽特·索尔兹伯里女伯爵的儿子，玛格丽特是爱德华四世的弟弟乔治·克拉伦斯公爵的女儿。他在 1536 年被任命为枢机主教，在 1553 年玛丽一世登基时被任命为坎特伯雷大主教。

6　本书撰写时，英国政府正试图采取相似的措施。看似中立的立法和监管改革法案将赋予大臣们修改、废除或替代立法和改革普通法的权力。然而，他们的提案仍然需要经过一定程度的议会辩论。

7　从 2008 年开始，英国政府的身份证计划包括在白厅数据库中存储个人资料。

8　《英国国家档案》编号 1/116/187 文件。另见《信函和文件》，第七卷，第 i

部分，第 264 页。

9 Decener 来自古法语单词 decanier，是指“十户区”——包含十个家庭的行政区——的领袖。

10 《英国国家档案》编号 1/129/73 文件。参见《信函和文件》，第八卷，第 i 部分，第 103 页。

11 《英国国家档案》编号 1/162/157 文件。

12 米德塞克斯富勒姆的约翰·斯托克斯（John Stokes）被关进纽盖特监狱，因其公开表示，克伦威尔应该会“在临死之际，怀着悔恨离开，像基督徒一样死去”（《英国国家档案》编号 C 1/1063/75 文件）。爱德华·伊兰（Edward Eland），克罗伊士博士（Dr Knolys）的神父兼韦克菲尔德（Wakefield）教区教堂主持，在 1538 年 5 月受到指责，因为他教学生们一些煽动性的、恶毒的歌曲，以嘲笑克伦威尔。参见《英国国家档案》编号 1/132/163 文件，另见《信函和文件》，第 13 卷，第 i 部分，第 387—388 页。克罗伊士卑微地声称，这首歌是一个曾经住在诺丁汉博尔（Bole）的名叫“伯克黑德”（Birkhead）男人教他的，但是他“现在在伦敦”。遗憾的是，他们的诽谤性歌曲已经无从考证了。

第一章　英格兰最可恨之人

1 《信函和文件》，第 9 卷，第 289 页。

2 梅里曼（Merriman）所著图书，第 1 卷，第 5 页。同见《信函和文件》，第 6 卷，第 311—312 页。尼古拉斯·格洛索普（Nicholas Glossop）于 1533 年 6 月写信给克伦威尔，送给他 12 块班伯里（Banbury）奶酪，它们“一半硬一半软，价值约为 2 万英镑”，希望他能够给予法律援助。“我差不多 80 岁了，身体虚弱，饱受痛风痉挛的折磨，还失去了一只眼睛。我的女主人，也就是您的母亲，是我的姑姑。”

3 这个信息出现在 1535 年 5 月与查普的一次谈话中，查普当时怀疑 48 岁的阿拉贡的凯瑟琳是否能够再次怀孕。大使说，他知道“这个国家的一些妇女，即使在54岁高龄也可以分娩”。克伦威尔没有否认这个事实，他自己承认，当他出生时，自己的母亲已经52岁。参见《英西谈判信件、急件及政府文件一览》，第5卷，第i部分，第468页。

4 内战的最后一场战斗发生在距离诺丁汉郡的纽瓦克4英里（6千米）的斯托克菲尔德（Stroke Field）。1487年6月16日，当时1.2万多名都铎士兵剿杀了一小型约克党杂牌军，他们“像乞丐一样衣衫褴褛，几乎没有武装，主要由爱尔兰人组成”。见理查德·布鲁克斯（Richard Brooks）的《卡塞尔的英国和爱尔兰战场》（*Cassell's Battlefield of British and Ireland*），伦敦，2005年，第270—272页。

5 菲利普斯（Phillips）所著图书，第166页。他坚称财产被转交给沃尔特，以报答沃尔特为亨利·都铎提供的服务。鉴于沃尔特只在1485年8月22日的博斯沃思（Bosworth）战役中担任亨利·都铎特遣队的马医，所以这似乎不大可能。

6 梅里曼所著图书，第1卷，第3页。

7 梅里曼所著图书，第1卷，第4页；以及菲利普斯所著图书，第167页。

8 《信函和文件》，第4卷，第3部分，第2573页。

9 福克斯所著图书，第5卷，第365页。

10 《信函和文件》，第9卷，第289页。

11 《中篇小说34》（*Novella 34*）包含214个故事，于1554年首次出版。莎士比亚可能从此书中汲取了很多情节，包括《罗密欧与朱丽叶》。班德罗（1480—1562）是一位多明我会神父，他在1525年的帕维亚之战（Battle of Pavia）中逃离意大利，当时神圣罗马帝国皇帝查理五世的军队击败了法国军队。班德罗在米兰的家被烧了，他的财产也消失殆尽。

12 科利尔（Collier）所著图书，第2卷，第180页，他声称克伦威尔在罗马时担任哨兵。然而，1527年，2万名叛变的德意志新教徒（服务于西班牙的雇佣兵）袭击了这座城市。当时，克伦威尔正服务于枢机主教沃尔西。

13 雷金纳德·波尔大主教所著的 *Apologia ad Carolum Quintum Casarem*, *Epistolarum pars I*, *Brescia*, *1744-57*，第28章，第126页。

14 《信函和文件》，第10卷，第508页。

15 《信函和文件》，第 9 卷，第 289 页。他妻子的姐姐琼嫁给约翰·威廉森，约翰后来为克伦威尔工作，负责监督他的建筑项目。参见《信函和文件》，第 4 卷，第 3 部分，第 2573 页。他的连襟哈里·威克斯（Harry Wykes）在 1523 年 11 月告诉他，他希望获得位于切尔西的一些土地，“他需要这些土地，因为他的孩子现在不听话”。见《信函和文件》，第 3 卷，第 2 部分，第 455 页。

16 不是教皇尤利乌斯二世，见《英国人物传记辞典》，第 14 卷，第 367 页。尤利乌斯于 1513 年 2 月 20 日至 21 日晚逝世。约翰·福克斯（John Foxe）在他的《行动与丰碑》（*Acts and Monuments*）中也将尤利乌斯认定为教皇，因为他认为该事件发生在 1510 年。

17 教堂塔楼的高度是 272 英尺（约 83 米），在当地被称为“波士顿树桩”。

18 这首歌可能是这样开头的：

冷风和湿雨
圣休是我们的福星
恶劣的天气预示着霉运
好人没有得到好报
托起你的碗，那只洋溢着欢乐的棕色碗
福气将降临在你身上
让我们为圣休的灵魂唱歌
一直快乐地唱下去

出自 1600 年的《鞋匠的宗教节日》（*Shoemaker's Holyday*），参见托马斯·埃文斯（Thomas Evans）所著的《古老的历史和叙事歌谣》（*Old Ballads, Historical and Narrative*），共 4 卷，伦敦，1810 年，第 1 卷，第 54 号。

19 福克斯所著图书第 2 卷，第 429 页。

20 《宗教改革史档案》（*Archiv jur Reformationsgeschichte*），第 63 卷，柏林，1967 年，第 193 页。

21 见《信函和文件》，第 4 卷，第 2 部分，第 155—156 页，以及第 3 卷，

第 1 部分，第 377 页。关于修女和这场旷日持久的法律诉讼，见《英国维多利亚郡史：赫特福德郡》（*Victoria County History of England: Hertfordshire*），第 4 卷，伍德布里奇，1971 年，第 426—428 页。该女修道院于 1536 年 9 月 9 日前被解散，并由亨利八世枢密院绅士之一安东尼·丹尼（一位前途无量的侍从）所得。

22 《英国人物传记辞典》，第 14 卷，第 367 页。

23 同样在 1521 年，伦敦历史第二悠久的同业公会“面包师公会”（Baker's Guild）雇用克伦威尔写信给沃尔西和市长大人兼布商约翰·米尔本爵士（Sir John Milborne），请求停止对他们的工艺进行改革（《英国人物传记辞典》，第 14 卷，第 368 页）。1522 年 1 月，布里斯托尔的威廉·波普利（William Popley）请求克伦威尔代表他处理一个国王枢密院审理的案件（《信函和文件》，第 2 卷，第 843 页）。波普利在信中替同胞和克伦威尔的客户求情，他们对自己雇用的律师的业务能力很失望：“休·艾略特（Hugh Eliot）怀疑这个律师并没有听从他们的建议，约翰·格林（John Green）也是这样。”这个案件没有任何进展。当月的晚些时候，克伦威尔代表伦敦市议员亨利·基布尔（Henry Keble）处理加来市议员理查德·查弗尔（Richard Chauffer）和芒乔伊勋爵（Lord Mountjoy）之间的纠纷。这个案件原来是由伦敦主教（“作为仲裁人”）在加来进行仲裁（《信函和文件》，第 3 卷，第 2 部分，第 1028 页），但因为其他一些审判员未能出席，该案件被转交至伦敦。

24 《信函和文件》，第 5 卷，第 422 页。

25 《信函和文件），第 7 卷，第 605 页。

26 埃利斯（Ellis）所著的《克伦威尔》，第 12 页。

27 “老夫人”塞西莉（Cecily）侯爵夫人于 1522 年 8 月写信给克伦威尔，并称呼他为自己儿子的仆人，要求他迅速寄来“绸面床垫和羽绒（厚斜纹棉布）床垫和配套物品”，并将“所有的帐篷”寄给她的儿子伦纳德（Leonard）。见大英图书馆馆藏的科顿搜集的手稿韦斯巴芗 F 13，fol 91，以及《信函和文件》，第 3 卷，第 1026 页。

28 《信函和文件》，第 4 卷，第 3 部分，第 2573 页。

29 宾多夫（Bindoff）所著图书，第 729 页。

30 同上。这是自 1515 年 12 月以来第一次召集的议会。

31 他在演讲中表达了谦虚的判断："因此，我真诚而卑微地表达自己的心声，衷心地感谢您的大力支持，以及您对我的无知的包容……"，全文摘自梅里曼所著图书，第 1 卷，第 30—44 页。

32 克伦威尔忽视了议会的 3 周休会期。

33 梅里曼所著图书，第 1 卷，第 313—314 页。

34 包含凯克斯比庄园的契约和协议的片段转载自梅里曼所著图书，第 1 卷，第 316 页。

35 1526 年 12 月，他收到了劳伦斯·吉利斯（Laurence Gillys）的一封信，承认他的债务诉讼传票中有一个女人的名字拼写错误 ["她的正确名字是加特鲁德·科内利斯（Gertrude Cornelys）"]，并送了一桶白鲱鱼作为礼物 [参见《信函和文件》，第 4 卷，第 2 部分，第 1197 页]。6 月，约翰·维尔爵士（Sir John Vere）满怀感激地汇报称："我的邻居埃德蒙·霍斯利（Edmund Horseley）和凯奇维克先生 (Mr Kitchwick) 之间的争端已经妥善解决。你给前者的信比我或吉尔·卡佩尔爵士（Sir Giles Capel）更能够让他顺从。"（《信函和文件》，第 4 卷，第 2 部分，第 1434 页）1527 年，德文郡埃克塞特的菲利普·布雷恩（Philip Brain）请求他帮助推动他在星室法庭的诉讼。星室法庭的名字来源于法庭天花板上的星星，1487—1641 年间，它成为一个独立的司法机构，基于习惯法审理王室理事会成员的案件。该案件在威斯敏斯特宫审理，关于一名当地已故神父约翰·里德（John Reed）的遗产的奇怪纠纷。他是德文郡巴克法斯特（Buckfast）的西多会修道院院长，生性凶狠、贪婪，曾派他的修道士到身患重病的当地神父约翰·克莱格（John Clegger）家中，"用绳子把他绑在棺材上，把他带到修道院，导致他 3 天后死去"。现在，这位修道院院长拒绝将克莱格的财物交给他的兄弟，因为他声称这些财物是克莱格送给他的"礼物'。2 名地方政要——威廉·考特尼爵士（Sir William Courtney）和托马斯·丹尼斯爵士（Sir Thomas Denis）受沃尔西委托调查此案，但"因为害怕这个修道院院长而无所作为"（《信函和文件》，第 4 卷，第 2 部分，第 1668 页）。1517

年 4 月，克伦威尔收到亨利·莱西（Henry Lacy）从加来寄来的一封信，祝贺他“通过沃尔西的帮助”成功晋升，但是要求他迅速采取行动，摆平他妻子已故的前夫罗伯特·奥克森布里奇（Robert Oxenbridge）的遗嘱引发的法律纠纷。莱西要求克伦威尔将这个案件上交给沃尔西的大法官法庭，但也由此引发了另一个令人难堪的家庭问题。送信人是莱西的表亲理查德——“加来的士兵”，理查德带来了一本笔记本，其中详细描述了理查德妻子的不轨行为，“他的妻子离开了他，投奔她女儿的丈夫马斯特·斯托克（Master Stock）”（《信函和文件》，第 4 卷，第 2 部分，第 138—142 页）。

36 要求将土地、房屋和动产返还给合法的主人，并指示治安官将他们告上法庭。

37 梅里曼所著图书，第 1 卷，第 316—318 页，以及《信函和文件》，第 4 卷，第 2 部分，第 1670 页。

38 博林在 1529 年被封为威尔特郡和奥蒙德伯爵，他的儿子乔治获封罗奇福德子爵。

39 《信函和文件》，第 4 卷，第 2 部分，第 1477 页。

40 《信函和文件》，第 4 卷，第 2 部分，第 1568 页。

41 埃利斯所著的《原始信札》（*Original Letters*），第 3 部，第 2 卷，第 140—141 页，以及梅里曼所著图书，第 1 卷，第 357—358 页。

42 威廉斯（Williams）所著《枢机主教》（*Cardinal*），第 59 页。

43 一种缎面锦缎。

44 15 世纪和 16 世纪神学博士所戴的呢帽或帽子；可能源自拉丁词语“pileus”（伞状帽），一种圆锥形的帽子。

45 卡文迪什所著《枢机主教沃尔西的生与死》（*Life and Death of Cardinal Wolsey*），第 96—101 页及第 104—107 页。

46 波拉德所著图书，第 321—324 页。

47 由海外修道院组建或控制，主要在法国。

48 《英国国家档案》编号 E 24/23/1 文件。

49 法国图尔市（Tours）马尔穆捷（Marmoutier）的克吕尼修道院的房间。北雄鹿（North Bucks）发现的遗址。2000 年 10 月，该遗址考古协会挖掘了该修道院北边的部分围墙。解散修道院时挖掘的沟渠里面藏着屋顶瓦片和彩色玻璃窗的碎片。

50 诺尔斯（Knowles）所著图书，第59和61页，以及《信函和文件》，第4卷，第2部分，第1129页。第1594页描述了所有被解散的修道院的价值。

51 艾伦（1476—1534）在1528年被任命为都柏林大主教，在1534年被谋杀。他是克伦威尔的朋友和债务人托马斯·艾伦（Thomas Allen）的兄弟。

52 《英国国家文件》(*State Papers*)，第1卷，第261页。

53 《信函和文件》，第4卷，第2部分，第1695页。

54 一名在教堂或修道院内寻求庇护，以免受到法律惩罚的罪犯。

55 《信函和文件》，第4卷，第2部分，第3334页。

56 埃利斯所著《原始信札》，第3部，第2卷，第138—139页，及《信函和文件》，第4卷，第2部分，第1829页。

57 《信函和文件》，第4卷，第2部分，第1863页。

58 梅里曼所著图书，第1卷，第320—321页。

59 大英图书馆馆藏的科顿搜集的手稿，提图斯B i，对折面275页。卡彭抱怨说，唱诗班中的歌手“都是精心挑选的，但其中一些非常优秀的歌手说他们现在的薪水比原来高”。但是一个人无法兼顾管理礼拜堂的法衣室、保持教堂的清洁，以及“敲钟和点燃祭坛灯”等工作。因此，他聘请了一位教堂司事。“但是副院长手下只有5名神父——没办法组织一天3次的弥撒活动，而副院长无法参加弥撒，因为他要巡视教堂建筑物。”

60 梅里曼所著图书，第1卷，第324页。

61 《信函和文件》，第4卷，第2部分，第1855页。

62 萨德勒（1507—1587）在1536年前后成为亨利枢密院的绅士，在1540年成为国王的首席国务大臣之一。他也获封骑士，并被任命为枢密院成员。他在1543年被任命为国王尚衣，但在玛丽一世时期不再参与政治事务。1572年，他成为关押苏格兰女王玛丽的监狱的监狱长。

63 埃利斯所著《英国国家文件》，第3部，第2卷，第156页。

64 医学名称是汗热病，症状包括头痛、肌痛（肌肉疼痛）、发热、大汗和呼吸困难或呼吸缓慢。见G. 思韦茨(G. Thwaites)，M. 塔维纳（M.Taviner）和V. 甘特（V. Gant）所著《英国汗热病》（*The English Sweating Sickness*），发表于《新英格兰医学杂志》(*New England Journal of Medicine*)，第1卷，第336页（1997年），第580—582页。在1508、1517、1551、1528年曾暴发这种流行病。有些人认为这种疾病是由蜱虫或虱子传播的。

65 宾多夫所著图书，第728页。

66 《信函和文件》，第4卷，第2部分，第1898页。

67 《信函和文件》，第4卷，第2部分，第1988—1989页。

68 多色粗纺毛织物最初来自荷兰的弗里斯兰（Friesland）。

69 克伦威尔可能报销很慢，并声称他还没有处理好“自己的手下”。参见《信函和文件》，第4卷，第2部分，第1939页，以及第3部分，第2791和3564页。

70 《信函和文件》，第4卷，第2部分，第2090—2091及第2134页。

71 《信函和文件》，第4卷，第3部分，第2564页。

72 《信函和文件》，第4卷，第2部分，第2125页。

73 初稿有一个条目，在她死后被删除，留下100马克给“我的女儿安妮，等她到了法定年龄或结婚时可以用。等到她到达法定年龄或结婚，再给她40英镑”，这项遗赠同样适用于“小格雷斯”，如果她还活着，也可以获得同等的金额。

74 梅里曼所著图书，第1卷，第56—63页。

第二章　成功还是毁灭

1 卡文迪什所著《枢机主教沃尔西的生与死》，第259页。

2 波拉德所著图书，第268页。

3 弗吉尔所著图书，第28册，第331页。

4 休姆所著图书，第8页。

5 为外国高官（在本案中是教皇）服务，构成叛国罪。

6 亨利在1537年购买了这个房产。这是宫殿的一部分，被称为“韦恩弗利特塔”（Wayneflete's Tower），以其建筑师温彻斯特主教命名，如今是一个私人住所。

7 《信函和文件》，第 4 卷，第 3 部分，第 2686—2687 页。

8 《信函和文件》，第 4 卷，第 3 部分，第 2726 页。

9 卡文迪什（约 1499—约 1562）在 1522 年之前为沃尔西服务。1530 年，枢机主教去世后，他退出公众视野，并隐退到萨福克，开始撰写《枢机主教沃尔西的生与死》，可能在 1558 年完成手稿。1641 年，这本书被编入克里斯托弗·华兹华斯（Christopher Wordsworth）的《教会档案，或英国历史上杰出人物的生平》（*Ecclesiastical Biography, or Lives of Eminent Men Connected with the History of England*），共 6 卷，伦敦，1810 年。

10 《小礼拜》（*The Little Office*），或称《圣母马利亚的数小时》（*Hours of Our Lady*），是英国宗教改革前虔诚的教徒需要在教堂背诵的祷文。

11 做出艰苦卓绝的努力。

12 一大群人。

13 卡文迪什所著《枢机主教沃尔西的生与死》，第 258—262 页。

14 来自拉丁语"counter valere"，意思为值得反驳。

15 关于这位政治家和军事指挥官的评价，参见戴维·波特（David Potter）所著的《约翰·盖奇爵士，都铎王朝（1479—1556）的大臣和士兵》（*Sir John Gage, Tudor Courtier and Soldier, 1479—1556*），《英国历史回顾》（*English Historical Review*），第 117 卷（2002 年），第 1109—1146 页。

16 大英图书馆馆藏的科顿搜集的手稿克利奥佩特拉 E iv，对折页 178 页，转载自梅里曼所著图书，第 1 卷，第 67—68 页。

17 在 1531 年沃尔西倒台后、斯蒂芬·加德纳接任前，波利特负责温特教区管理的土地。

18 宾多夫所著图书，第 729—730 页。

19 卡文迪什所著《枢机主教沃尔西的生与死》，第 274 页。

20 在关于剥夺财产和公权的指控中，有一项荒谬的指控——沃尔西试图将梅毒传染给国王："这名枢机主教明知道自己感染了梅毒这样的传染病，他的身体各处均暴发红疹，但是还每天在陛下（亨利）耳边窃窃私语，他那带有病毒的呼吸置陛下于危险之中，要不是上帝保佑，陛下早就染病了。"这是古代反向传播的典型案例。参见麦克纳尔蒂（MacNalty）所著图书，第1卷，第350页。

21 《英国国家文件》，第1卷，第349页。

22 《英国国家文件》，第1卷，第350页。

23 1525年2月16日，达文特里修道院在克伦威尔见证下被约翰·艾伦解散。沃尔西害怕的事情还是发生了：王室夺取了税收收入。参见《英国维多利亚郡史：北安普敦》（*Victoria County History of Northampton*），第2卷，伦敦，1906年，第109—114页。

24 《英国国家文件》，第1卷，第351—352页，也是在埃利斯印刷的。《原始信札》，第2部，第2卷，第27—28页。

25 《英西谈判信件、急件及政府文件一览》，第4卷，第2部分，第449页。

26 波拉德，第268页。

27 艾维斯（Ives）所援引图书，第173页。这显然是勃艮第哈布斯堡的座右铭——这句话在被指出后，安妮很快就将其删除了。

28 《英西谈判信件、急件及政府文件一览》，第4卷，第2部分，第3页。

29 《信函和文件》，第4卷，第3部分，第2730页。

30 下议院议员雷诺·利特罗普（Reynold Littleprow）写给克伦威尔的信件，落款日期是1530年2月6日，其中有一句："我听说你是陛下的仆人，并且深受他的宠爱。"参见《英国国家档案》编号1/65/132文件。

31 亨利很高兴为医生买单。2月份，尤斯塔思·查普怀疑沃尔西是在"装病"，"希望国王会去看他"。另一次，查普伊斯报道说，沃尔西病了8天，"医生害怕他会发疯，导致猝死"。参见《英西谈判信件、急件及政府文件一览》，第4卷，第1部分，第444、449页。沃尔西的私人医生奥古斯丁·德·奥古斯丁 (Augustine de Augustinis) 于1月19日要求克伦威尔购买一些水蛭——必须是饥饿的水蛭，来为国王放血，并强调"时间紧迫"。另一个意大利人巴尔塔泽·格西（Balthasar Guersie）——阿拉贡的凯瑟琳的外科医生将用这些水蛭来为国王治病。参见大英图书馆馆藏的科顿搜集的手稿，提图斯Bi，对折页365页。

32 水肿（Oedema），以前称为浮肿（dropsy），指因体内液体过多导致身体器官或组织肿胀，有时是由心脏或肾脏疾病引起的。

33 沃尔西每天都去卡尔特修道院，“而且下午他还会去一位老神父的房间里冥想，这位神父会劝他皈依信仰，放弃世间的功名利禄，并让他穿上刚毛衬衣，他随后穿过几次”。卡文迪什所著《枢机主教沃尔西的生与死》，第285页。

34 《英西谈判信件、急件及政府文件一览》，第4卷，第1部分，第449—450页。

35 包括威廉·波利特爵士的100英镑贷款，还有萨伏依医院院长和纽瓦克的罗伯特·布朗的124英镑借款。参见《信函和文件》，第4卷，第3部分，第3078页。

36 波拉德所著图书，第277页。

37 《信函和文件》，第4卷，第3部分，第2849页。

38 《英国国家文件》，第1卷，第367—368页。

39 《信函和文件》，第4卷，第3部分，第2949页。

40 卡文迪什所著《枢机主教沃尔西的生与死》，第296—297页。

41 《英国国家文件》，第1卷，第370页。

42 大英图书馆馆藏的科顿搜集的手稿，附录48，对折页25页。

43 被威廉斯所著《枢机主教》的第159页和梅里曼所著图书第1卷第328页所引用。

44 约克大主教的府邸位于约克郡西部的卡伍德城堡，在1750年基本被拆除，但是建于1526—1550年的教堂和门房幸存了下来。

45 霍尔所著图书，第773页。

46 弗吉尔所著图书，第27部，第333页。

47 西尔维斯特（Sylvester）和哈丁（Harding）所著图书，第205页。

48 卡文迪什所著《枢机主教沃尔西的生与死》，第371—372页以及第371页脚注。

49 卡文迪什所著《枢机主教沃尔西的生与死》，第389页。

50 波拉德所著图书，第300页。

51 卡文迪什所著《枢机主教沃尔西的生与死》，第387页。

52 《赖奥思利》，第1卷，第16页。

53 卡文迪什所著《枢机主教沃尔西的生与死》，第 395 页。

54 《英西谈判信件、急件及政府文件一览》，第 5 卷，第 1 部分，第 569 页。

55 《英国国家档案》，星室法庭记录，编号 2/7 文件。

第三章 每日公事，共同任务

1 《英西谈判信件、急件及政府文件一览》，第 5 卷，第 1 部分，第 569 页。

2 尼科尔斯（Nichols）所著图书，第 52—56 页。

3 1525 年，廷代尔（约 1491—1536）在德意志维滕贝格将《圣经·新约》从希腊文翻译成英文。后来，英文版的《圣经·新约》在科隆出版。

4 雷克斯（Rex）所著图书，第 866 页。

5 廷代尔所著图书，第 174—175 页，以及里德利（Ridley）所著图书，第 198 页。

6 斯特莱普（Strype）所著图书，第 1 卷，第 1 部分，第 172 页以及尼科尔斯所著图书，第 56 页。

7 坦纳（Tanner）所著图书，第 77 页。托马斯·莫尔在《灵魂的恳求》（*A Supplication of Souls*）中严厉地回应了费希尔的小册子，该书于 1529 年出版。

8 哈斯（Haas）所著图书，第 133 页，注解。

9 大英图书馆馆藏的科顿搜集的手稿，克利奥佩特拉 ii，对折页 249 页。.

10 霍尔所著图书，第 766 页。

11 《神职人员法案》（The Clergy Act）第 21 条，《亨利八世》第 13 章。霍尔所著图书，第 766 页，暗示所有的律师都参与了这项工作，可能也包括克伦威尔。

12 《英国国家档案》，王座法庭记录，编号 29/162/12 文件。也可参见斯盖瑞斯布鲁克（Scarisbrook）所著的《宽恕》（Pardon），第 25 页及以后各页。

13 梅里曼所著图书，第 1 卷，第 334 页。

14 在 1825 年之前，宫廷和衡平法院同位于威斯敏斯特大厅。

15 《蔑视王权罪法令》中与任命主教和院长有关的部分直到 1965 年才被完全

移除。

16 斯盖瑞斯布鲁克所著的《宽恕》，第34页及以后各页。

17 霍林斯赫德所著图书，第766页。

18 《信函和文件》，第5卷，第613—614页。1535年，约翰·克拉西（John Clasey）就一“秘密事件”写信给克伦威尔。沃尔西让他“以自己的名义把一个年轻的贵族小姐送进沙夫茨伯里（Shaftesbury）的女修道院，尽管这是他的女儿。她现在被赶出来，无处可去。我恳求您写信给女修道院院长，让她在那里继续住下去，直到她成年。她出生在米迦勒节前后，现年大约24岁”。参见《信函和文件》，第9卷，第75页。

19 《信函和文件》，第5卷，第117、491、600、618、732页。

20 关于未竟的伟大事业，请参考哈钦森所著图书，第259页。

21 埃尔顿所著的《革命》，第88—90以及第88页脚注。

22 梅里曼所著图书，第1卷，第349—350页。

23 克伦威尔威胁修道院院长说：“我也不想让国王陛下知道你的所作所为。毫无疑问，陛下将任命你为伯里修道院的院长，不要忘记，你的主人有可能会向国王揭露一些关于你的不轨言行。”见梅里曼所著图书，第1卷，第351页。

24 《信函和文件》，第5卷，第288页。

25 大英图书馆馆藏的科顿搜集的手稿，提图斯 B i，对折页48页。重印于《英国国家文件》，第1卷，第380—383页

26 《外国酒法案》（Foreign Wine Act）第23条，《亨利八世》第7章，以及《下水道法案条例》（Statute of Sewers Act）第23条，《亨利八世》第5章。

27 《信函和文件》，第5卷，第329页。

28 克伦威尔首次对珠宝库的盘点情况记载于《英国国家档案》，编号E 36/85文件。

29 这来源于中世纪拉丁语“*hanaperium*”。

30 直到1538年，一直是约翰·贾德（John Judd），然后是理查德·斯诺（Richard Snow）。

31 《英国国家档案》编号E 163/10/19文件。她每年还可以从土地上获得1000

英镑来维持房产。

32 “Ordinary”指神职人员，如主教。

33 下议院就以下问题进行控诉：教会会议的立法权；高级神职人员在异端罪审判期间的“微妙质问”；任命主教的亲戚为神职人员；免除轻罪的惩罚；一般信徒不得不承受远距离开庭的费用；教会法庭费用过高；任命神职人员时在教区征收“大额”费用；神职人员犯下世俗罪行。

34 霍尔所著图书，第784页。

35 《信函和文件》，第5卷，第343—344页。

36 《亨利八世》，第12章。

37 穆勒（Muller）所著《信札》（*Letters*），第50—51页。

38 1532年8月22日在白金汉郡的兰利（Langley）签署。该条约于9月1日在温莎宣誓生效。参见勒所著《信札》，第51页。

39 被埃尔顿所著的《革命》第96页注解所引用。有关这“扭转时局”（coup de theatre）的重大外交事件的详细信息，参见阿尔弗雷德·阿米（Alfred Hamy）所著的《弗朗索瓦一世于1532年在滨海布洛涅对亨利八世的访谈》（*Entrevue de Francois premier avec Henry VIII a Boulogne-sur-Mcr en 1532*），巴黎，1898年。

40 他被任命为汤顿的副主教。参见尼科尔斯所著图书，第244页。

41 怀尔丁（Wilding）所著图书，第51页。

42 《英国国家文件》，第1卷，第390—391页。

43 大英图书馆馆藏的科顿搜集的手稿，奥托C x，对折页159页。

44 《英国国家文件》，第1卷，第392—393页。

45 《限制上诉法令》第24条，《亨利八世》，第12章。

46 在安妮·博林加冕后，他得以释放。

47 埃利斯所著《原始信札》，第3系列，第2卷，第276页。托马斯·贝德尔曾在邓斯特布尔定期向克伦威尔写信报告进展情况。这些信件收录于大英图书馆馆藏的科顿搜集的手稿，奥托C x，对页折164B和166B页。

48 《英国国家文件》，第1卷，第396—397页。拉丁文版本的离婚法令收录在大英图书馆馆藏的科顿搜集的手稿，提图斯 B i，fol 71。克兰默亲手用拉丁文写的 12 条离婚理由篇幅长达 91 页，收录于大英图书馆馆藏的科顿搜集的手稿，编号 B v，并由伯内特（Burnet）转载，第 2 卷，第 1 部分，第 2 部，第 43 页。

49 休姆所著图书，第 13 页。

50 《英西谈判信件、急件及政府文件一览》，第 4 卷，第 2 部分，第 700 页。

51 大英图书馆馆藏的科顿搜集的手稿，奥托 C x，对折页 168—170 页。

52 大英图书馆馆藏的科顿搜集的手稿，奥托 C x，对折页 199—203B 页。另一份收录于大英图书馆馆藏的哈利父子搜集的手稿，编号 283，对折页 112B，其中补充了原稿被损坏或者缺漏的文字。这个版本用墨水将两处"废后"划掉了，很可能是凯瑟琳本人所为。

53 被波尔所著的图书第 123 页引用。

54 《信函和文件》，第 6 卷，第 357 页和第 682 页。

55 大英图书馆馆藏的哈利父子搜集的手稿，编号 283，对折页 75 页。书中说："如今，万能的上帝赐予我们仁慈，让我们这么快就迎来王子的诞生，这一切让我们欢欣鼓舞，让国王以及所有慈爱的臣民感到欣慰。"

56 参见沙甘（Shagan）所著图书，第 2 章，《剖析英国早期宗教改革中的反对势力：伊丽莎白·巴顿，肯特圣女》（*The Anatomy of Opposition in Early Reformation England: The Case of Elizabeth Barton, Holy Maid of Kent*），第 61—88 页。

57 她的财产后来因被剥夺财产和公权而上缴给王室，并由克伦威尔的手下盘点。亨利绝对不会想到她可以利用"2 张地毯（其中 1 张还破烂不堪）、1 张旧床垫、7 张粗糙的被单、1 张被单、一个床罩、1 张毛毯、2 个枕头、1 个垫子、2 个碟子、4 个盘子、2 个脸盆、1 个茶托、1 条老旧的小尿布毛巾、2 个烛台、1 块桌板和 1 个小箱子"赚得如此多的财富。

58 大英图书馆馆藏的科顿搜集的手稿，克利奥佩特拉 E iv，对折页 75 页。

59 她的同谋和支持者包括：博金、理查德·迪林（Richard Dering，坎特伯雷的修道士）、理查德·马斯特（Richard Master，她的家乡阿尔丁顿的神父）、托马斯·劳伦斯（Thomas Laurence，坎特伯雷的阿奇迪肯的登记员）、休·里奇（High Riche，托钵修士）、亨利·戈尔德（Henry Gold，伦敦阿尔德迈瑞的神父)，以及两位绅士——爱德华·思韦茨（Adward Thwaites）和托马斯·戈尔德（Thomas Gold）。参见《赖奥思利》，第1卷，第23页，注解。

60 《信函和文件》，第6卷，第479页。

61 赖特（Wright）所著图书，第29页。

62 斯盖瑞斯布鲁克（Sgarisbrook）的著作《亨利》，第322页，以及德弗罗（Devereux）所著图书，第91页及以后各页。

63 他于1534年4月19日被免除班格尔（Bangor）主教职务，但他的修道院仍保留。1533年11月，他曾写信给克伦威尔："我恳求主人别忘了您之前对我的承诺——国王陛下会赐予我主教的职位，如果这不会妨碍到您，我衷心希望您给予我支持。"参见《英国国家文件》，第1卷，第410页。

64 他的布道文载于沃特莫尔（Whatmore）所著图书的第463页以后各页。

65 大英图书馆馆藏的科顿搜集的手稿，克利奥佩特拉 E iv，对折页79和81页，并且转载于赖特所著图书的第19—25页。

66 大英图书馆馆藏的哈利父子搜集的手稿，编号6，对折页40A、148页及以后各页，以及埃利斯所著的《原始信札》，第3部，第2卷，第315—318页。

67 其余的人是马斯特、博金、迪林、戈尔德(伦敦牧师)和里斯比。

68 《伊丽莎白·巴顿的叛国罪法案》，即《虚假启示罪法案》第25条，《亨利八世》，第8章。

69 伯内特所著图书，第1卷，第2部分，第115页。

70 大英图书馆馆藏的科顿搜集的手稿，克利奥佩特拉 E vi，对折页161页。

71 大英图书馆馆藏的科顿搜集的手稿，克利奥佩特拉 E iv，对折页85页。

72 大英图书馆馆藏的科顿搜集的手稿，克利奥佩特拉 E vi，对折页149页。

73 埃尔顿所著《警察》(*Police*)，第58页。

74 大英图书馆馆藏的科顿搜集的手稿，克利奥佩特拉 E iv，对折页84页。

75 埃尔顿所著《警察》，第60页，以及泰勒所著图书，第48页及以后各页。

76 《亨利八世》，第6章。

77 具有讽刺意味的是，亨格福德伯爵是第一个在1540年死于这条法令的人，他和克伦威尔在同一个刑台上被处决，不过亨格福德被指控的主要罪行是鸡奸。尼古拉斯·尤德尔（Nicholas Udall，1504—1556)——神职人员、伊顿公学的校长，恋童癖，也是第一部英国喜剧《拉尔夫·罗斯特·道斯特》（*Ralph Roister Doister*）的作者，他在1541年成为第一个被指控触犯这项罪名的人。他的死刑判决被减为无期徒刑，但他被关押了不到一年就从位于萨瑟克区的马歇尔希监狱获释。直到1861年，鸡奸在英格兰和威尔士仍然是一项死罪。

78 大英图书馆馆藏的哈利父子搜集的手稿，编号604，对折页62页。

79 《亨利八世》，第1章。

80 埃尔顿所著《警察》，第278页。

81 《英国国家档案》，编号1/77/203文件。

82 分裂教会者——试图将教会一分为二的人。

83 《英国国家档案》，编号1/82/151文件。

84 《亨利八世》，第22章，以及坦纳所著图书，第383页。

85 伯内特所著图书，第1卷，第2部分，第111页。

86 《亨利八世》，第14章.

87 坦纳所著图书，第379页和第388—389页。

88 梅里曼所著图书，第1卷，第381页。

89 罗珀（Roper）所著图书，第89—90页。

90 里德利所著图书，第237页。

第四章　血雨腥风

1 罗珀所著图书，第71页。

2 7人同时被封为枢机主教，包括5个意大利人与让·杜贝莱（Jean du Bellay)，后者是法国驻伦敦大使。最后一个获封的是费希尔。教王后来狡猾地否认他知道主教被监禁。

3 这个职位最远管至加来。《信函和文件》，第8卷，第345页。

4 《信函和文件》，第8卷，第291页

5 《信函和文件》，第 8 卷，第 320 页。

6 哈普斯菲尔德（Harpsfield）所著图书，第 232—234 页。

7 《英国国家档案》，王座法庭记录，编号 8/7 文件。第 1 部分，包括对他们的指控。

8 如《诗篇》第 62 章第 3 小节所言："你们大家攻击一人，把他毁灭。"

9 《信函和文件》，第 8 卷，第 213—215 页。

10 《信函和文件》，第 8 卷，第 280 页。按照欧洲的标准，亨利并不是民间传说中最放纵之人。除了宫廷中的调情，幸存的史料还记录了他与 3 个女人的婚外情：伊丽莎白·布朗特（Elizabeth Blount），他的私生子、后来的里士满公爵（Duke of Richmond）亨利·菲茨罗伊（Henry Fitzroy）的母亲；玛丽·博林（Mary Boleyn）；玛格丽特·谢尔顿（Margaret Shelton）。

11 大英国书馆编号为 8715 的增补手稿，对折页 53 页。

12 刑事法庭，来自法语单词"oyer"（听）。

13 他们的严重叛国罪指控记载于《英国国家档案》，王座法庭记录，编号 8/7，第 2 部分。

14 大英图书馆馆藏的哈利父子搜集的手稿，编号 530，对折页 54 页。

15 另一份费希尔的起诉书记载于大英图书馆馆藏的科顿搜集的手稿，克利奥佩特拉 E vi，对折页 178B 页。

16 哈普斯菲尔德所著图书，第 243 页。

17 哈普斯菲尔德所著图书，第 244 页。

18 哈普斯菲尔德所著图书，第 246 页。

19 霍尔所著图书，第 212 页。

20 《英西谈判信件、急件及政府文件一览》，第 5 卷，第 1 部分，第 179 页，以及《信函和文件》，第 8 卷，第 373 页。圣彼德节是 6 月 29 日。

21 大英图书馆馆藏的阿伦德尔搜集的手稿，编号 152，对折页 294。

22 《信函和文件》，第 8 卷，第 309 页。

23 《信函和文件》，第 8 卷，第 385 页。

24 哈普斯菲尔德所著图书，第 189 页。里奇甚至被同时代的人认为是"臭名昭著的骗子、谎话连篇的老赖、赌徒"。

25 《信函和文件》，第 8 卷，第 395 页。
26 罗珀所著图书，第 94、103 页。
27 《信函和文件》，第 3 卷，第 2 部分，第 437 页。
28 《信函和文件》，第 3 卷，第 2 部分，第 81 页。
29 《信函和文件》，第 3 卷，第 2 部分，第 403 页。
30 《信函和文件》，第 8 卷，第 284 页。
31 《英国国家文件》，第 1 卷，第 427 页。
32 《信函和文件》，第 8 卷，第 75 页。
33 《信函和文件》》，第 3 卷，第 2 部分，第 114 页。
34 《信函和文件》，第 8 卷，第 1 页。另一个版本翻译为“大恶棍”，鉴于诺福克有时说话十分粗暴，这个翻译可能更准确。
35 大英国书馆编号为 28587 的增补手稿，对折页 81 页。
36 《英西谈判信件、急件及政府文件一览》，第 5 卷，第 1 部分，第 484 页，以及第 5 卷，第 2 部分，第 81 页。
37 大英图书馆馆藏的科顿搜集的手稿奥托 C x，对折页 213 页。
38 《信函和文件》，第 8 卷，第 251 页。
39 《信函和文件》，第 9 卷，第 294 页。
40 参见《新约》，《约翰福音》第 11 章第 50 页。
41 《信函和文件》，第 8 卷，第 169 页。
42 被弗雷泽（Fraser）引用于其所著图书，第 220 页。
43 《信函和文件》，第 8 卷，第 76 页。
44 《信函和文件》，第 8 卷，第 167 页。
45 《信函和文件》，第 8 卷，第 209 页。
46 《信函和文件》，第 8 卷，第 290 页。
47 《信函和文件》，第 8 卷，第 195 页。
48 《信函和文件》，第 10 卷，第 3 页。
49 这现在是一所男女同校的寄宿学校。
50 大英国书馆编号为 28588 的增补手稿，对折页 149 页。
51 《信函和文件》，第 10 卷，第 22 页。没有外科医生可以接近她的尸体。她死后8小时，她的尸体被做防腐处理的蜡烛商打开。尸体“非常完整”，除了“一颗黑乎乎、形态丑陋的”心脏，“整颗黑心脏朝外凸起”。（同上，第51页）她可能死于心脏癌，这一切似乎都是继发黑色素肉瘤的症状，参见阿尔弗雷德·麦克纳尔蒂爵士（Sir Alfred MacNalty）所著的《王后阿拉贡的凯瑟琳之死》（*The Death of Queen Catherine of Aragon*），《护理镜》（*Nursing Mirror*），1962年12月27日，第275页及以后各页。

52 《英西谈判信件、急件及政府文件一览》，第5卷，第2部分，第59页。

53 《英西谈判信件、急件及政府文件一览》，第5卷，第2部分，第28页。

54 《信函和文件》，第10卷，第51页。

55 灵车采用一种临时搭建的繁复结构，通常用来覆盖棺材，周围通常有教会唱诗班演唱安魂曲。

56 埃利斯所著《原始信札》，第3部，第3卷，第8—10页。

57 她的遗嘱是将自己埋葬在女修道院里面，500名会众为她的灵魂歌唱弥撒，再派一些人去诺福克的沃尔辛厄姆圣母圣殿，并以她的名义捐赠6英镑13先令4便士。她也希望国王继承她的遗产——“过去属于她的钱”，保留她所拥有的黄金和白银器物。见大英图书馆馆藏的科顿搜集的手稿，奥托 C x，对折页216—216B页。

58 因为她与威尔士王子亚瑟的第一次婚姻。

59 财产清单反映了凯瑟琳的虔诚。清单中包括4块刺绣祭坛罩（其中一块绣有圣母马利亚与圣子的图案，另一块绣有英格兰和西班牙的纹章），13块象牙雕刻（其中，第一块描绘了圣凯瑟琳的殉难，第二块雕刻了圣母马利亚和圣安妮，第三块不可思议地刻画了亨利和凯瑟琳）。图案中包含了“如产褥之类的细节”，看起来栩栩如生。见《信函和文件》，第8卷，第78—79页。

60 《信函和文件》，第10卷，第71页。

61 波特·帕克（Bert Park）所著的《老弱病衰：关于妥协王权的研究》（*Ailing, Aging Addicted: Studies of Compromised Leadership*），列克星敦市，肯塔基州，1993年，第44页。

62 《赖奥思利》，第1卷，第33页，写道：“她感到很恐慌，这个她历经万难生出来的孩子竟然不受众人欢迎。”

63 艾维斯在其所著图书的第344页引用。查普报告了他的评论：“我感觉上帝不会赐给我儿子。”见《英西谈判信件、急件及政府文件一览》，第5卷，第2部分，第59页。

64 《英西谈判信件、急件及政府文件一览》，第5卷，第2部分，第28页。

65 为威尔逊（Wilson）所著图书第388页所引用。关于斯基普的布道的分析，参见迪尔梅德·麦卡洛克（Diarmaid MacCulloch）所著的《托马斯·克兰默》，伦敦，1996年，第154—155页，以及埃里克·艾维斯（Eric Ives）所著的《安妮·博林和英格兰早期的宗教改革》（*Anne Boleyn and the Early Reformation in England*），《历史》期刊（*Historical Journal*），第37(1994年)卷，第395—340页。

66 埃尔特姆宫位于肯特，但现在已被伦敦东南部吞并了。亨利在那里长大。

67 大英图书馆馆藏的科顿搜集的手稿，奥托 C x，对折页209B页。爱德华·巴恩顿爵士 (Sir Edward Baynton) 报告说：“除了马克·斯米顿，没有人会承认任何不利于她的实际情况。我真不敢相信，另外两个人和他一样有罪。”

68 大英图书馆馆藏的科顿搜集的手稿，奥托 C x，对折页222—225页，并重印在卡文迪什所著《枢机主教沃尔西的生与死》第451页。

69 大英图书馆馆藏的科顿搜集的手稿，奥托 C x，对折页225页。

70 大英图书馆馆藏的科顿搜集的手稿，奥托 C x，对折页221页。

71 贝尔（Bell）所著图书，第102页。

72 《英西谈判信件、急件及政府文件一览》.第5卷，第2部分，第137页。

73 《英西谈判信件、急件及政府文件一览》，第5卷，第2部分，第82页。

74 大英图书馆馆藏的科顿搜集的手稿，奥托 C x，对折页223页。

75 1866年2月，维多利亚女王命令在她被处死的地方竖立一个小铜匾，上面写着：“古老绞刑台的地点：安妮·博林王后于1536年5月19日在此被斩首。”

76 大英图书馆馆藏的科顿搜集的手稿，维特里乌斯 B xiv，对折页220B页。

第五章　震动朝野

1 《信函和文件》，第 8 卷，第 183 页。

2 参见埃尔顿所著的《警察》，第 248 页。宫廷登记簿，由威廉·塞伊（William Saye）保管，出自大英国书馆编号为 48022 的增补手稿，对折页 83—96 页。这些内容是由伊丽莎白时期的枢密院秘书罗伯特·比尔（Robert Beale）摘取的。他在 fol 83 上的批注可追溯至 1588 年 6 月："这些内容来自我借塞伊先生的一本旧书，他的父亲是教会事件的主要登记人。"

3 斯盖瑞斯布鲁克所著《亨利》，第 337 页。

4 这些内容引自《英国国家档案》编号 E 344/1 至 E 344/21/8 文件。

5 大英图书馆馆藏的科顿搜集的手稿，克利奥佩特拉 F ii，对折页 131 页。另一份出自大英国书馆编号为 32091 的增补手稿，对折页 121 页。

6 大英图书馆馆藏的科顿搜集的手稿，克利奥佩特拉 E iv，对折页 21。

7 利（Legh）(卒于 1545) 是考文垂和利奇菲尔德主教主教罗兰·李的表亲。

8 莱顿 (约 1498—1544) 于 16 世纪 20 年代遇到克伦威尔，那时莱顿还是伦敦北部的斯特普尼教区的牧师。

9 富勒所著图书，第 214 页。

10 《信函和文件》，第 3 卷，第 2 部分，第 46 页。

11 大英图书馆馆藏的科顿搜集的手稿，克利奥佩特拉 E i，对折页 249 页，1535 年 8 月 24 日。该修道院成立于 1152 年，是勒布鲁斯妇女的家园，并于 1184 年成为修道院。修道院解散后，珍（Jeyn）被任命为格洛斯特郡的希普顿莫因（Shipton Moyne）学校的校长。出自赖特所著图书，第 58 页。

12 参见库克所著图书，第 55—56 页，以及里德利所著图书，第 255 页。

13 大英图书馆馆藏的科顿搜集的手稿，克利奥佩特拉 E iv，对折页 127 页。

14 埃利斯所著《原始信札》，第 3 部，第Ⅲ卷，第 164—167 页。这位修道院院长退休后只获得了每年仅 7 英镑的养老金。

15 一个丑陋的老女人。

16 大英图书馆馆藏的科顿搜集的手稿，克利奥佩特拉 E iv，对折页 131 页。

17 库克所著图书，第 72—74 页。

18 《信函和文件》，第 9 卷，第 238 页。修道院解散之后，她仍对那个地区恋恋不舍。1602 年，剑桥郡时年 80 岁的罗伯特·曼宁 (Robert Manning) 还记得，在修道院被拆除一年多后，她还住在“牧师住宅的一个地洞里”。参见《英国维多利亚郡史：剑桥》(*Victoria County History of England: Cambridge*)，第 2 卷，伦敦，1948 年，第 226—229 页。

19 大英图书馆馆藏的科顿搜集的手稿，克利奥佩特拉 E iv，对折页 134B 页。同时参见赖特所著图书，第 59 页。

20 在霍顿管理期间，一共有 30 个合唱团修道士和 18 位兄弟，其中 20 个在他就职时年纪不足 38 岁。

21 威尼斯的埃德蒙·哈维尔（Edmund Harvel）表示，他们的死亡被认为“极度惨烈”，“威尼斯人听到这个消息后都感到很愤怒，并议论了很长时间，让我感到非常不满的是，他们还以最恶毒的语言来诋毁我的国家。他们相信死者拥有崇高的美德，老实说，我从来没见过意大利人对一件事如此愤恨：这件事太诡异，并且太令人反感”。见大英图书馆馆藏的科顿搜集的手稿，尼禄 B vii，对折页 93 页。

22 遵守表面虚礼：严格遵守传统和法律，来自“Pharisee”（法利赛教徒），古代犹太教派。

不合理的观念：一种固有的、不合理的传统观念。

23 《信函和文件》，第 8 卷，第 227 页。

24 大英图书馆馆藏的科顿搜集的手稿，克利奥佩特拉 E iv，对折页 129 页。亦可参见《信函和文件》，第 8 卷，第 365 页。

25 鳕鱼，或者叫军曹鱼，是一种生活在北大西洋深海水域的细长鱼，属于鳕鱼家族。

26 大英图书馆馆藏的科顿搜集的手稿，克利奥佩特拉 E iv，对折页 35 页。

27 大英图书馆馆藏的科顿搜集的手稿，克利奥佩特拉 E iv，对折页 36 页。

28 大英图书馆馆藏的科顿搜集的手稿，克利奥佩特拉 E iV，对折页 26 页。同时参见《信函和文件》，第 9 卷，第 172 页。

29 从留存下来的 1535 年 10 月卡尔特修道院长达几天的宴会菜单可以看出，该修道院的膳食非常节俭。每个修道士的星期天晚餐是“用糖和香料煮的铁壳麦”、1 块热的鳕鱼馅饼、3 个鸡蛋。庶务修士则吃咸鱼和奶酪。星期一的菜单是草药浓汁、“大量的萨福克或埃塞克斯奶酪和 3 个鸡蛋”。星期二的菜单是用糖和香料煮的铁壳麦，每个修道士有牡蛎和 1 片鳕鱼；星期三的菜单是草药浓汁、1 条大牙鳕和 2 个鸡蛋。管家被要求搜罗外国船只和伦敦大桥与伦敦塔之间的所有码头，以寻找鳗鱼、洋葱、橙子、柠檬、石榴、醋、沙丁鱼、海豚和橄榄油。

30 9 月 20 日，最后一个死于纽盖特监狱的是威廉·约翰逊（William Johnson)。第十个是天主教加尔都西会教士威廉·霍姆（William Home)，他于 1540 年 8 月 4 日在泰伯恩刑场被处决。

31 《英国国家档案》，编号 E 322/133 文件。

32 诺尔斯所著图书，第 116 页。

33 他没有做任何工作：这是由托马斯·沃森（Thomas Watson）完成的。

34 锡恩修道院首次发表的作品可能是《论如何让正直之人有利可图》（*A Profitable Treatise to Dispose Men to be Virtuously Occupied*），它由托马斯·贝生（Thomas Betson）撰写，并由温金·德·沃德（Wynkyn de Worde）于 1500 年在弗利特街印刷。参见克里斯多夫·德·哈梅尔（Christopher de Hamel）的《锡恩修道院：布里吉特会修女的图书馆》（*Syon Abbey: The Library of the Bridgettine Nuns*），罗克斯伯勒（Roxburghe）俱乐部，私人印刷，奥特利（Otley），1991 年。

35 《信函和文件》，第 8 卷，第 441 页。

36 大英图书馆馆藏的科顿搜集的手稿，克利奥佩特拉 E iv，对折页 125 页。

37 1537 年 10 月 21 日，他因监狱的卫生问题死亡。

38 《信函和文件》，第 11 卷，第 197 页。

39 锡恩修道院最终在 1539 年 11 月被解散，当天 53 个合唱修女、4 个庶务修女、12 个兄弟和 5 个庶务修士被驱逐，同时女院长获得丰厚的退休金。女院长阿格尼丝·乔丹（Agnes Jordan）的退休金为每年 200 英镑。她的纪念铜牌保留在白金汉郡德纳姆（Denham）教会的坟墓里。解散这所著名的图书馆是亨利和克伦威尔的主要罪行之一。

40 16 世纪，“修道院”（convent）一词是指整个修道院的修道士、修女和修士，而不是他们的住所。后来，这个词的含义有所变化，指修女的家园。

41 《亨利八世》，第 28 章。

42 《亨利八世》，第 27 章。

43 《英国国家档案》，编号 1/239/298 文件。参见埃尔顿的《警察》，第 246 页。

44 艾略特敏锐地察觉到，克伦威尔应该知道他全心全意支持宗教改革："我向上帝发誓，你们所听到的都是我最私密的想法。毫无疑问，你会感受到我对虚假的迷信、冗杂的仪式、恶毒的欺诈、伪造的奇迹的憎恨，这些傲慢的行为侵蚀了人们的精神世界，掩盖了宗教的真谛，污蔑了基督的圣洁教义。"库克所著图书，第 111 页。

45 诺尔斯所著图书，第 181 页。

46 大英图书馆馆藏的科顿搜集的手稿，克利奥佩特拉 E iv，对折页 234 页，也印于库克所著图书，第 90 页和赖特所著图书，第 119—120 页。该教堂保存至今。1537 年，这座小修道院被解散，并以 125 英镑 13 先令 4 便士的价格转给德拉瓦。他持有 4 年后，被要求与汉堡郡维尔威尔修道院进行交换。如今，修道士唱诗班属于是博克斯格鲁夫的教区教堂，其中央广场在修道院解散后被拆除。

47 大英图书馆馆藏的科顿搜集的手稿，克利奥佩特拉 E iv，对折页 122 页。理查德·沃顿（Richard Wharton）代表爱德华·卡尔索普写给克伦威尔的信。

48 大英图书馆馆藏的科顿搜集的手稿，克利奥佩特拉 E iv，对折页 269 页，参见库克所著图书，第 118—19 页，以及赖特所著图书，第 72—73 页。

49 库克所著图书，第 127 页。

50 克罗伊兰修道院最终于 1539 年 12 月 4 日被拆除，其年收入为 1217 英镑 6 先令 8 便士。

51 想必英格兰和威尔士之间的道路应该常常充斥着各种将尸体和棺材运输到安全的教堂的马车。15 世纪刘易斯地区的修道院院长托马斯·尼龙德（Thomas Nelond）的巨大铜牌被运至西苏塞克斯的考福尔德（Cowfold）教堂，直线运输距离长达 15 英里（24 千米）。在 1537 年 11 月 16 日修道院被解散之前，第二代阿伦德尔伯爵理查德·菲查伦（Richard Fitzalan，卒于 376）和他的妻子埃莉诺（Eleanor，卒于 1372），琼·德·维尔（Joan

de Vere，卒于 1293）的雕刻墓碑和萨里女伯爵莫德（Maud）的纪念碑也从刘易斯运被至奇切斯特大教堂。在伯克郡的阿宾登（Abingdon），一名当地捐助人杰弗里·巴伯（Geoffrey Barbour）的纪念铜牌被市长和市议会从当地的本笃会修道院搬到了教区教堂。盖姆斯特（Gaimster）和吉尔克里斯特（Gilchrist）德情况，参见《黄铜坟墓已成历史》（*Tombs of Brass are Spent*），罗伯特·哈钦森，第 452—456 页。

52 《信函和文件》，第 11 卷，第 26 页。

53 《亨利八世》，第 25 章。

54 《亨利八世》，第 7 章。伊丽莎白也被宣布为私生女。第二部《继承法案》提出了 3 种新的叛国罪名：通过讨论、书写、采取行动的方式反对简·西摩的婚姻；通过"言语、书面、印记或任何其他明显可见的行为"直接或间接地"接受或认为、判断或相信"阿拉贡和博林的婚姻是合法的；最后是拒绝宣誓同意有关该法案的问题，或者同意宣誓，但是拒绝回答问题。参见坦纳所著图书，第 380 页。

55 怀尔丁所著图书，第 102 页。

56 库克第所著图书，第 101—103 页。

57 库克第所著图书，第 119—120 页。这些院长和教士虽然逃脱了死刑，但在监狱中待了几个月。参见狄更斯（Dickens）所著图书，第 51—52 页。

58 《信函和文件》，第 11 卷，第 323—324 页。

59 《信函和文件》，第 11 卷，第 390 页。

60 一则虚假的谣言暗示，因为"以激烈的言辞反对克伦威尔"，贝洛眼睛被弄瞎了，用公牛皮缝合，然后被狗激烈地撕咬。参见穆尔豪斯（Moorhouse）所著图书，第 50 页。据说米利森特被绞死了，但这也是不真实的。参见《信函和文件》，第 11 卷，第 225 页。

61 穆尔豪斯所著图书，第 53 页。

62 《英国国家档案》，编号 1/106/250 文件。

63 大英图书馆馆藏的科顿搜集的手稿，韦斯巴芗 F xiii，对折页 116 页。

64 《信函和文件》，第 11 卷，第 218、220 页。

65 圣母马利亚。

66 《信函和文件》，第11卷，第221页。

67 《信函和文件》，第12卷，第1部分，第37页。

68 霍伊尔（Hoyle）所著图书，第133页，以及穆尔豪斯所著图书，第57页。

69 《信函和文件》，第12卷，第1部分，第38—39页。

70 《信函和文件》，第11卷，第222页。

71 《信函和文件》，第11卷，第226页。

72 《信函和文件》，第11卷，第246页

73 《信函和文件》，第11卷，第130页

74 《信函和文件》，第11卷，第244页。

75 《信函和文件》，第11卷，第258页。

76 参见霍伊尔所著图书，第173页。

77 《信函和文件》，第11卷，第264页。

78 《信函和文件》，第11卷，第280页。

79 《信函和文件》，第11卷，第332页。

80 12月1日，约翰·戈斯特维克（John Gostwyck）告诉克伦威尔，6470英镑8先令2便士仍然在铸币厂。“我今天付了一部分钱给那些贪婪的人，打算明天付其余的钱。”参见《信函和文件》，第11卷，第492页。

81 《信函和文件》，第11卷，第282页。

82 《信函和文件》，第11卷，第304—305页。

83 译自希腊词汇“耶稣”。

84 大英国书馆编号为38133的增补手稿38133，对折页9页中记录了他在1527年作为珀西的仆人的费用。阿斯克作为律师所涉及的案件记录在fol 7中。

85 《信函和文件》，第40卷，第360—361页。“靶垛”指一个箭头形状的区域。

86 《信函和文件》，第40卷，第354页。

87 霍伊尔所著图书，第375页。

88 他在去年7月给克伦威尔写信，乞求他的同情，“如果没有他的慰藉，我今天将彻底失败，活在无尽的耻辱中”。比戈德的“朋友，或者说是敌人，正对我赶尽杀绝”，尽管他“现在正在努力摆脱债务”。参见《信函和文件》，第11卷，第14页。

89 《信函和文件》，第12卷，第1部分，第137页。

90 《信函和文件》，第12卷，第1部分，第234页。

91 埃利斯所著《原始信札》，第3部，第3卷，第60页。

92 《信函和文件》，第12卷，第1部分，第441页。

93 埃利斯所著《原始信札》，第3部，第3卷，第60页。

第六章 明目张胆的腐败

1 《英国国家文件》，第2卷，第551页，注解。

2 小荷尔拜因（约1497—1543），一位画家的儿子，出生在巴伐利亚的奥格斯堡。他于1526年来到英格兰，带着人文学者伊拉斯谟写给托马斯·莫尔爵士的介绍信，待了两年后返回瑞士的巴塞尔。荷尔拜因于1532年回到英格兰，4年后被任命为宫廷画家。克伦威尔在1538年1月给了他2英镑作为新年礼物。荷尔拜因于1543年在伦敦死于瘟疫。

3 在1538年，克伦威尔要戴眼镜辅助阅读。当年7月18日，他的账单显示"花了4便士购买了眼镜饰带"。见《信函和文件》，第14卷，2部分，第337页。

4 NPG 1727。油画尺寸为30.25英寸×24.25英寸（781毫米×619毫米）。纽约东街70号的弗里克收藏馆（Frick Collection）收藏了另一份同时代的肖像。伦敦的国家肖像艺术馆也收藏了两份克伦威尔的微型肖像，要么出自汉斯·荷尔拜因，要么出自他的工作室。其中一份（NPG 6310）的直径为1.75英寸（44毫米），画于1532—1533年，内容与大肖像画相似，另一份（NPG 6311）的尺寸完全相同，画于1537年左右，画中的克伦威尔穿着官服，当时可能担任掌玺大臣。

5 加邦（Gabon）所著图书，第81页，以及斯托（Stow）所著图书，第1卷，第189页。

6 《信函和文件》，第10卷，第513页。

7 埃利斯所著《原始信札》，第3部，第3部分，第91页。

8 上面具有植物的设计图案。

9 《信函和文件》，第4卷，第2部分，第1454—1457页。

10 该建筑于1666年在伦敦的大火中被摧毁。1667—1671年间，新建了一个大厅，由爱德华·贾曼（Edward Jarman）设计，但于1722年又被火灾破坏。约翰·戈兰（John Gorland）重修了新大厅；18世纪60年代，赫伯特·威廉斯（Herbert Williams）重修；1898—1899年，托马斯·格雷厄姆·杰克逊爵士（Sir Thomas Graham Jackson）又一次重修。

11 《信函和文件》，第10卷，第131页。

12 《信函和文件》，第6卷，第179页。查普写给查理五世的信件，1533年4月27日。

13 《信函和文件》，第7卷，第233页。亨利于同年4月任命他为地方官员。1534年5月14日，他宣布认同国王是教会的最高领袖。见该书第255页。

14 《信函和文件》，第7卷，第617页。

15 关于该修道院的账目，请参阅《英格兰维多利亚郡史：伦敦》，第1卷，1909年，第510—513页。1550年7月，爱德华六世政府向修道院的教堂赐予荷兰新教徒难民，另一部分被用作粮仓和煤炭仓库。这部分于1603年被摧毁，整个教堂后来被火烧毁。它于1865年被重建，但在1940年第二次世界大战爆发期间又被炸毁。1950年，又重建了新教堂，其中地基的石头由10岁的荷兰的伊莲公主捐赠。

16 由劈开的木桩和尖木桩制成的边界栅栏，来自法语词汇“pal”。

17 斯托所著图书，第1卷，第179页。这可能不是斯托的家庭住宅，他家最有可能位于科恩希尔（Cornhill）的圣米迦勒教区，因为约翰·斯托于1525年夏天出生在那个教区，他的父亲托马斯是个蜡烛销售商，在1559年被埋葬在当地教会的修道院。

18 哈克尼出现在大英图书馆馆藏的科顿搜集的手稿，尼禄E vi，对折页64—64B页记载的骑士财产列表中，参见丹尼尔·莱森斯牧师（Revd Daniel Lysons）所著的《伦敦城郊（*The Environs of London*），共5卷，伦敦，1800—1811年，第2卷，第1部分，“米德尔塞克斯”，第297页。

19 《信函和文件》，第11卷，第185页。

20 温布尔顿自治市议会（如今不存在）向克伦威尔借来了康沃尔郡的红嘴山鸦作为顶饰。

21 伦敦城市档案，编号 ACC/1720 文件。同时参见欧文·曼宁（Owen Manning）和威廉·布雷（William Bray）合著的《萨里郡的历史和古物》（*History and Antiquities of the County of Surrey*），共 3 卷，伦敦，1804—1814 年，第 3 卷，第 350—351 页。

22 斯托所著图书，第 1 卷，第 89 页。

23 《信函和文件》，第 14 卷，第 2 部分，第 330、336 页。

24 《英国国家文件》记录了在 1535 年克伦威尔的一个名叫威廉·博迪（William Body）的仆人盗窃财产的案件。盗窃的物品包括一个“威廉斯先生［约翰·威瑟斯博士（Dr John Withers），卒于 1534 年］的盘盖”，普利莫（Plimer）先生［可能是克里斯托弗·普卢默（Christopher Plummer）］的镀金勺子，用达克雷勋爵（Lord Dacre）的金子融化后做成的金袜带，达克雷的妻子戴的镶嵌珍珠的帽子。参见《信函和文件》，第 8 卷，第 79 页。

25 被韦尔所著图书的第 307 页引用。

26 《英西谈判信件、急件及政府文件一览》，第 5 卷，第 1 部分，第 569 页。

27 1538 年 7 月 11 日，克伦威尔的账目显示其向“理查德·特拉普斯（Richard Trapes）支付了 359 英镑 18 先令，购买 24 张盘子、碟子、茶托和银盘（每盎司 3 先令 9 便士），以及 2 英镑 11 先令 8 便士的打磨费用”。

28 为威廉斯所著的《枢机主教》第 150 页引用。

29 《信函和文件》，第 14 卷，第 2 部分，第 328—344 页。

30 例如他在托马斯·莫尔爵士审判期间作伪证。

31 1538 年 12 月 23 日，“应大人的要求”向福尔肯布里奇支付了 20 英镑。

32 账本管理员托马斯·艾弗里不会拼写“琉特琴”（lute），这在过去和现在都指弦乐器。他先写“lutte”，然后尝试“lowtt”，最后写出“lwwtt”。不幸的是，当时字典尚未发明出来。

33 关于萨默斯与亨利的特殊关系，参见哈钦森所著图书，第 144—148 页。

34 1537 年 12 月 14 日，约翰·赫西告诉他的情妇莱尔子爵夫人霍诺尔（Honor），“葡萄酒上来了，你就敬上，你应该感谢酒窖的中士”。见《信函和文件》，第 8 卷，第 2 部分，第 426 页。

35 布赖恩·图克爵士（Sir Brian Tuke），枢密院的财务官。

36 沃尔特·金斯顿，王室的副宫务大臣。

37 《信函和文件》，第 8 卷，第 1 部分，第 9 页。

38 参见玛丽亚·海沃德（Maria Hayward）所著的《亨利八世的宫廷赠礼：1539 年新年礼物》（*Gift-Giving at the Court of Henry VIII: The 1539 New Year's Gift Roll in Context*），《古文物》期刊（*Antiquaries Journal*），第 85（2005）卷，第 125—175 页。

39 约翰·格雷菲德（John Graynfidd）告诉莱尔勋爵，克伦威尔“卧病在床，已经病了 14 天，很少有人跟他说过话”。参见《信函和文件》，第 8 卷，第 125 页。

40 《英西谈判信件、急件及政府文件一览》，第 5 卷，第 2 部分，第 411、436、452 页。

41 被威廉斯所著的《枢机主教》第 151 页引用。

42 其成员仅限于 26 名，由王室选定。

43 可能是斯克罗普勋爵约翰（John Lord Scrope）。

44 《生命》（*Life*），第 16 页。

45 《生命》，第 19—21 页。德雷顿曾在之前讲述过这个故事。具体见第 22 页。

46 《信函和文件》，第 8 卷，第 147、204 页。

47 《信函和文件》，第 9 卷，第 156 页。

48 《信函和文件》，第 11 卷，第 55—56 页

49 克伦威尔不受伦顿修道士的欢迎。1537 年 4 月，副院长曾报告称，他曾经听到修道士们“说国王、王后和掌玺大臣的坏话，并认为他是天下最可恨之人”。参见《信函和文件》，第 12 卷，第 1 部分，第 398 页。

50 《信函和文件》，第 8 卷，第 387 页。

51 例如参见埃尔顿所著《托马斯·克伦威尔有多么腐败》（*How Corrupt was Thomas Cromwell*）。相反，穆里尔·圣克莱尔·伯恩（Muriel St Clare Byrne）称克伦威尔为“掠夺者和海盗”。

52 克伦威尔可能很喜欢吃甜食。食品商威廉·加德纳（William Gardiner）曾

送给他“来自开罗的精品蜂蜜，不收任何费用”。见《信函和文件》，第 11 卷，第 13 页。

53 《信函和文件》，第 8 卷，第 189 页。

54 《亨利八世》，第 31 章。

55 《信函和文件》，第 8 卷，第 226 页。

56 《英西谈判信件、急件及政府文件一览》，第 5 卷，第 2 部分，第 263 页。

第七章　快乐鳏夫的挫败

1 大英图书馆馆藏的哈利父子搜集的手稿，编号 282，对折页 233。

2 “Waites”来自盎格鲁 - 撒克逊语的“wacian”，意思是“守卫”，指官方守夜人，后来指吹笛手或音乐家。

3 一种长笛或双簧管，名字来源于法语的“cholemie”。人们在亨利的 700 吨级军舰“玛丽玫瑰号”（Mary Rose）残骸中找到大量的长笛，这艘船于 1545 年 7 月 20 日在汉普郡朴次茅斯沉没，当时英格兰正与法国舰队交战。

4 《赖奥思利》，第 1 卷，第 66—67 页。

5 该图章包含英国和法国的纹章，让西摩的王室驻扎军队相形见绌。

6 这封写给克伦威尔的信收录在大英图书馆馆藏的科顿搜集的手稿，尼禄 C x，折页 1 页。另一份收录在大英图书馆馆藏的哈利父子搜集的编号为 283 的手稿，对折页 155 页。给克伦威尔送信的王后的绅士蒂勒尔（Tyrrell）获得了 10 马克报酬，参见《信函和文件》，第 14 卷，第 2 部分，第 332 页。克伦威尔也偿还赖奥思利 20 英镑，他曾借这笔钱来“给服侍国王的女士支付小费”。

7 大英图书馆馆藏的哈利父子搜集的编号为 282 的手稿，对折页 211 页。

8 10 月 2 号，海军上将威廉 · 菲茨威廉爵士向克伦威尔透露，“在克罗伊登，每天有三四人死于瘟疫”。两个人病于太后的府邸。见《信函和文件》，第 12 卷，第 2 部分，第 311 页。

9 《英国国家文件》，第 1 卷，第 570—571 页。

10 《英国国家文件》，第 1 卷，第 571 页。

11 公爵带人不得超过 6 人；侯爵不得超过 5 人；伯爵不得超过 4 人；男爵不得超过 3 人；主教或者院长不得超过 4 人；“国王或王后的牧师不得超过 2 人”。见大英图书馆馆藏的哈利父子搜集的编号为 442 的手稿，对折页 149 页，亦可参见《信函和文件》，第 12 卷，第 2 部分，第 311 页。

12 宗教保守派的思罗格莫顿（约 1489—1552）在 1536 年被捕，因为他对求恩巡礼事件表现出不合时宜的同情，并在次年，他的弟弟迈克尔被派去监视枢机主教，但却被收买成为主教的仆人。

13 《英国人物传记辞典》，第 14 卷，第 373 页。

14 《信函和文件》，第 12 卷，第 2 部分，第 332—333 页。

15 思罗格莫顿的妻子立即写信给威廉·帕尔爵士（Sir William Parr）寻求帮助，希望自己的丈夫被释放：“我并非希望您帮我向掌玺大臣求情，而是希望您给予我建议，告诉我该如何拯救我的丈夫、孩子和我自己。”见《信函和文件》，第 12 卷，第 2 部分，第 332 页。

16 大英国书馆编号为 6113 的增补手稿，对折页 81 页。另一个版本后来收录于大英图书馆馆藏的埃杰顿搜集的编号为 985 的手稿，对折页 33 页。他于 10 月 18 日被宣布为威尔士王子。

17 来自士麦那（Smyrna）的用芳香香料调味的甜酒。

18 有关亨利医生和 16 世纪医疗情况的细节，参见哈钦森所著图书，第 131—137 页。

19 《英国国家文件》，第 1 卷，第 572 页。

20 《英国国家文件》，第 1 卷，第 573—574 页。

21 《信函和文件》，第 12 卷，第 2 部分，第 339 页。

22 《信函和文件》，第 12 卷，第 2 部分，第 348 页。

23 《信函和文件》，第 12 卷，第 2 部分，第 372 页。

24 1537 年 11 月 3 日，约翰·沃洛普爵士给加来议员莱尔勋爵的信件。见《信函和文件》，第 12 卷，第 2 部分，第 358 页。

25 《信函和文件》，第 12 卷，第 2 部分，第 339 页。

26 大英图书馆馆藏的王室手稿，7C xvi，对折页 18—32 页。

27 列举资产清单，以评估价值，来自中世纪拉丁语中“value”（价）或“worth”（值）。

28 大英图书馆馆藏的王室手稿，7F xiv，fol 78。

29 “杰克夫人”（Mistress Jak）被任命为宝宝的奶妈。见《英国国家文件》，第8卷，第2页。

30 《英国国家文件》，第8卷，第2页。

31 她年仅15岁。她的妹妹玛德琳（Madeleine）于1537年1月1日在圣母大教堂与苏格兰国王詹姆士五世结婚，于1537年6月在爱丁堡的莱斯（Leith）港登陆几周后，病毒感染死亡，给詹姆士留下了大量的嫁妆。

32 玛丽·德·吉斯，1537年时年仅22岁。她的丈夫第二代朗格维尔公爵奥尔良的路易刚去世。

33 《信函和文件》，第12卷，第2部分，第348页，以及《英国国家文件》，第8卷，第2页。

34 自1503年亨利的母亲约克的伊丽莎白的葬礼之后，至今未为任何“合法、善良”的王后举办过葬礼。诺福克告诉克伦威尔，当时有“7个侯爵、16个男爵、61个骑士和40个乡绅，还有王室的亲戚，这个数量远超我们预期。因此，为了取悦国王，我们要继续挑选人员”。参见《信函和文件》，第12卷，第2部分，第355页。诺福克还安排了1200名群众，于11月初在伦敦的教堂里为简的灵魂祷告。见大英图书馆馆藏的科顿搜集的手稿，尼禄C x，对折页2页。

35 1537年11月16日，因院长罗伯特投降，在苏塞克斯、诺福克、萨福克、萨里、肯特、埃塞克斯、赫特福德郡、剑桥郡、米德塞克斯郡、威尔特郡、德文郡、莱斯特郡、林肯郡和约克郡拥有土地的刘易斯修道院被拆除。

36 《信函和文件》，第12卷，第2部分，第360页。

37 11月，克伦威尔的“追忆”包括提示手下“代表自己”盘点诺福克的艾克堡的“真正价值”，并“下达命令盘点刘易斯小修道院的财产，并用账本记录下来”，见大英图书馆馆藏的科顿搜集的手稿，提图斯B i，对折页437页。

38 大英图书馆馆藏的科顿搜集的手稿，提图斯B i，对折页390页。亦可参见《信函和文件》，第12卷，第2部分，第341—342页。

39 大英图书馆馆藏的科顿搜集的手稿，提图斯 B i，对折页 389 页。

40 皇家手稿委员会,《拉特兰》(*Rutland*)，第 26 页

41 按照 2006 年的价值计算大约是 2700 英镑。

42 《信函和文件》，第 12 卷，第 2 部分，第 477 页。

43 《信函和文件》，第 12 卷，第 2 部分，第 378 页。

44 《亨利八世》，第 40 卷。

45 《信函和文件》，第 12 卷，第 2 部分，第 388 页。一个月后，汤普森仍然面临麻烦。他表示自己已经“尽职尽责”帮国王测量和督察工作，但如果可以“了解劳动力的开支和选择，那么一切将对国王有利”。他乞求克伦威尔赋予他这个权力，否则“宁愿被解雇”。同上，第 432 页。

46 亨利习惯性地驱逐宫廷中那些为朋友哀悼的人。但是这次，他本人将在格林尼治的圣诞节庆祝活动中穿丧服哀悼，一直持续到 1538 年 2 月 2 日的圣烛节。这是他唯一一次向逝世的妻子哀悼。

47 《信函和文件》，第 12 卷，第 1 卷，第 414—415 页，以及《英国国家文件》，第 8 卷，第 5 页。克利夫斯的公国隶属于现代德国，涵盖了今天的克利夫斯、韦泽尔（Wesel）和杜伊斯堡（Duisburg）。在 16 世纪中叶，这是一个信仰新教的公国。

48 拉韦斯坦的威廉伯爵是克利夫斯公爵的儿子。

49 《英国国家文件》，第 8 卷，第 6—7 页。

50 《信函和文件》，第 12 卷，第 2 部分，第 419 页。

51 考勒克（Kaulek）所著图书，第 5 页。

52 考勒克所著图书，第 9 页。詹姆士五世在 1536 年曾短暂地向她求爱。

53 克伦威尔对莫塔斯的指示收录于《英国国家文件》，第 8 卷，第 10—12 页。

54 考勒克所著图书，第 13 页，信件署名的日期是 1537 年 12 月 31 日。

55 弗雷泽所著图书，第 289 页。

56 考勒克所著图书，第 17—19 页和第 23—24 页，图雷特（Teulet）所著图书，第 131—134 页。

57 《英国国家文件》，第 8 卷，第 39—40 页。

58 《英国国家文件》，第 8 卷，第 146 页。

59 这幅 70.5 英寸 ×32.5 英寸（1791 毫米 ×826 毫米）的油画收藏于伦敦国家美术馆（NG 2475）。1909 年，这幅画由匿名者捐助，并由国家艺术收藏基金购买。

60 伯恩所著《亨利八世信札》(*Letters of King Henry Ⅷ*)，第 192 页。

61 考勒克所著图书，第 48 页和第 51—53 页。

62 《信函和文件》，第 13 卷，第 2 部分，第 111 页。

63 《信函和文件》，第 13 卷，第 2 部分，第 110—111 页。

64 考勒克所著图书，第 80—81 页以及《信函和文件》，第 13 卷，第 2 部分，第 28 页。

65 斯特里克兰（Strickland）所著图书，第 3 卷，第 170 页。

第八章　改革和惩罚

1 大英图书馆馆藏的科顿搜集的手稿，克利奥佩特拉 E iv，对折页 226 页。也可参见库克所著图书，第 200—201 页以及赖特所著图书，第 224—225 页，收件人被误认为是理查德·里奇爵士。另一个克伦威尔的代理人约翰·伦敦（1486—1543）在 1538 年后负责雷丁、牛津、沃里克郡和北安普敦郡等地区的修道院解散工作。他是一名牧师和公证人。1533 年，他曾受到威胁，因为理查德·琼斯（Richard Jones）因使用炼金术和预言国王死期遭到逮捕并被监禁于伦敦塔，他威胁称会透露有关伦敦的事情，让他和家人被烧死。参见埃尔顿《警察》，第 56 页以及《英国人物传记辞典》，第 34 卷，第 351—352 页。

2 在 16 世纪 50 年代初期，爱德华六世的新教政府下令收集她的牙齿，然后装满一个葡萄酒瓶。见富勒所著图书，第 331 页。这位圣徒死于公元 249 年，牙齿全部被敲掉了。

3 大英图书馆馆藏的科顿搜集的手稿，克利奥佩特拉，E iv，对折页 120 页。

4 《赖奥思利》，第 1 卷，第 88 页。

5 《信函和文件》，第 9 卷，第 154—155 页。

6 献给烛台圣母（Our Lady of the Taper）的天主教堂于 1970 年 7 月 23 日在卡迪根（Cardigan）被圣化。

7 库克所著图书，第 165—166 页及第 263—264 页。

8 埃利斯所著《原始信札》，第 3 部，第 3 卷，第 79 页。

9 埃利斯所著《原始信札》，第 3 部，第 3 卷，第 100 页。

10 护肩布是一种戴在在脖子的衣领。

11 埃利斯所著《原始信札》，第 3 部，第 3 卷，第 107 页。

12 牧师在会众面前亲吻的碑，上面有耶稣受难的图案。

13 埃利斯所著《原始信札》，第 3 系列，第 3 卷，第 79、100—101 和 107 页。

14 埃利斯所著《原始信札》，第 3 系列，第 3 卷，第 168—169 页，以及库克所著图书，第 144 页。

15 伯纳德（Bernard）所著图书，第 331 页。

16 《赖奥思利》，第 1 卷，第 75 页。

17 富勒所著图书，第 333 页。

18 古罗马路。

19 埃利斯著作《原始信札》，第 3 系列，第 3 卷，第 223—234 页，以及库克所著图书，第 206—207 页。

20 《信函和文件》，第 13 卷，第 2 部分，第 74 页，（拉蒂默给克伦威尔的信，8 月 25 日），第 272—273 页。

21 埃利斯所著《原始信札》，第 3 系列，第 3 卷，第 250—251 页。

22 黑尔斯修道院的院长在 1538 年 2 月给克伦威尔的一封信中谈到，“他害怕遭到谴责，因为他滥用鸭血来改变、更新它”。

23 《赖奥思利》，第 1 卷，第 90 页，以及霍林斯赫德所著图书，第 807 页。

24 这些包括：圣十字架的两个碎片；圣詹姆士的手、圣菲利普的圣衣、抹大拉的玛丽亚的骨头；“殉教者”圣爱德华的胳膊骨、圣埃瑟莫尔德的颚骨、圣安德鲁的骨头和他十字架的两个碎片、“一小块”圣潘克拉斯的手臂。关于完整的目录，参见大英图书馆馆藏的科顿搜集的手稿，克利奥佩特拉 E iv, fol 223，也可参见赖特所著图书，第 226—267 页。

25 《信函和文件》，第 14 卷，第 1 部分，第 156 页。

26 《英国国家档案》，编号 1/133 文件，对折页 51—53 页。

27 《信函和文件》，第 13 卷，第 1 部分，第 516 页，1538 年 3 月。

28 讽刺的是，沃尔辛厄姆如今依然是英国圣公会和天主教朝圣者趋之若鹜的地方。1922 年，人们又雕刻了新的沃尔辛厄姆圣母像，并建造了新的圣祠，神像的图案源自当地中世纪修道院的印章。1897 年，这个天主教圣祠由教皇利奥十三世组织重建，1934 年，其附属教堂成为国家圣母圣祠。

29 埃利斯《原始信札》，第 3 系列，第 3 部分，第 162—163 页，1540 年 1 月 20 日。

30 方济会修士们的顺序。改革者称他们为“顽固修士”。

31 《赖奥思利》，第 1 卷，第 378 页，注解，以及第 78—79 页。

32 埃利斯所著的《原始信札》，第 3 系列，第 3 卷，第 203—204 页。

33 大约生于 566 年，卒于 660 年。据说，圣德费尔曾经是亚瑟王的战士，曾在斯诺登尼亚（Snowdonia）参与过中世纪的卡姆兰战役——据说当时只有 7 人幸存，随后他皈依宗教。这就是巴德西声名远播的原因，在中世纪，前往巴德西的朝圣者是前往罗马的 3 倍。岛上的废墟是建于 13 世纪的圣玛丽奥古斯丁修道院，于 1537 年被解散。如今，巴德西仍然是个颇受欢迎的朝圣之地。

34 人们可以在兰德尔费尔（Llandderfel）的门廊找到据说是圣德费尔的马的雕像遗迹。实际上，这个雕像描绘了一只红色的雄鹿，是圣祠的一部分。

35 4 月 5 日是圣徒的节日。

36 大英图书馆馆藏的科顿搜集的手稿，克利奥佩特拉 E iv，对折页 55 页，君主写给克伦威尔的信件，1538 年 3 月 6 日。亦可参见赖特所著图书，第 190—191 页。

37 普赖斯写信给克伦威尔汇报称，他拒绝邀请之后，他们计划来伦敦拜见掌玺大臣，“不仅要恳求大人，还要控诉我。所以我希望大人能够在这两个星期内出席，这样我可以回应这些（关于我）的控诉”。参见埃利斯所著《原始信札》，第 3 系列，第 3 卷，第 194—195 页。

38 Derveil Gadam 或 Derfel Cadam，来自威尔士语，意思是“勇敢的”或“强壮的”。

39 休姆所著图书，第 80 页。

40 休姆所著图书，第 81 页。

41 休姆所著图书，第 826—827 页。福里斯特是在 1886 年 12 月 9 日被教皇利奥十三世行宣福礼的 53 名英格兰殉教者之一。

42 休姆所著图书，第 827 页。

43 教堂的名字是在教区画图案和做鞋套的人取的。教堂在 1666 年的伦敦大火中被烧毁，并在 1684—1687 年由克里斯托弗·雷恩爵士（Sir Christopher Wren）组织重建。它现在是圣公会总部所在地。

44 《赖奥思利》，第 1 卷，第 81 页。

45 授予牧师圣俸的权利。

46 波尔蒂纳里是“意大利土著”，于 1537 年 2 月 14 日获得在英格兰居住的权利。见《信函和文件》，第 12 卷，第 1 部分，第 251 页。他曾为克伦威尔执行一些任务，后来在 16 世纪 40 年代后期参与建设亨利八世未完成的坟墓。有关波尔蒂纳里的更多信息，见 L. 怀特（L. White）所著的《工程师哈科波·阿科西奥》（*Jacopo Aconcio as an Engineer*），《美国历史评论》（*American Historical Review*），第 72（1967 年）卷，第 2 号。

47 库克所著图书，第 138—139 页。

48 库克所著图书，第 140 页。

49 《信函和文件》，第 13 卷，第 2 部分，第 291 页。亨利·考特尼是亨利的第一代表亲，蒙塔古勋爵亨利·波尔是第二代表亲。也可参见大英国书馆编号为 33514 的增补手稿，对折页 5 页。

50 这个故事的这个方面可能与史实不符，因为这本书直到 1532 年才出版。马基雅维利在 1513 年写成这本书，但是在出版之前，这本书可能已经在欧洲各国的宫廷内流传。

51 《信函和文件》，第 11 卷，第 34—35 页。

52 《信函和文件》，第 11 卷，第 44 页。

53 《信函和文件》，第 11 卷，第 181 页。

54 梅里曼所著图书，第 1 卷，第 204 页。

55 大英国书馆编号为 30662 的增补手稿，fol 246（副本）。

56 大英国书馆编号为25114的增补手稿，对折页262页，1537年4月25日。
57 《信函和文件》，第12卷，第1部分。
58 《信函和文件》，第12卷，第1部分，第561页。
59 《英国国家文件》，第7卷，第703页。
60 《信函和文件》，第12卷，第1部分，第570页。
61 参见怀尔丁所著图书，第195—198页，以及《信函和文件》，第12卷，第2部分，第280—281页。
62 《英国国家文件》，第2卷，第551—554页，注解。
63 《信函和文件》，第13卷，第2部分，第91页。
64 亨利的腿部出现静脉曲张性溃疡，可能是慢性骨炎——一种非常痛苦的骨骼感染。见哈钦森所著图书，第127—129页。根据现行的法律，预测亨利的死亡是叛国罪。
65 《信函和文件》，第13卷，第2部分，第418页。
66 萨默塞特屠夫约翰·豪厄尔（John Howell）宣称科特尼被捕是因为他和克伦威尔之间的个人纠纷，他还吹嘘自己会招募一伙人来拯救他。见《英国国家档案》，编号1/121/67文件。
67 《信函和文件》，第13卷，第2部分，第422—425页。
68 《赖奥思利》，第1卷，第91页。12月4日，其他被提审的人包括奇切斯特教区管教大臣乔治·克罗夫特博士（Dr George Croft）；曾否认王权至高无上的蒙塔古的牧师，以及他的一个仆人休·霍兰（Hugh Holland）。
69 她在1886年被行宣福礼。最后射击了11次才杀了她。
70 《信函和文件》，第13卷，第1部分，第72页。
71 法斯（Face）所著图书，第5卷，第229页及以后各页。
72 伯恩所著图书，第1卷，第1部分，第3部，第186页。
73 福克斯所著图书，第5卷，第181—234页。
74 伯恩所著图书，第1卷，第1部分，第3部，第187页，以及福克斯所著图书，第5卷，第236页。
75 《赖奥思利》，第1卷，第90页。
76 包括以下仪式："耶稣受难日和复活节的圣餐、圣水、游行、下跪和爬行至十字架；在基督圣体节布置灯光；在圣母涤罪日和其他（尚未被陛下取消或期待的）重大节日点燃蜡烛。”

77 这是约翰·威克利夫（John Wyclif）的信徒的名字——存在于14世纪和15世纪上半叶的异端、反教权团体，追随者数不胜数，最后被无情地镇压了。

78 亨利二世更有可能喊道：“我家养了一群愚蠢的废物，没有一个人愿意为我处置这个自命不凡的神棍！”他的这句话被一些人听了进去。1170年12月29日晚，贝克特在坎特伯雷大教堂的西侧被4名骑士杀死，其中包括：威廉·德·特雷西（William de Tracey）、雷金纳德·菲茨乌尔塞（Reginald Fitzurse）、休·德·莫维尔（Hugh de Morville）和理查德·德·布里托（Richard le Bret）。

79 见《都铎王室公告》，第1卷，第275—276页；埃尔顿所著《警察》，第257页，注解；或威尔金斯（Wilkins）所著图书，第3卷，第847—848页。据称，克伦威尔曾在王座法庭对死去的贝克特进行模拟审判，听证会于1539年6月11日开始，不过历史学家们对这个说法各执己见，众说纷纭。令人惊讶的是，据说贝克特没有出庭，而是由指派律师为他发言——但随后他被检察总长约翰·贝克（John Baker）起诉，最后被定罪为叛乱和叛国。见《赖奥思利》，第1卷，第90页脚注；J. F. 刘易斯（J. F. Lewis）所著的《坎特伯雷的威克利夫派教徒、改革家和圣托马斯》（*Lollards, Reformers and St Thomas of Canterbury*），《伯明翰大学历史》期刊（*University of Birmingham Historical Journal*），第9（1963年）卷，第1—15页；弗雷德·利维（Fred Levy）所著的《都铎王朝的思想史》（*Tudor Historical Thought*），圣马力诺市，加利福尼亚，1967年，第86页。尽管有一些有力的论据支撑审判结果，但这个事件似乎是构建于17世纪的童话故事。

80 如今，圣祠周围通常摆放着点燃的蜡烛。纪念碑非常沉重，在教堂的地板上留下了凹痕。

81 该圣祠在一枚1400年前后的朝圣徽章（一种中世纪旅行纪念品）上有所刻画。这枚徽章高7.9厘米。现收藏于纽约大都会艺术博物馆中，检索号为

2001.310。

82 霍林斯赫德所著图书，第 806—807 页。赖奥思利描述了坎特伯雷修道士如何将头盖骨镀银，“供人们供奉，据说这是圣托马斯的头盖骨，现在人们知道这个遵循了许多年的习俗是陋习”。见《赖奥思利》，第 1 卷，第 86—87 页。由掌玺大臣的手下托马斯·德比撰写的关于这个时期的宗教改革官方历史对贝克特遗骸的命运提出质疑：“他的圣祠和头盖骨被扔到不会引发迷信的地方。”这句话的后半截内容非常明显：“这些遗骸就像其他圣物一样确实被运输到圣塔，并被埋在那里。”见《信函和文件》，第 14 卷，第 1 部分，第 156 页。1888 年，在东部地窖的地板下发现的一具骨架似乎不太可能是贝克特的。约翰·巴特勒 (John Butler) 在《寻找贝克特的骨头》(*The Quest for Becket's Bones*) 中讨论了 5 种关于圣徒遗骸命运的理论。

83 保守派莱尔勋爵在伦敦的代理人约翰·赫西在 9 月 8 日的一封信中非常幽默地表示：“波拉德先生不分昼夜地祈祷，向圣托马斯圣祠供奉。他没有空闲时间来做其他事情。这侧面证明了，在圣祠被拆除之前，波拉德每天花好几个小时在祷告。波拉德于 1535 年 5 月被任命为国王的国库登记员，他于 1540 年在萨默塞特的沙德附近的福特购买了西多会修道院。第二年，他的土地和各项费用的收入为 230 英镑，按现在的价值折算为 8.5 万英镑。他于 1542 年去世。

84 《赖奥思利》，第 1 卷，第 86 页，注解。这枚戒指出现在亨利的女儿玛丽（当时是女王）镶嵌在金领的钻石中。她于 1553 年登基。第二年，她与西班牙的腓力结婚，这颗戒指可能是当时的结婚礼物。见亚瑟·P. 斯坦利（Arthur P. Stanley）所著的《坎特伯雷的历史纪念碑》(*Historical Memorials of Canterbury*)，伦敦，1887 年，第 254 页脚注。

85 她陪同法兰西的玛德琳（瓦卢瓦的玛格丽特）前往苏格兰，玛德琳与詹姆士五世的短暂的婚姻存续期内，蒙特勒伊夫人一直留在苏格兰，直到詹姆士五世迎娶玛丽·德·吉斯结婚。现在她正起程返回法国。

86 《英国国家文件》，第 1 卷，第 583—584 页。这可能是假头盖骨（同本章注释 82）。在她访问教堂之后，院长送给她慷慨的礼物：兔子、阉鸡、鸡和水果——她惊呼食物很多：“我们该怎么处理这么多的鸡？”答案很简单：

她邀请他去吃晚餐。

87 《赖奥思利》，第1部分，第87页。据说教堂建于贝克特诞生的地方。见托马斯·富勒所著的《英国的杰出人物史》（*History of the Worthies of England*），伦敦，1662年，第203页。投降后，教堂被卖给了布商公会，其在原址建起了礼堂。关于教会和医院的历史，请参见约翰·沃特尼爵士（Sir John Watney）所著的《一些关于圣托马斯医院的记述》（*Some Account of the Hospital of St Thomas Acon*），伦敦，1892年，第88页。1538年10月2日，医院被拆除，“院长和医务人员都被赶了出来，所有财物被充公”。同上，第88页。

88 穆勒所著的《反动》（*Reaction*），第76—77页。

89 参见弗雷德里克·巴斯比（Frederick Bussby）所著的《1079—1979年的温彻斯特大教堂》（*Winchester Cathedral 1079-1979*），灵伍德，1979年，第46页。第49卷，第46页推测了圣祠复原的时间。

90 诺尔斯所著图书，第138页。

91 库克所著图书，第199页。

92 威尔金斯所著图书，第3卷，第840页。

第九章　遥远的冲突声

1 穆勒所著《信札》，第399页。

2 比顿（1494—1546）于1539年被任命为圣安德鲁斯大主教，并于1543年成为苏格兰大法官、使徒、罗马的使节。3年后，他被暗杀，因为他曾谴责苏格兰最受欢迎的宗教改革家之一乔治·威沙特（George Wishart）——他于1546年在圣安德鲁斯被烧死。

3 哈利韦尔（Halliwell）所著图书，第1卷，第359—360页。

4 法国大使路易·德·佩罗·卡斯蒂永阁下没有提名继任者就离开了。在接替他的人到来之前，西班牙特使查普并没有被召回。

5 《英国国家文件》，第1卷，第593页。

6 埃尔顿著作《警察》，第261页。

7 梅里曼所著图书，第2卷，第151—155页，以及伯内特所著图书，第2卷，第79页。

8 《英国国家档案》，编号1/136文件，对折页226—228页。

9 这个谣言起源于同一个小镇的60岁的玛格丽特·埃德（Margaret Ede），因为她缺席“听证会很长时间”，误听了布道。

10 《英国国家文件》，第1卷，第612—613页。

11 埃尔顿所著《警察》，第260页。

12 《英国国家档案》，编号1/144，对折页128页。

13 《国家档案》，第8卷，第590页。

14 1543年，《推进真正的宗教法案》（《亨利八世》，第1卷）禁止所有人阅读英文版《圣经》，包括贵族、绅士和商人（可以私下阅读）。出身低下的妇女、工人和学徒严禁公开或私下阅读英文版《圣经》。

15 瑞必尔（Ribier）所著图书，第1卷，第357—359页。

16 伯恩所著《莱尔信札》（*The Lisle Letters*），第5卷，第1415页。

17 参见A.F.波拉德（A.F.Pollard）所著的《托马斯·克伦威尔的议会清单》（*Thomas Cromwell's Parliamentary Lists*），历史研究所公告，第11卷(1931—1932)，第31页及以后各页。

18 穆勒所著的《信札》，第399页。加德纳于1547年10月14日在弗利特监狱）写的信。他的短语“在锅中翻转猫”（turned the cat in the pan）可能暗示克伦威尔后来扭转了他们在谈话中的角色。

19 参见E. R.阿代尔（E.R. Adair）所著的《公告法》，《英国历史回顾》，第32卷（1917年），第35页。

20 31，《亨利八世》，第8卷。参见《上议院》期刊（*Lords Journal*），第123页。

21 坦纳所著图书，第534页。

22 克伦威尔还在审讯她。他于1539年4月19日通知亨利：“我将尽最大努力，直到她清楚地说出内心的想法，否则我不会松懈。”见大英图书馆馆藏的科顿搜集的手稿，提图斯B i，对折页265页。

23 关于索尔兹伯里女伯爵被剥夺公权，参见31，《亨利八世》，第15章。

24 《亨利八世》，第 10 章。

25 霍林斯赫德所著图书，第 810 页。

26 一种长边带钩的武器，用来对抗进攻的骑兵。名字“莫里斯”（morris）来自“摩尔人”（Moorish），据说是用以描述武器的起源。

27 钩或杆，武器包括戟（斧头和矛尖）和阔剑（一种长边带钩的武器）等。

28 伦敦城的纹章是银质的，中央是一个红色的十字，左上角的 1/4 有一柄浅色的剑，尖端指向上方。

29 《赖奥思利》，第 1 卷，第 95—96 页。

30 在检阅开始之前，克伦威尔付给约翰·理查兹（John ap Richards）23 先令 8 便士，让他在斯特普尼发射礼炮。参见《信函和文件》，第 9 卷，第 340 页。

31 托马斯·奥德利爵士。

32 雨伞在 17 世纪初期才在英国广泛应用。

33 国王大桥位于威斯敏斯特宫的东端，距离旧宫殿台阶不远。那是一个浮动码头，而不是一座桥梁。

34 《赖奥思利》，第 1 卷，第 100 页。

35 大英图书馆馆藏的王室手稿，编号 18 A.L.。这是一本 25 页的四开本。亨利本人可能读过。带有亲笔修正的原始书稿收录于大英图书馆馆藏的科顿搜集的手稿，福斯蒂娜 C ii, 对折页 5—22 页。关于更多莫里森的宣传提议，参见西德尼·安格洛（Sydney Anglo）所著的《都铎王朝前期反对教皇的戏剧和其他作品》（*An Early Tudor Programme for Plays and other Demonstrations Against the Pope*），《瓦尔堡和考陶尔德研究所》杂志（*Journal of Warburg and Courtauld Institutes*），第 20 卷（1957 年），第 176—179 页。

36 参见盎格鲁所著图书，第 166—167 页。

37 贝尔（1495—1563）分别在诺威奇的加尔默罗会（Carmelite）修道院和剑桥大学耶稣学院接受教育。他从牛津大学毕业后成为一个愤世嫉俗的宗教改革者。克伦威尔在 1540 年去世时，他逃到德意志，在那里待了 7 年，在爱德华六世统治期间回到英国。他于 1551 年成为诺福克的斯沃弗姆的牧师，2 年后，被任命为奥索里（Ossory）主教（最古老的爱尔兰主教）。在玛丽登基后，他再次逃往欧洲，终于结束了他在坎特伯雷的受俸牧师工作。

38 昂格鲁所著图书，第 267 页。亦可参见麦卡斯克（McCusker）所著图书，第 5 页。

39 《信函和文件》，第 14 卷，第 2 部分，第 337 和 339 页。

40 参见 J.H.P. 帕福德（J.H.P.Pafford）所编辑的《京奇·约翰简介》（*Introduction to Kyngc Johan*），牛津，1931 年，第 17 页。

41 麦卡斯克所著图书，第 75 页。约翰·默里（John Murray）所著的《1558—1642 年的英语戏剧公司》（*English Dramatic Companies 1558-1642*），第 2 卷，伦敦，1910 年，第 2 卷，第 36 页列举了由克伦威尔剧团演出的著名表演。其中，还有关于 1537—1538 年在莱斯特付给演员报酬的参考。参见玛丽·贝特森（Mary Bateson）等人所著的《莱斯特自治市的记录，1103—1603 年》（*Records of the Borough of Leicester 1103-1603*），共 4 卷，剑桥，1899—1923 年，第 3 卷，第 41 和 58 页。

42 《信函和文件》，第 12 卷，第 1 部分，第 244 页，及昂格鲁所著图书，第 266 页。

43 由英国弗利特街的托马斯·伯塞莱特（Thomas Berthelet）印刷，国王的印刷商（1530—1547）、装订和文具供应商。1539 年印，STC 18111—18112。

44 第二版也由伯塞莱特印刷。参见埃尔顿《警察》，第 202—204 页。

45 仍然由伯塞莱特印刷，STC 18110。

46 《信函和文件》，第 14 卷，第 2 部分，第 340 页。

47 《信函和文件》，第 12 部分，第 2 部分，第 478 页。莫里森希望克伦威尔安排一笔 400 英镑的贷款给诺里奇的一所“好房子”的主人，其所有权将在收到现金后交给莫里森。他告诉克伦威尔说：“如果你把这笔钱借给他，让我获得这所房子，你要相信，只需多一点儿帮助，我可以通过婚姻获得 2 倍于这所房子的价值的财产。”

48 《英国国家档案》，编号 3/5/93 文件，《莱尔信札）。

49 为埃尔顿所著的《警察》的第 134—135 页所引用。

50 《亨利八世》，第 13 页。克伦威尔早些时候以国王的名义向各位修道院的院长写信，告诉他们不要听信关于国王要进一步压制修道院的谣言：“（国王）不打算以任何方式给你们制造麻烦，或设法镇压任何现存的宗教场所。”参见诺尔斯所著图书，第 239 页。

51 库克所著图书，第 217 页。1539 年 12 月 2 日，写给克伦威尔的信。

52 在约克郡的杰尔沃克斯修道院，铅质的锭块被堆放在教堂中殿的西端，但是在被带走之前，屋顶的拱顶就已经坍塌，把铅堆埋葬了。1923 年，人们在挖掘过程中发现这些铅，后来其被重复用于约克大教堂北部的“五姊妹”窗。参见库克所著图书，第 137 页脚注。

53 参见盖姆斯特、吉尔克里斯特、理查德·K. 莫提斯（Richard K.Mortis）合著的《修道院的建筑：解构和重建》（*Monastic Architecture: Deconstruction and Reconstruction*），第 240 页。1978 年，人们在赫特福德郡的圣阿尔班德挖掘牧师会礼堂时发现通向西门和进入回廊的车辙。

54 库克所著图书，第 241—242 页。

55 由于身体虚弱，他于 1539 年春天曾要求克伦威尔休会。见诺尔斯所著图书，第 262 页。

56 他是保守派莱尔勋爵亚瑟·金雀花的朋友，并曾在雷丁修道院教导他的继子詹姆斯·巴塞特（James Basset）。

57 霍林斯赫德所著图书，第 811 页。

58 1895 年 1 月 13 日，教皇利奥十三世为所有这些殉难者行了宣福礼。

59 大英图书馆馆藏的科顿搜集的手稿，克利奥佩特拉 E v，对折页 513—320 页。难怪，他的所有修正案最终都成为法律，其中包括序言中关于他的头衔的说明。他的头衔从“英国教会的最高领袖”变为“根据上帝的律法，英国教会和英格兰会众的最高领袖”。

60 《赖奥思利》，第 1 卷，第 103 页。

61 写入法典。

62 1532 年，在担任德意志大使期间，即成为坎特伯雷大主教前 1 年，他在纽伦堡与神圣的路德宗信徒安德烈亚斯·奥西安德（Andreas Osiander）的侄女玛格丽特结婚。那时，教士结婚是非法的。

63 伯恩所著的《莱尔信札》，第 5 卷，第 1425 页。

64 《亨利八世》，第 14 章。

65 伯内特所著图书，第 1 卷，第 1 部分，第 193 页。

66 约翰·考克斯（John Cox）所著的《托马斯·克兰默的作品》（*The Works*

of Thomas Cranmer)，共 2 卷，剑桥，1844—1846 年，第 394—395 页。

67 斯坎布鲁克（Scansbrook）所著《亨利》，第 421—422 页。

68 一种轻便、吃水浅的载客划艇。

69 伯内特所著图书，第 1 部分，第 1 卷，第 3 部，第 195 页。亦可参见尼科尔斯所著图书，第 237 页。

70 伯内特所著图书，第 1 卷，第 1 部分，第 3 部，第 195 页。

71 莫里（Mori）和维维斯（Vivis）所著图书，第 1 册，标题 28，22—29 栏。

72 斯特莱普所著图书，第 1 卷，第 2 部分，第 438 页。

第十章 国王的婚姻枷锁

1 《哈特菲尔德宫》(*Hatfield House*)，CP 1/27。

2 位于法国的东北海岸。在 1347—1558 年间，该镇和周边地区（“加来岛”）隶属于英格兰，作为英国防御欧洲大陆的桥头堡。

3 霍尔所著图书，第 832 页。

4 他的父亲给他 40 英镑，作为前往加来的开支，但是当他到了加来之后，却不得不从他的一个仆人那里再借 10 英镑。裁缝“布吕热”收到了 9 英镑，为格雷戈里制作新衣服，以及为他的两个同伴“沃德姆”(Wadham) 和“康斯比”（Conisby）制作大衣。克伦威尔还向外甥理查德支付了 100 镑，“以迎接王后的到来”。见《信函和文件》，第 14 卷，第 1 部分，第 344 页。

5 霍林斯赫德所著图书，第 811 页。

6 吨位 300 吨的“全赢号”建于 1535 年，吨位 140 吨的“狮子号”建于次年。参见杰弗里·摩尔豪斯（Geoffrey Moorhouse）所著的《伟大哈利的海军》(*Great Harry's Navy*)，伦敦，2005 年，第 323 页。

7 “大帆船”是在 15 世纪发展起来的一种远洋船舶，有 3 或 4 个桅杆，高高的圆形船尾上有 1 个船尾堡，船头上也有 1 个船头堡。

8 《英国国家文件》，第 8 卷，第 208 页。

9 见卡尔·W. 布特韦克（Carl W. Bouterwek）所著的《英格兰国王亨利八世

的妻子克利夫斯的安妮》(*Anna von Cleve*, *Gemahlin Heinrich* Ⅷ, *Konig von England*),《伯吉斯历史期刊》,共 9 卷,波恩,1863—1873 年,第 4 卷,第 374 页。

10 英文名称来源于玩家获得 100 分取胜。皮奎特纸牌发源于 16 世纪初,在西班牙和法国颇受欢迎,后来传入英格兰。该游戏需要 2 名玩家和 32 张卡片。

11 《英国国家文件》,第 8 卷,第 213 页。

12 《信函和文件》,第 14 卷,第 2 页,第 260 页。

13 其去年被解散了。

14 霍华德·科尔文爵士(Sir Howard Colvin)所著的《国王作品史》(*History of the King's Works*),1485—1660 年,第 4 卷,伦敦,1982 年,第 39 页。测量师詹姆斯·尼达姆(James Needham)组织了 350 人在现场工作,还订购 372 根蜡烛,以便工人可以在晚上工作,保证按时完成。尼达姆一定感谢克利夫斯的安妮延期离开加来。

15 现位于泰晤士河畔的旧王室海军学院的位置。亨利五世国王将格林尼治赐予他的弟弟格洛斯特公爵汉弗莱,汉弗莱从 1427 年开始建造防御塔,还在河畔建造了大型河畔别墅贝拉宫(Bella Court)。亨利八世的父亲对该宫殿做了大规模升级改造,亨利于 1491 年 6 月 28 日出生在那里。他后来修建了马厩,一个新宴会厅,并建造了附属于宫殿的军械库以及一个骑士比武场。"普拉森舍"意为"一个愉快的地方",在 1642 年内战之前被用作王宫。16 世纪 60 年代,在查理二世统治时期被拆毁。

16 斯特莱普所著图书,第 1 卷,第 2 部分,第 455 页。

17 斯特莱普所著图书,第 1 卷,第 2 部分,第 457 页。

18 同上。

19 这次会面的官方版本有所不同。赖奥思利和霍林斯赫德都谈及了这对新婚夫妇的热情拥抱。"(亨利)与她交谈并对她表示欢迎,她优雅大方地回应了,并行屈膝礼对他表示欢迎,亨利温柔地扶起她,然后亲吻她。那天下午,(他)与她进行了沟通,并与她一起休息,第二天,他离开了格林尼治。"见霍林斯赫德所著图书,第 811 页。克伦威尔又开始进行政治宣传。

20 斯特莱普所著图书,第 1 卷,第 2 部分,第 455 页。在都铎王朝时期,女性被晒黑是不时尚的。

21 《英国国家文件》，第 2 卷，第 551—552 页，西班牙牙编号 1/121/67 文件，以及《信函和文件》，第 13 卷，第 1 部分，第 171 页。

22 霍林斯赫德所著图书，第 812 页。

23 休姆所著图书，第 91 页。

24 霍尔所著图书，第 834 页。

25 霍林斯赫德所著图书，第 812 页。

26 《信函和文件》，第 14 卷，第 2 部分，第 360 页和第 505 页。

27 2006 年，该教堂在考古时被发现。2002 年，伦敦考古学博物馆发现了俯瞰比武场的宴会厅的地基。

28 霍尔所著图书，第 836 页。

29 床头柜在格拉斯哥博物馆伯勒尔收藏系列的都铎厅（登记号：14.236）中展出。威廉 · 伯勒尔爵士（Sir William Burrell）于 1938 年通过经销商约翰 · 亨特（John Hunt）以 800 英镑购买。感谢中世纪和文艺复兴收藏馆馆长帕特里夏 · 柯林斯（Patricia Collins）向我提供此信息。西蒙 · 瑟利（Simon Thuiley）所著的《英格兰都铎时期的王宫：建筑和宫廷生活》（*The Royal Palaces of Tudor England: Architecture and Court Life*），1460—1374 年，纽黑文，1993 年，第 137 页。

30 伯内特所著图书，第 2 卷，第 86 页。

31 斯特莱普所著图书，第 1 卷，第 2 部分，第 458 页。

32 霍林斯赫德所著图书，第 814 页

33 霍尔所著图书，第 837 页。

34 斯特莱普所著图书，第 1 卷，第 2 部分，第 462 页。

35 斯特莱普所著图书，第 1 卷，第 2 部分，第 461 页。

36 《哈特菲尔德宫》，CP 1/22，威廉 · 巴茨博士的证词。

37 《赖奥思利》，第 1 卷，第 112 页。当时泰晤士河由于过度干旱而处于缺水状态，伦敦大桥之下的河段已经盐碱化了。

第十一章　无力回天

1　罗珀所著图书，第 56 页。

2　《信函和文件》，第 15 卷，第 250 页。这个职位可以获得来自埃塞克斯郡 20 镑的年金。

3　宫廷大臣的职位由亨利一世于 1133 年创立，实行世袭制度。如今，这个职位上的人可以对威斯敏斯特宫征收象征性的费用，还可在议会开幕式和闭幕式上佩戴国剑，不过这项工作经常委托给上议院成员。之前，这个职位上的人还需在加冕日监督新君主的穿着，并授予君主统治徽章。

4　大英图书馆馆藏的哈利父子搜集的编号为 6074 手的稿，对折页 57B 页。

5　他们的任命早在 4 月份就已经下达了。1540 年 3 月 30 日，赖奥思利以掌玺大臣首席秘书的身份签署了正式文书——参见《英国国家档案》，编号 C 82/764/77 文件，托马斯·奈特（Thomas Knight）于 4 月 14 日接任。赖奥思利曾担任克伦威尔的秘书，萨德勒是枢密院的绅士，充当克伦威尔与亨利之间的中间人。

6　该任命状未注明日期，但应该在 1540 年 4 月之前生效，当时萨德勒以国王的首席国务大臣的身份写信给克伦威尔。任命状写道，亨利“很高兴，希望掌玺大臣出现在宫廷时，托马斯·赖奥思利和拉尔夫·萨德勒可以陪同他，当克伦威尔不在时，他们可以替他履行职责”。见《英国国家文件》，第 1 卷，第 623 页。在克伦威尔被授予埃塞克斯伯爵的仪式上，两位首席大臣同时被授予骑士爵位。

7　埃尔顿所著《革命》，第 315 页。

8　《生命》，第 30 页。

9　《信函和文件》，第 15 卷，第 308 页，1540 年 5 月 7 日。

10　参见理查德·希尔斯（Richard Hilles）在克伦威尔死后写给改革家亨利·布林格（Henry Bullinger）的信。《信函和文件》，第 16 卷，第 270 页。

11　德维尔出生于 1490 年之前，于 1526 年 12 月 19 日被任命为宫廷大臣。他于 1533 年担任安妮·博林加冕的托冠人。3 年后，他担任安妮·博林的审判官之一。

12 1814年，一场大火之后，人们在废墟中重新发现了大厅西侧山墙的玫瑰花窗。1642年11月16日，议会下令将温彻斯特主教在伦敦的府邸温彻斯特宫（Winchester House）——大约建于1145年——改造为专门监禁王室囚犯的监狱（《下议院期刊》，第2卷，1802年，第848页）。关于宫殿在全盛期的信息，参见玛莎·卡林（*Martha Carlin*）所著的《温彻斯特宫的改造》（*The Reconstruction of Winchester House*），伦敦地形记录（London Topographical Record），第25卷（1985年），第33—57页。1540年4月18日，一名被关在温彻斯特监狱的支持改良主义的福音派牧师在狱中自缢。加德纳本来准备审讯他。见《赖奥思利》，第115页。

13 第二代诺福克公爵、托马斯的二儿子埃德蒙于1513年9月9日在弗洛登之战中指挥苏格兰军队的右翼，成功击溃苏格兰军队。他于1538年去世。

14 凯瑟琳·霍华德是安妮·博林同辈的表亲。她在诺福克的诺维奇附近的圣费思（St Faith）度过童年和青少年时期，与虔诚的继祖母诺福克公爵夫人阿格尼斯（Agnes）一起生活。她似乎并不像看起来那么纯洁，亨利后来也吃到苦头。她在14岁时被诱惑，已经谈过两次恋爱。参见鲁滨逊所著图书，第32页。

15 L.B.史密斯（L.B.Smith）所著《一部都铎王朝的悲剧》（*A Tudor Tragedy*），第103页。

16 尼科尔斯所著图书，第259页。

17 斯特莱普所著图书，第1卷，第2部分，第460页。

18 伯恩所著《莱尔信札》，第4卷，第1663页，诺福克写给英国驻法国大使约翰·沃洛普爵士的信。

19 一种用于步行战斗的短兵器，拥有斧刃和矛尖，徒步作战时使用。

20 第一支侍卫队的名单记载于《信函和文件》，第14卷，第2部分，第345页。

21 侍卫队正式成立于1538年12月（见 大英图书馆馆藏的哈利父子搜集编号为6807的手稿，第25卷），这是继王室八十禁卫队之后的又一支王室护卫队。但是，克伦威尔的“追忆”显示，在11、12月时，很多事悬而未决，一年后，侍卫队才正式成立，队长是安东尼·布朗爵士，其后来成为国王的御马官（见《信函和文件》，第14卷，第2部分，第192、266、275

页）。1540 年 2 月，克伦威尔仍在考虑是否每月或每季付给这些侍卫 3 先令 4 便士（17 便士）（参见《信函和文件》，第 15 卷，第 71 页），并且关于这支侍卫队的全部组织细节直到次月才敲定。4 月 5 日，克伦威尔授权给他们加薪（《条例》，第 213 页）。每个侍卫队队员将配备“3 匹大马”，另加一两名弓箭手，1 名长枪骑士——组建一支灵活、反应迅速的武装部队。亨利七世也有一支类似的保镖团队，但没有延续下去，这完全是一次全新的尝试。参见西塞尔顿（Thiselton）所著图书，第 2—5 页和第 12—13 页，以及桑德曼（Sandeman）所著图书，第 24 页。侍卫队于 1834 年 3 月 17 日获得绅士勋章。时至今日，40 人组成的侍卫队仍然会在重大国家场合陪同君主。现在，侍卫队的队长需要政治任命，通常是上议院的政府首席官员。

22 1535 年，巴恩斯在克伦威尔的邀请下，结束了在安特卫普的流亡生活，返回伦敦。1557 年圣诞节，拉蒂默主教向克伦威尔报告了巴恩斯在伍斯特郡讲道的情况：“当然，他一个人处理《圣经》书稿和传播基督教义，没有助手。”参见《信函和文件》，第 12 卷，第 2 部分，第 442 页。

23 这幅雕塑呈现出 1616 年的双联画形式，描绘的是伦敦古文物协会所拥有的旧圣保罗大教堂，参见帕梅拉·图多尔 - 克雷格（Pamela Tudor-Craig）所著的《旧圣保罗大教堂：伦敦古文物协会双联画》（*Old St Paul's: The Society of Antiquaries Diptych*），伦敦地形学会出版社，163 号，伦敦，2004 年。

24 霍林斯赫德所著图书，第 825 页。

25 伯内特所著图书，第 1 卷，第 1 部分，第 3 部，第 216 页。

26 加勒特（Garret）带着“柴把走在从圣玛丽教堂到圣弗里萨斯维斯（St Friswides）的露天游行队伍中，头上戴着红色帽子，就像一个艺术大师”，以此来赎罪。参见尼科尔斯所著图书，第 294 页。

27 为威廉斯所著《亨利八世》的第 193 页所引用。

28 伯恩所著《莱尔信札》，第 6 卷，第 1665 页。

29 威尔逊所著图书，第 452 页。

30 二者都是著名的宗教保守派。滕斯托尔（1474—1559）是前任掌玺大臣，他曾下令禁止新教相关书籍，并于 1539 年通过了《六条法》。克拉克（卒于 1541) 在 1522—1523 年担任案卷主事官，曾在 1525 年试图帮助沃尔西夺取教皇之位。

31 《信函和文件》，第 15 卷，第 206 页。

32 《赖奥思利》，第 1 卷，第 115 页。

33 伯恩所著《莱尔信札》，第 5 卷，第 1415 号。

34 《信函和文件》，第 15 卷，第 190 页。

35 《信函和文件》，第 15 卷，第 196 页。

36 《信函和文件》. 第 15 卷，第 239 页

37 《信函和文件》. 第 15 卷，第 249 页

38 伯内特所著图书，第 1 卷，第 1 部分，第 3 部，第 201 页。

39 《授权法案》(The Enabling Act) (见《亨利八世》，第 26 章) 授权两个主教委员会定义宗教教义，并撰写一本大众认可的礼拜书。

40 怀尔丁所著图书，第 291 页。

41 按照 2006 年货币价值折算近 300 万英镑。

42 埃尔顿著作《革命》，第 401—403 页。

43 在整个过程中，最后一个投降的修道院是沃尔瑟姆 (Waltham) 修道院。骑士团在修道院被解散时拒绝向国王上交收入。

44 《亨利八世》，第 24 章。该法案称，骑士 “违背了他们的效忠承诺，维护了罗马主教篡夺而来的权力和权威，不仅维护罗马主教，成为国王和国民的共同敌人，而且邪恶、不忠地坚持认为，根据上帝的圣言，罗马主教是基督教会的最高领袖”。

45 这些残缺的账目收录在大英图书馆馆藏的科顿搜集的手稿，附录 48，对折页 52 页，部分收录在《信函和文件》，第 15 卷，第 302 页。

46 参加活动的名单收录于大英图书馆馆藏的哈利父子搜集的编号为 69 号的手稿，对折页 18 页。这些挑战者包括亨利最喜爱的枢密院绅士托马斯 · 卡尔佩珀 (Thomas Culpeper)。5 月 5 日，他和理查德 · 克伦威尔 (Richard Cromwell) 在一次模拟战斗中被击败，这无疑对他的自尊心造成了很大的伤害。克伦威尔的儿子格雷戈里是这次比赛的防守方。同时参见《赖奥思利》，第 117—118 页，也可参见斯托所著图书，第 2 卷，第 99 页。

47 1536年7月，亨利与达勒姆主教卡思伯特·滕斯托尔签署交换协议，将这座建于13世纪的宫殿并入威斯敏斯特宫。

48 《赖奥思利》，第1卷，第117页。

49 霍林斯赫德所著图书，第1卷，第816页。

50 《上议院期刊》，第134页。

51 32，《亨利八世》，第50章。

52 《信函和文件》，第15卷，第221页。

53 怀尔丁所著图书，第293页。

54 32，《亨利八世》，第50章。

55 大英图书馆馆藏的科顿搜集的手稿，提图斯B i，对折页406页。为《英国国家文件》，第1卷，第628—629页引用。

56 霍尔所著图书，第816页。

57 考列克所著图书，第186页。

58 “Que bien peut s’en faillit qu’il ne feyt ung sault...”，考勒克所著图书，第187页以及《信函和文件》，第15卷，第350—351页。

59 《信函和文件》，第15卷，第336页。

60 大英图书馆馆藏的科顿搜集的手稿，克利奥佩特拉E v，对折页300页。

第十二章 叛徒乞求宽恕

1 《信函和文件》，第15卷，第377页。（法国大使马里亚克在1540年6月23日写给法国治安官安内·德·蒙莫朗西的信），考勒克所著图书，第193页；休姆所著图书，第98—99页；怀尔丁所著图书，第298—299页。

2 休姆所著图书，第99页。

3 《上议院期刊》，第143页。

4 考勒克所著图书，第189页以及《信函和文件》，第15卷，第363页。

5 T.B.豪威尔及T. J.豪威尔（T.B.and T.J.Howell）合著的《完整的国家审讯记录》（*Complete Collection of State Trials*），伦敦，1828年，第1455页，

以及《信函和文件》，第 15 卷，第 364 页。

6 《信函和文件》，第 15 卷，第 377 页。哈钦森所著图书，第 32 页。毫无疑问，一些上等好物最终流入了亨利的私人收藏中。一份制作于 1545 年前后的盘子和珠宝清单，包括刻有托马斯·克伦威尔的纹章的九把银匙。参见大英图书馆馆藏的埃杰顿搜索的编号为 2679 的手稿，对折页 4B 页。1547 年的库存还包括国王赐予克伦威尔的一些财物：1 只镶银的玻璃杯、1 对镀银且点缀着黑色皮革的玻璃酒壶、1 个镀金的盐盘和 1 个水晶盐盘（上面绘有“狮子站着俯视三只鹿和野兽”的图案）。还有一些靠垫，其中包括 12 个黄缎和黑天鹅绒靠垫，上面绣有首字母“T.C”，一张覆盖着绯红色天鹅绒布并刻有克伦威尔的纹章的椅子，两张挂毯，其中一张挂毯画有圣母马利亚和婴儿基督的画像。更多信息，参考斯塔基所著图书。

7 考列克所著图书，第 193—194 页。

8 霍尔所著图书，第 838—839 页。

9 大英图书馆馆藏的阿伦德尔搜集的编号为 97 的手稿，对折页 132B 页，以及《信函和文件》，第 16 卷，第 187 页。在 8 月初，文森特、爱德华·劳埃德（Edward Lloyd）和汉弗莱·欧瑞斯（Humphrey Orince）奉国王的特殊命令，从汉普敦宫骑马到奥斯丁修道院，“他们在已故的埃塞克斯伯爵府邸、伦敦塔、威斯敏斯特收集克利夫斯的安妮的家具，一共忙活了 4 天，获得 32 先令”。参见大英图书馆馆藏的阿伦德尔搜集的编号为 97 的手稿，对折页 142B 页。

10 《信函和文件》，第 15 卷，第 454 页和第 488 页。

11 考勒克所著图书，第 193 页

12 考勒克所著图书，第 189 页。

13 考勒克所著图书，第 191 页及《信函和文件》，第 15 卷，第 369 页。

14 思罗格莫顿不仅是宫廷上的宗教保守派，还与克伦威尔在沃里克郡的土地上存在法律纠纷。

15 《信函和文件》，第 15 卷，第 366 页，暗示克伦威尔曾与伯爵约翰·罗素先生（后来的贝德福德伯爵）交谈，但直到 1540 年 7 月 28 日（这封信寄给亨利的 16 天后），他才被任命为海军上将，接任南安普敦伯爵。

16 爱德华四世于1486年提出打击家臣的法律，但并没有严格执行。国王的父亲亨利七世担心遭到反抗，所以更加小心执行。

17 大英图书馆馆藏的科顿搜集的手稿，提图斯 B i，对折页267—273页；梅里曼所著图书，第2卷，第348页。埃利斯所著图书，《原始信札》，第2系，第2卷，第163—169页。

18 伯内特（Burnet）所著图书，第2卷，第1部分，第3部，第82—84章；《信函和文件》，第15卷，第376页；以及大英图书馆编号为48028的增补手稿，对折页160—165页。

19 《上议院期刊》，第1卷，第145页。

20 《信函和文件》，第15卷，第216—217页。

21 《上议院期刊》，第149页，《褫夺公权法案》（《亨利八世》，第62页）。后来的法案副本收录在大英图书馆馆藏的兰斯当搜集的编号为515的手稿，对折页44页，以及科顿搜集的手稿，提图斯 B i，对折页503页。

22 埃利斯所著《原始信札》，第2系，第2部分，第160—162页。

23 大英图书馆馆藏的科顿搜集的手稿，奥托 C x，对折页241页。

24 大英图书馆馆藏的科顿搜集的手稿，奥托 C x，对折页246页。

25 斯特莱普所著图书，第1卷，第2部分，第452页。这个承诺从未兑现，那些最终被送去的文件被认为是“不真实的”。

26 8页的原始版本收录于《哈特菲尔德宫》，CP 1/27。亦可参见伯内特所著图书，第2卷，第1部分，第2部，第85—87页，一个不准确的版本，以及大英图书馆馆藏的科顿搜集的手稿，奥托 C x，对折页242页。公证的副本收录在大英图书馆编号为10451的增补手稿及哈利父子搜集的编号为1061的手稿。

27 《上议院期刊》，第1卷，第152页和第155页。《大赦法案》（The Act of General Pardon）（《亨利八世》，第49章）于7月13日通过。

28 《英国国家文件》，第1卷，第635页。

29 8页的原始见证收录于《哈特菲尔德宫》，CP 1/23。亦可参见大英图书馆馆藏的科顿搜集的手稿，奥托 C x，对折页242页。

30 《哈特菲尔德宫》，CP 1/22。

31 使这桩婚姻破裂的法案收录于《亨利八世》，第25页。

32 埃利斯所著《原始信札》，第2系列，第2部分，第158—159页。该翻译者、委托人称“他很尽责”。

33 《英国国家文件》，第1卷，第638页。

34 大英图书馆馆藏的科顿搜集的手稿，奥托 C x，对折页240页。

35 《英国国家文件》，第1卷，第642页。

36 威尔逊所著图书，第466页。

37 参见里德利所著图书，第242页，同时参见福克斯所著图书，第5卷，第402—403页。

38 休姆所著图书，第103页。

39 福克斯所著图书，第5卷，第438页，同时参见贝尔所著图书，第113页。

40 理查德·希尔斯给亨利·布林格的信，《信函和文件》，第16卷，第270页。

41 同上。

42 在下个世纪，伯内特主教相信克伦威尔死的时候属于路德教派。当时许多人总结说，他使用“天主教”这个词意味着他死的时候认可罗马教会中的圣餐仪式，但克伦威尔用这个词可能是为了证明他反对天主教的迷信行为。

43 他“最终”使用了“imp”（小恶魔）这个词。

44 霍林斯赫德所著图书，第817页。

45 大英图书馆馆藏的哈利父子搜集的编号为3362手的稿，对折页17页。

46 诗人。他丁1542年去世。他的儿子也叫托马斯，后来在1554年成为肯特反对玛丽女王的叛军领袖。

47 休姆所著图书，第104页。

48 高尔顿（Galton）所著图书，第156页。在斩首行刑期间，被处决者很可能在几秒钟内失去知觉，并在不到一分钟内因血压过低而死于休克和缺氧，因为脖子上的肌肉和椎骨常常要被刽子手砍好几次。

49 为韦尔（Weir）所著图书的第435页所引用。

50 奉献意味着“囚禁中的圣彼得”，暗指伦敦塔囚犯。该教堂于1520年得以重建，其中埋葬了在不远处的塔丘或者绿塔被斩首者的尸体。

尾声

1 霍林斯赫德所著图书，第 818 页。

2 一个中世纪英语单词，意思是无忧无虑、快乐地歌唱。

3 这诗原文中的 Rumellow 是指船员在划船时唱歌。参见伦敦古文物协会的《亨利八世到伊丽莎白》宽边装订对开本，对折页 4 页。

4 在国王的餐桌旁边等候的侍者。

5 参见伦敦古文物协会的《亨利八世到伊丽莎白》宽边装订对开本，对折页 5 页。上面印着“伦敦伦巴第街附近的存货市场”，带有约翰·盖伊（John Gay）的美人鱼标志。

6 福克斯所著图书，第 5 卷，第 434—438 页。

7 宾多夫所著图书，第 728 页。

8 第四代伯爵的女儿伊丽莎白·克伦威尔女士在她父亲死后宣称自己为克伦威尔女男爵，因为她误以为该男爵爵位不用像之前一样只在父系血脉中沿袭（其实必须这样沿袭，因为克伦威尔男爵爵位是男性专属的）。不过，她在女王玛丽二世的葬礼和安妮女王的加冕典礼上都以贵族的身份出席。她于 1709 年 3 月 31 日死于肺结核，至此该爵位被废止。

9 《信函和文件》，第 16 卷，第 284 页，1541 年 3 月 3 日。国王可能患有由腿部瘘管引起的严重感染，人们想草草判断他已经病入膏肓。有关亨利病情的详细讨论，请参见哈钦森所著图书，第 5 章和第 9 章。

致谢

本书得到许多朋友和同事的帮助和大力支持，尤其是我亲爱的妻子，她也陪伴我一起仔细推敲克伦威尔复杂的性格，包括每一个可褒、可贬的方面，甚至花费的时间比我还多。没有她无私的善良、持续的耐心和忠实的支持，本书就不可能写就。

这本书的人部分材料都来自同时代的史料，因为我认为在这场贪婪、腐败和野心勃勃的历史戏剧中，主人公的真实语录是至关重要的。因此，我衷心感谢那些帮助我追溯文件和珍藏书籍的善良的人。我要特别感谢索尔兹伯里侯爵的哈特菲尔德府邸（Hartfield House）的图书管理员和档案保管员罗宾·哈科特·威廉斯（Robin Harcourt Williams）、伦敦古董协会的图书管理员伯纳德·纳斯（Bernard Nurse）、助理图书管理员艾德里安·詹姆斯（Adrian James）、英国国家档案馆中乐于助人的工作人员、英国图书馆手稿和珍藏书籍部门、雅典娜神庙顶级图书馆的凯·沃尔特斯（Kay Walters）和她的团队、一直以来为我提供拉丁语翻译的神父杰罗姆·伯特伦（Jerome Bertram）、给予我鼓励的魏登菲尔德和尼科尔森出版社的伊恩·德鲁里（Ian Drury）、在多方面给予我耐心帮助的前总编辑伊洛娜·亚谢维奇（Ilona Jasiewicz）以及她的继任者汤姆·沃顿（Tom Wharton）、为本书提供细致入微的编辑工作的丽莎·罗杰斯（Lisa Rogers）、制作索引的艾莉森·瓦吉特（Alison Waggitt）、在多方面提供大力的执行支持的佛勒斯（Fowlers）的马塞尔·霍德（Marcel Hoad）和他的团队。

我要感谢所有这些善良的人。但我必须指出，如本书存在任何错误或遗漏，完全是我自己的责任。